Jiang Jieshi
and
Hu Hanmin

# 蒋介石
与
# 胡汉民

肖 杰 —— 著

团结出版社

图书在版编目（CIP）数据

蒋介石与胡汉民 / 肖杰著. -- 北京：团结出版社，2018.1
ISBN 978-7-5126-5730-4

Ⅰ. ①蒋… Ⅱ. ①肖… Ⅲ. ①蒋介石(1887-1975)－传记②胡汉民(1879-1936)－传记 Ⅳ. ①K827=7 ②K827=6

中国版本图书馆CIP数据核字(2017)第266193号

| | |
|---|---|
| 出　　版： | 团结出版社 |
| | （北京市东城区东皇城根南街84号　邮编：100006） |
| 电　　话： | （010）65228880　65244790　（出版社） |
| | （010）65238766　85113874　65133603（发行部） |
| | （010）65133603（邮购） |
| 网　　址： | http://www.tjpress.com |
| E-mail： | zb65244790@vip.163.com |
| | fx65133603@163.com（发行部邮购） |
| 经　　销： | 全国新华书店 |
| 印　　装： | 三河市东方印刷有限公司 |
| 开　　本： | 170mm×240mm　　16开 |
| 印　　张： | 15 |
| 字　　数： | 213千字 |
| 印　　数： | 4045 |
| 版　　次： | 2018年1月　第1版 |
| 印　　次： | 2018年1月　第1次印刷 |
| 书　　号： | 978-7-5126-5730-4 |
| 定　　价： | 48.00元 |

（版权所属，盗版必究）

# 目录 Contents

## 一 一升一降话蒋胡

在孙中山眼里，胡道德学问均佳，蒋性格暴戾知兵　　2
胡向孙中山建议：援蒋制陈　　4
胡屡电慰蒋，蒋建议孙中山让胡随侍左右　　11
在平定商团叛乱中，蒋、胡二人角色不同　　15
孙中山逝世后，胡走了下坡路，蒋则冉冉升起　　19
廖仲恺被刺，胡遭怀疑被"贬"，蒋说自己救胡一命　　25

## 二 一次联合的流产

胡成为"国民党二大"上缺席的主角　　32
蒋成为广州一颗耀眼的新星　　35
为少一个对手，蒋曾试图阻止胡回国　　39
胡一厢情愿，蒋未作呼应，联合"流产"　　42

## 三 首合作：一个清体、一个清心

祝贺北伐胜利，胡向蒋发出联合的信号　　48
胡、蒋合作，"反共"清党　　50
蒋、胡合股，南京国民政府成立　　54
胡不负蒋望，成为"反共"理论的"旗手"　　56
徐州会议：胡极力劝冯"反共"拥蒋　　60

宁汉之争，胡是蒋的忠实盟友　　　　　　　　　　　62

## 四　联袂而退，不即不离

蒋"即刻下野"，胡亦无可奈何　　　　　　　　　　68
对国民党中央特委，冷嘲热讽，胡与蒋来往密切　　　71
蒋东山再起，胡不满蒋袒护汪，远游国外　　　　　　76
胡在海外为蒋第二次北伐拉赞助　　　　　　　　　　83
胡在海外，不时向蒋提建议　　　　　　　　　　　　86

## 五　再合作，消灭异己（一）

胡、蒋再度合作　　　　　　　　　　　　　　　　　92
胡想做"伊斯墨"，助蒋成为中国的"基马尔"　　　　96
裁兵编遣，蒋煞费苦心；舆论宣传，胡全力以赴　　　100
蒋桂战争爆发，胡为蒋立头功　　　　　　　　　　　104
"国民党三大"被蒋派、胡派所垄断　　　　　　　　108

## 六　再合作，消灭异己（二）

蒋欲"削藩"到底，胡大谈牺牲精神　　　　　　　　114
改组派反蒋，胡斥之为反党叛国　　　　　　　　　　117
蒋、阎电报大战，胡助蒋批阎　　　　　　　　　　　120
中原大战，胡为反蒋派人物"画像"　　　　　　　　123
蒋以武力奠基，胡以法制反对独裁　　　　　　　　　128

## 七 蒋胡斗法，胡汤山被囚

胡想当"伊斯墨"，蒋不做"基马尔"     134
胡公开反对蒋当总统     138
为总统梦翻脸，胡成为蒋的阶下囚     143

## 八 宁粤对立，蒋被迫下野

汤山事件使蒋极为被动     152
胡在被囚中掀起反蒋派第二次大联合     155
反蒋拥蒋，双方对抗升级     159
"九•一八"事变，胡获得了自由     164
宁粤对立转为宁沪粤争权，胡公开反蒋     168

## 九 胡拒绝合作，蒋汪合组政府

胡不满四届一中全会的各部人选     176
蒋暗中掣肘，胡坚不赴京，孙科政府夭折     178
胡冷嘲热讽，反促成蒋汪合作     183

## 十 胡办报组党，与蒋对抗

对蒋的内政外交，胡大加挞伐     190
组党办报，胡与蒋对抗     197
福建事变：胡既拒闽又拒蒋     200
借助西南反蒋，两广借胡暂偏安     206

## 十一　皮里阳秋的终曲

无奈之下，胡出国"养病"　　　　　　　　　　210
归国居粤，胡对蒋缓和　　　　　　　　　　　215
胡猝然离世，临终前仍不忘反蒋，蒋为其举行国葬　219
两广偏安局面的瓦解　　　　　　　　　　　　222

## 结语　蒋胡关系大透视　227

# 一 一升一降话蒋胡

## 在孙中山眼里,胡道德学问均佳,蒋性格暴戾知兵

胡汉民(1879—1936年),字展堂,原名衍鹳、衍鸿,晚年别号不匮室主。广东番禺县人。胡汉民在国民党党内的资历较深,是资产阶级民主革命理论的宣传家、政治活动家,被称为"诗人"革命家、"民国四大书法家之一"。自从他1905年加入同盟会以后,追随孙中山进行资产阶级革命,东奔西走,宣传办报,筹款谋划,并且还亲自参加武装起义。因此,他一直得到孙中山的信任,成为孙中山不可多得的助手之一。尤其他在理论上,对三民主义多有阐发,是当时颇有影响的资产阶级革命的理论家和宣传家。胡汉民的文章笔锋犀利,逻辑性强,很富有战斗力。在反对康梁"保皇派"和宣传资产阶级革命过程中,与汪精卫合称为革命队伍中的"双璧"。时人把孙、胡、汪三人的关系称为"胡汪无先生(指孙中山)不醒,先生无胡汪不盛"。也有人把胡汉民、汪精卫以及廖仲恺誉为国民党"三杰"。

孙中山每有重大行动举措,皆请这位可信任的助手参与谋划。1912年4月,胡汉民复任广东都督时,孙中山对胡汉民做了总体的评价:"若论胡汉民先生为人,兄弟知之最深。昔与同谋革命事业已七八年。其学问道德,均所深信,不独求于广东难得其人,即他省亦所罕见也。前革命起时,兄弟约其同到江南,组织临时政府,彼力为多,嗣兄弟蒙参议院举为临时大总统,

1916年11月,孙中山在上海与朱执信(左二)、
陈炯明(左四)、胡汉民(左六)等合影

一切布施，深资臂助。迹其平生之大力量，大才干，不独可胜都督之任，即位以总统，亦绰绰有余。"得孙中山如此评价，斯时无人能出其右。

实际上，孙中山也确实把胡汉民视为左右手。把胡汉民放在和自己分担重任的位置上。胡汉民曾三次代孙中山行使大元帅之职，可见其信任之诚了。有一次孙中山之长子孙科与胡汉民因工作关系闹矛盾，而胡汉民要离职而去之际，孙中山给孙科写信，命他务必将胡留住，信中云："汉民纵不能代我办事，必能代我任过；否则，各种之过皆直接归在父一人身上矣。展堂之用，其重要者此为其一，故不能任彼卸责也。""汉民去留，甚有关于大局之得失成败也。"在孙中山眼里，胡汉民不仅可堪大任，还能代己受过。胡汉民在孙中山眼里地位之高、作用之无可替代，已无人能敌。

辛亥革命时率敢死队攻打杭州抚署衙门的蒋介石

蒋介石（1887—1975年），乳名瑞之，谱名周泰，学名志清，又名中正。浙江省奉化县人。他在国民党党内的资历远不如胡汉民、汪精卫、廖仲恺等人，甚至他在"国民党一大"上还未当选上国民党中央委员。他虽然在辛亥革命前就同陈其美接触较多，但直到1914年才由陈其美介绍与孙中山单独见面。

国民党"后起之秀"的蒋介石受到孙中山的重视也较晚。1916年陈其美被暗杀后，作为深得孙中山信赖的陈其美的亲信蒋介石，始日渐受到注意。因为在革命队伍中擅长军事者相继去世或被害，而蒋介石又常常致书孙中山提出军事方面的种种意见。援闽粤军在回广东的作战中，蒋介石展露了军事才能。可是，蒋介石性格偏强，躁而易怒，偶不惬意，辄暴跳如雷，在粤军任职期间，屡屡发生"拂袖而去"之事。孙中山对之既有宽慰又有批评，说他太专横暴戾，如同君主。"兄性刚而疾俗过甚，故常龃龉难合。"并劝慰他，"为党员重大之责任，则勉强牺牲所见而降格，以求所以为党，

广东军头陈炯明

非为个人也。"

1920年9月,朱执信遇难后,孙中山在军事上的助手已寥寥无几,孙中山致信蒋介石,称"计吾党中知兵事而且能肝胆照人者,今已不可多得。唯兄之勇敢诚笃,与执信比,而知兵则尤过之"。不久,蒋介石母亲王采玉去世,孙中山写有祭文一篇,其中有云:"文与郎君介石游十余年(实际上仅七年而已),共历艰险,出生入死,如身之臂,如骖之缰,未尝离失。"

如果说以上孙中山对蒋介石的重视多出于爱惜并笼络他的话,那么,陈炯明叛乱的爆发,则给蒋介石提供了一个大展身手的绝妙时机,当蒋介石接到孙中山给他的急电"事紧急,盼速来"之后,立即从上海赴粤,登上永丰舰,护侍孙中山,指挥对叛军的反击。孙中山脱险后,蒋介石又写了《孙大总统广州蒙难记》,孙中山亲自为之序文,曰:"陈逆之变,介石赴难来粤,入舰侍予侧,而筹策多中。乐与予及海军将士共死生,……予乏知人之鉴,不乃预寝逆谋,而卒以长乱贻祸……"

蒋介石在孙中山面前的种种表现,已经博得了孙中山的好感,但在国民党中央,他仍然不能位列其中(在"国民党一大"上,蒋介石没有被选为中央执行委员),孙中山在让他筹办黄埔军校时,让他只管军事,不要过问党政事宜,这是后话。

## 胡向孙中山建议:援蒋制陈

胡汉民和蒋介石,一个是孙中山的"文臣",一个是孙中山的"武将",二人在对陈炯明的认识上有一致之处,都较早地识破了陈炯明的野心。

胡汉民和陈炯明同是广东人,在辛亥革命前的新军起义时二人就相识。

武昌起义成功后，广东光复，胡汉民任广东省都督，同时提名陈炯明任副都督，当时二人合作很好，无丝毫芥蒂。护法运动开始，孙中山偕胡汉民等南下广州。一向积极支持孙中山革命的广东省省长朱庆澜，首先向胡汉民提议，将广东警卫军拨出二十个营，改编由孙中山统辖，可作为亲军，亦可作为建立护法军的基本部队。但此事要经过老桂系军阀陆荣廷、陈炳焜的同意。胡汉民把朱庆澜的意思告诉孙中山，孙中山听了非常高兴，命胡汉民和朱执信等分头活动，促其早日兑现。

老一代江西军头陆荣廷

在广东掌握实权的老桂系军阀陈炳焜督军，对朱庆澜早已不满，对护法运动也不甚热情，正寻找种种借口迫使朱庆澜辞去省长职务。这样，拨出二十个营交由孙中山统辖之事也就成了空言。

朱庆澜辞去省长一职后，广东省议会选举胡汉民任省长。老桂系军阀不同意，而是想让绿林出身的李耀汉任省长。陈炳焜派军队围住省议会进行恫吓，还夺去了省长的印信。孙中山派人与李耀汉协商，胡汉民辞去省长一职，荐李耀汉代之。但陈炳焜与孙中山的矛盾没有解决，而老桂系为了保全两广的地盘，只好与孙中山联合，欲改派其部将莫荣新代理粤督。胡汉民抓住这个时机，提出以陈炯明复任亲军司令职，为莫荣新督粤的交换条件。结果，莫荣新同意，但要把亲军改为援闽粤军，进驻闽粤边境，陈炯明仍可任援闽粤军总司令。

援闽粤军创建之初，只有二十个营的基本部队，约五千人枪。开拔到潮梅地区后，进行了多次的整顿和扩编，人数翻了一番，达一万人左右。孙中山十分重视援闽粤军的建设，把它看作掀起革命高潮的最可依靠的基本力量。孙中山派在军事上有才干的蒋介石、吴忠信等人到援闽粤军中任职，蒋介石任作战科主任。

作战科主任,其官衔虽不大,但非常重要。当时军队的主要任务是打仗,战略的谋划、战术的布置皆要由作战科主任担负。陈炯明和援闽粤军的参谋长邓仲元很信任他,陈炯明曾对蒋介石说过:"粤军可百败而不可无兄之一人。"然而,援闽粤军乃是由旧军队中分离出来的,旧军队中的地方帮派习气仍然很重,士兵们对革命的真谛知之甚少。蒋介石置身于这样的工作环境中,阻力是很大的。终于有一天,1918年7月31日,蒋介石拂袖而去。

事情的起因是陈炯明的部下对孙中山不够尊敬。一天,陈炯明宴请蒋介石,援闽粤军中的其他将领亦在被邀之列。席间,陈炯明的一部将谈到孙中山时,出言不逊,直呼为"孙大炮",陈炯明听闻后未加指责。而蒋介石则立即起立斥责该人,并对陈炯明也多有指责,气愤之余,仍不平静,只好一走了之。

从此,蒋介石的心目中便埋下了陈炯明对孙中山不够尊敬的阴影。

从1918年7月31日蒋介石辞援闽粤军作战科主任一职到1920年8月,援闽粤军回粤作战,在孙中山的再三催促之下,蒋介石回归援闽粤军中。但此后的两年里,蒋介石又两度辞职。1919年9月27日辞第二支队司令职;1920年4月11日,重回到粤军中不到四天,又不辞而别。至于蒋介石辞职的原因,仍是看不惯陈炯明不断培植私人势力的做法,自己反倒没有受到重视。他在援闽粤军中工作时曾私下对邓铿说过,到军中工作,是为了服从革命而来,不是为了帮陈炯明而来的。

蒋介石的多次辞职,引起了胡汉民的不安。胡汉民与陈炯明共事多年,对陈炯明有较深的了解。陈曾对胡说过,他少年时做过这样的一个怪梦,梦中左手揽月,右手挽日,取名炯明就是应了这个梦。辛亥革命后,陈炯明不如意时作诗中有"日月梦持

就任非常大总统时的孙中山与宋庆龄

负少年"之句，心中念念不忘想要做扭转乾坤的人物。从此，胡汉民已看到陈炯明个人野心很大。陈炯明把援闽粤军看成是个人成就霸业的资本，多次抗拒孙中山的命令，是革命队伍中的不稳定分子。蒋介石辞职后，胡汉民几次写信或面见蒋介石，劝他回到援闽粤军中。

援闽粤军在闽西立稳脚跟之后，开始休整训练，做回粤驱逐桂军的准备。

1920年8月，援闽粤军开始回粤讨桂。不到两个月，就攻占了广州，驱除了老桂系在广东的大部分势力。回粤之后，陈炯明以英雄功臣自居，阻挠孙中山在广州建立正式国民政府，反对孙中山就任非常大总统职。在广东，陈炯明手握军权、政权和财权，羽毛日渐丰满。他派人与北方军阀吴佩孚频繁接触，唆使下属大力鼓吹"南北两秀才联省自治"（因吴、陈二人均为前清秀才）。除了勾结吴佩孚外，陈炯明还派人联络湘督赵恒惕、浙督卢永祥、赣督陈光远，搞联省自治。其目的是借联省自治之名，做逍遥自在的"两广王"，不受孙中山的管辖。

鉴于此，胡汉民主张要改变陈炯明在粤军中独揽大权的局面。其办法之一就是把蒋介石引入粤军，牵制陈炯明。粤军回粤后，蒋介石迟迟不到军中就职，胡汉民非常着急。胡汉民建议孙中山，请他力劝离开粤军的蒋介石、许崇智迅速回粤，认为蒋、许二人离开军队，"抛弃兵权"，正中陈炯明下怀。胡汉民还多次与蒋介石函电交驰，对他离粤军一事晓以利害，请他回粤。

在多方的劝说之下，蒋介石于1921年2月回到粤军，参与讨桂的部署准备工作。但蒋介石与粤军将领不和，不到两旬便又离去。

通过几次的辞职与复职的风波，蒋介石觉得陈炯明对自己不够信任，感到陈炯明"外宽内忌，难与共事"。此次辞职后，1921年3月5日，蒋介石又写信给孙中山，表露出他对陈的总的看法："先生之于竟存（陈炯明字），只可望其宗旨相同，不超范围。若望其见危援命，尊党攘敌，则非其人，请先生善诱之而已。"可以说，对陈的这个评价，还是比较恰当和正确的，只可惜孙中山对陈炯明过于宽厚和容忍罢了。

老桂系军阀被逐出广东后，不甘心失却此块肥肉，便投靠北洋军阀，企图颠覆广州革命政权。孙中山下令讨桂，以解后顾之忧。讨桂很快取得了胜利。两广大局平定后,孙中山决定兴师北伐,在广西桂林建立大本营,胡汉民兼任大本营文官长,同廖仲恺、邓铿、许崇智等协助孙中山进行北伐,征讨直系军阀曹锟、吴佩孚。另外,孙中山又让胡汉民电召蒋介石到桂林,任命他为大本营参军兼许崇智第二军参谋长。

孙中山的北伐计划遭到了陈炯明的反对,陈炯明借口"后方不稳""保境息民"等,反对孙中山北伐。实际上,陈炯明怕北伐打破他做"两广王"的梦想。一则大军北上,与北方军阀接仗,树敌过多,会拆散他"联省自治"的同盟伙伴;二则大军出征,需有"粮草"接济,必将花费广东大批的财物;三则北伐无论胜负对己均不利,胜则功不在己,败则大军退回两广,客强主弱。陈炯明发表言论,表示:"南之北伐,未有饷有械,焉能出师对抗,……仍当暂留军于广西。"为了北伐大业,孙中山处处迁就陈炯明,并亲自对陈许如下之诺:只要陈不阻挠北伐,无论北伐胜负,自己都不会有颜再回两广,两广仍由他主持。

尽管有孙中山的许诺,陈炯明仍然对北伐一事冷然视之,不仅不支持,而且还多方掣肘,制造障碍。孙中山只好让与陈炯明共事多年的胡汉民去居中斡旋,以缓解二人间的紧张关系。

此时,胡、陈二人间的关系也不是很融洽的。胡汉民早已对陈炯明的一些所作所为不满,料定他必不是革命的支持者,更不是革命同志,对他的野心洞若观火。陈炯明对胡汉民也是戒备十足,二人虽早就共过事,但胡汉民的声望要远远高于陈炯明,二人同为广东省人,一省容不了"二主",对野心大,一心想做"两广王"的陈炯明来说,当然视胡为眼中钉、肉中刺。

胡汉民是硬着头皮去做陈炯明工作的,当他于1921年8月去南宁面见陈炯明商量北伐出兵事宜时,陈敷衍搪塞,没有任何结果。

胡汉民刚刚离开南宁,陈炯明就对前来的蒋介石表示反对北伐,并把1913年二次革命时

李烈钧

广东出师讨袁的失败归罪于胡汉民,对蒋介石抱怨说,假如民国二年不听胡汉民的话,广东由他主管到现在,什么都会大变样的。陈炯明得出结论,胡汉民"实在害了我"。蒋介石赞成孙中山的北伐主张,曾写了"北伐军事意见书"给孙中山,当他听了陈反对北伐的话后,非常反感,便以头痛为借口,结束了与陈的谈话。

胡汉民、蒋介石分别把与陈炯明见面及所谈内容报告给了孙中山,二人都建议孙中山要提防陈炯明。

1922年2月3日,孙中山在桂林下令北伐,派李烈钧攻江西,许崇智出兵湖南。与此同时,陈炯明也加紧了对北伐破坏。一方面,断绝了对北伐军饷械的接济;另一方面,与湖南督军赵恒惕结成联盟,由赵阻止北伐军取道湖南,他则从后方加以掣肘。

直到邓铿被刺事件的发生,孙中山才对陈炯明的真正用意有了进一步的认识。邓铿(1886—1922年),字仲元,原名邓士元。时任陈炯明的参谋长兼粤军第一师师长,他积极支持孙中山北伐,当孙中山与陈炯明之间出现分歧时,他能为大局多方调解。1922年3月21日,他在广州车站被陈炯明的亲信部属所暗杀。孙中山闻此事件后大为震惊,为支持自己的爱将遇害而深感哀恸,又为大后方接济乏人而不安,从而打乱了北伐的整个计划。孙中山马上召开紧急会议,商讨对策。许崇智、胡汉民主张回兵广州,蒋介石更为积极主张讨伐陈炯明。

于是,孙中山采纳胡的意见,大军即刻南下,陈炯明见重兵压境,不觉手忙脚乱,未敢公然抵抗。孙中山于4月16日抵梧州,陈炯明忽来电表示辞职,孙中山召开扩大军事会议,讨论今后的行动。会议产生了两种意见,一种认为应先回师剿灭陈炯明,待后方巩固后再行北伐,蒋介石、许崇智、吴忠信持此意见;另一种认为

邓铿将军

应趁直奉战争爆发之际，举兵北伐。讨论结果，以持后一种意见者居多，孙中山采纳多数人意见改道北伐。

蒋介石坚决主张先回粤讨陈，真有点"宁折勿弯"的味道，除了在会上坚持己见外，还多次单独谒见孙中山，力陈自己的主张，可终未能让孙中山采纳，蒋介石乃再次辞职而去。

孙中山的宽容并没有感化陈炯明，孙召见陈不至。陈对改善孙陈关系毫无诚意，并电孙中山，要"清君侧"，将孙中山身边的"坏人"清除掉，这个"坏人"指的就是胡汉民。孙中山忍无可忍，宣布免去陈炯明粤军总司令、陆军部长、广东省省长之职。陈炯明也毫不示弱，离开广州避住惠州，在幕后遥控，指使部下叶举率五十营"陈家军"回广州，以索饷为名，在广州为非作歹，并准备在广州发动兵变，置孙中山于死地。1922年6月1日，孙中山不顾胡汉民的劝阻，只身回到广州，处理"陈家军"问题。

就在陈炯明叛迹已经暴露无遗之际，蒋介石还写信给指挥北伐的许崇智，提出要速回师平定陈炯明，而后再图北伐，否则"食脐莫及，不可挽救之一日"。形势的发展正向蒋介石所预料的那样，陈炯明已经下手了。陈炯明先将孙中山的"荷包"锁住，在6月14日诱捕了孙中山的得力助手、财政部代理部长廖仲恺于石龙，然后囚禁于石井兵工厂。6月15日，陈炯明指使叶举等发出通电，与北方直系军阀互相唱和，要孙中山与徐世昌同时下野。同时，叶举布置亲兵围住孙中山在广州的住地观音山粤秀楼，悬赏二十万元擒杀孙中山。

对于陈炯明的种种行径，孙中山依然以领袖的胸怀，对之宽容、忍让。当不断有人告知孙中山"陈家军"将有不轨行为时，孙中山仍认为"竞存

被袁世凯封为嵩山四友之一的徐世昌，活跃在民国初年的政治舞台上

恶劣，当不至此"。然而，不幸的事件终于发生了，6月16日凌晨，"陈家军"炮轰总统府，孙中山只好避难于军舰之上。

在韶关留守代行大元帅职的胡汉民得知陈叛消息后，便星夜去北伐前线搬救兵。可是，北伐军回师受挫，胡汉民只得"且将风景忘离愁"了，避走于福建。

与胡汉民班师的同时，另一个较早识破陈炯明叛迹的人——蒋介石，则应孙中山之召，赴孙中山避难之舰，日夜陪侍于孙中山左右，直至孙中山脱离险境去上海。

## 胡屡电慰蒋，蒋建议孙中山让胡随侍左右

陈炯明叛乱，蒋介石陪侍孙中山在舰上与叛军周旋五十余日。经此事件，显示出蒋介石对孙中山的"忠勇"。与叛将陈炯明相比，一逆一忠，泾渭分明。蒋介石的声名威望顿时提高了许多。后来蒋介石也常因此引以为自豪，但他也以为"砝码"，其刚顽暴戾的脾性依然如故，借孙中山所倚重之际，又多次施其"合则留、不合则去"之故技。胡汉民在其中或劝慰或批评，二人函电相交，关系颇不一般。

1922年10月18日，孙中山将撤退到福建的北伐军改名为讨贼军，任命许崇智为东路讨贼军总司令，任命蒋介石为参谋长，准备讨伐陈炯明。蒋介石初任参谋长后工作颇为卖力，但为时不久，蒋介石就给在上海协同孙中山改组国民党工作的胡汉民写信，诉说自己对军队中存在派系斗争的"苦恼"，露出要辞职而去的意向。胡汉民把蒋介石信中所言之事告知孙中山，孙中山派人挽留未成，蒋介石还是辞职走了。

辞参谋长一职后，蒋介石还给胡汉民写信，对时事军事提出建议、看法。这说明蒋介石辞职只是一种手段，而其心中仍系"革命大局"。

1922年末到1923年初，孙中山联络滇、桂军杨希闵、刘震寰部，把陈炯明赶出广州。孙中山回到广州，重建大元帅府，任命蒋介石为大元帅府行营参谋长。

当时，广州的形势相当险峻，仅举胡汉民在广州"江防会议"遇险一事，即可窥一斑而见全貌了。

孙中山回广州前，曾任命胡汉民为广东省省长，授其处理广东政务的全权。当时的广州，陈炯明虽已败走，而进驻广州的滇、桂军阀仍然飞扬跋扈、横行霸道。尤其是桂军的沈鸿英，表面上归顺孙中山，暗地里同北方军阀勾结，制造事端，进行破坏革命的活动。胡汉民到广州第二天，沈鸿英假借讨论广州地方善后及卫戍事宜，邀请胡汉民、魏邦平等人到广州江防司令部开会，企图扣捕魏邦平，杀害胡汉民。会间，沈的部下突然开枪射击，胡汉民乘乱逃到楼下，眼镜被打碎，身上的钱物被洗劫，卫士也被打死两个。后来幸亏有人出面制止，胡汉民才得以脱险回到省署。

广州如此混乱的局面，就是孙中山亲自回到广州，也艰难万分。非有军事方面的人才辅佐，驱陈之后广东的局面难以打开，在这种情形下，孙中山给蒋介石连发两电，催其赴粤。

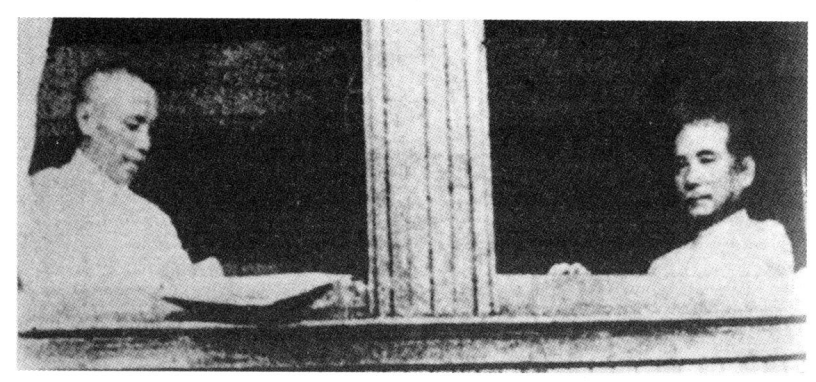

孙中山与大元帅行营参谋长蒋介石摄于广州火车站

蒋介石在浙江收到孙中山的急电后，没有应召立即去广州，也没有致电孙中山说明理由。只是先后给廖仲恺、汪精卫、许崇智写信，提出对广东局势及军事作战方面的意见。1923年3月15日，孙中山派胡汉民同汪精卫、邹鲁、林业明、林直勉、胡毅生等国民党六位大员专程跑到蒋介石所在之地——宁波，劝请蒋介石"启驾"去广州。蒋介石借机向孙中山提出了人事安排方面的意见，待孙中山首肯后，才姗姗而往广州。尔后，蒋介石与王登云、沈定一、张太雷一行四人组成"孙逸仙博士代表团"赴苏考察苏联的军事、党政等情况,经过三个月的考察,于1923年12月15日,蒋介石一行返回上海。

孙中山对代表团访苏一事非常重视,尤其对苏联的军队建设更感兴趣,在与苏关系日益密切之际,急切地希望多了解些苏联方面的信息。蒋介石回国后,本应马上当面向孙中山汇报赴苏考察情况。可是回到上海的当天下午,蒋介石就要登船回溪口老家,胡汉民、廖仲恺等闻讯均赶到船上劝阻,胡汉民还以党务急需人处理等情况挽留,终没有拦住蒋介石,蒋只是将游苏情况的书面文字《游俄报告书》寄给孙中山。

在家乡待了一个多月后,经孙中山、胡汉民等人的多次电报催促,蒋介石才于1924年1月16日来到广州,受孙中山的委托筹办军校。1月24日,国民党成立了陆军军官学校筹备委员会,蒋介石任委员长,与邓演达、王柏龄等七人一起负责筹办建校事宜。此时,国民党第一次全国代表大会已经召开,并选出了国民党中央领导机构。蒋介石对这次会议期望很大,想跻身国民党中央的领导机构之中,但是结果却出乎他的意料,他连候补中央执行委员也未能沾边,仅在中央执行委员会下属的军事委员会中担任一名委员。这对蒋介石的打击很大,他"终日不安,如坐针毡"。2月21日,又一次"拂袖而去"。

军校正在筹办之中,各地也已经着手招生,负责筹办之人却离去,孙中山很是着急。胡汉民在上海闻知也觉得蒋介石做得未免太过了,马上写信给蒋介石,请他讲明辞职原因。蒋介石没有给胡汉民回信,3月2日他给孙中山写了一封长信,言明自己无用武之地,不被专用不疑,使才智无以施展。信中还再次提起陈炯明叛乱一事,借以抬高自己,进而信中"批评"孙中山"弃置旧日系

国民党一大代表的出入证

统于一旁"……信末，蒋介石对胡汉民大加赞扬，力劝孙中山重用胡汉民，信中写道："尝念吾党同志，其有学识胆略并优而兼有道德者，固不可多得，乃只有求其谙熟本党之历史，应付各方维持内部，如展堂者，果有几人，何先生亦不令追随左右，以资辅翼之助。"

蒋介石对胡汉民及孙胡关系的这番论说，并非空穴来风。胡汉民在个人品德方面无不令人敬仰，无任何可挑剔之处。加上胡与蒋二人都对陈炯明较早地发现其叛逆的迹象，又在蒋多次的"离职而去"的闹剧中，胡汉民能在多方矛盾之中斡旋，颇得蒋介石的好感。另外，自国民党筹备改组以来，胡汉民虽然也支持孙中山的改组工作，但对孙中山的三大政策是有保留地拥护。而此间廖仲恺全力以赴地辅佐孙中山进行国民党的改组工作，对三大政策也尽心拥护。孙中山此间倚重廖仲恺也是事实。胡汉民大多时间不在广州孙中山的身边，似有疏远之迹象。这才有蒋介石信中所言之语。实际上，孙、胡二人间的关系并没有什么实质性的变化。不过从这封信中倒看出了蒋胡二人间关系的状况，至少可以看出蒋介石对胡汉民的敬仰。在以后蒋胡二人来往的信件中，也可以看出蒋介石把胡汉民视为可以信赖之人。

当为孙中山理财的杨西岩被免职后，胡汉民写信告诉了蒋介石这个消息。因为杨西岩拖延给蒋介石筹办军校的费用，这也成了蒋介石离去的一个原因和借口。如今杨被免职，胡汉民请蒋介石回到广州。蒋介石离开广州已一个多月，没有什么辞职的正当理由，只因没有得到"应有的重用"。离开广州后，国民党大员们函电交加，孙中山也数次催返，虽然蒋

1923年在广州出任黄埔军校校长的蒋介石

介石在国民党内暂无显职，但此时也够风光的了。如果一味地僵持下去的话，弄不好会"鸡飞蛋打"。

蒋介石因此给胡汉民写了一封信，吐露苦衷。一边言及自己的性格仍然是贪逸恶劳、娇养成性，参加革命所依靠的是"幸遇孙中山与一、二同志督责有方"，今后爱护他的人应须"视我如孩提，待我以至诚，曲谅我暴戾，体贴我愚拙"；一边表示愿意回广州，请胡汉民谋一良策，作为自己回广州的台阶。

经孙中山、胡汉民的多次敦促，在张人杰、陈立夫、戴季陶等人的劝解诱导之下，蒋介石终于晓之利害所在，回到了广州，担任黄埔军校校长。

黄埔军校开学后，蒋介石全身心地投入到办学之中，他经常对军校全体学生训话，讲修身，说忠勇，企图把学生训导成忠于自己的家兵。在军校，胡汉民与汪精卫、邵元冲兼任政治教官，向学生们讲授三民主义、中国国民党党史、世界大势、国内现状等课程。胡汉民很重视在军校所兼任的教官一职，当时孙中山移居白云山养病，他还代理大本营事务，工作异常地繁忙，但他还是与廖仲恺每周必去一次军校。胡汉民讲课，语言通俗易懂，深入浅出，颇受学生们欢迎。

黄埔军校里，一个是校长，一个是兼职政治教官，蒋胡二人没有过多私人方面的交结，但为了培养一支忠于革命的军队，二人都尽心尽力地工作着。

## 在平定商团叛乱中，蒋、胡二人角色不同

1924年9月，直奉战争爆发，孙中山趁此时机，从广州赴韶关，准备北伐。临行前，将广东的一切事务均委托给代行大元帅职权的胡汉民全权处理。代行大元帅职权后，胡汉民首先遇到的棘手问题就是处理广东商团谋叛一事。

广东商团成立于1912年，起初是广州商民维持社会治安、保护商家生命财产安全的自卫组织。它成立后在广州历次变乱中持守中立，后来商团逐渐被帝国主义、大地主、大买办所操纵，政治倾向日趋保守，成为敌视革命

广东商团总长陈廉伯

政权的一个团体。商团谋叛事件的出现在胡汉民代行帅职前就已发生。1924年5月下旬，广东商团代表在广州集会，成立"广东省商团军联防总部"。总部由英商汇丰银行广州支行买办陈廉伯任总长，大资本家邓介石和佛山大地主陈恭受任副总长。商团军联防总部成立后，扩大了自卫武装的规模，用武力与革命政府相抗衡，企图建立商人政府。8月上旬，商团通过南利洋行，购进价值一百万元的军火，计长短枪近一万支，子弹三百多万发，并由悬挂挪威旗的丹麦船"哈佛号"运到广州。因购运的枪械与向革命政府报备的数量及运抵的日期不符，革命政府将这批私运的枪弹悉数扣留，孙中山命令蒋介石派永丰、江固两艘军舰，将装运枪支弹药的"哈佛号"监押停泊于黄埔军校门外，所有枪支弹药由黄埔军校看管。

私运枪支弹药被查获后，陈廉伯等人煽动商界人士，组织请愿团，并派出商团军两千余人到大元帅府请愿，要求发还枪械。附近的佛山、花县、三水等十四个城镇的商团也受指使派武装人员来广州，对政府施加压力。孙中山亲自接见了全体请愿人员，说明政府扣械的理由。陈廉伯的目的没有达到，遂采取更加激烈的对抗方式——鼓动商人罢市，以扰乱正常市场秩序，陷广州于混乱之中。

针对商团的种种行径，革命政府内有两种对立的态度。广东省长廖仲恺主张坚决镇压，并于8月20日公布了陈廉伯、陈恭受等"私运军械""煽动罢市""纠集土匪""勾结北方军阀，图谋内乱""推翻政府"等罪行，通缉二陈。同时调派武装进入广州市防范，以备不测。时黄埔军校学生军听从兼任黄埔军校党代表廖仲恺的指挥调遣，蒋介石对全校学生训话，号召他们要服从国民党及政府的指挥和调遣。以汪精卫、伍朝枢等人为代表却持另一种意见，主张和平解决。滇军军长范石生、师长廖行超又出面调停，实际上是帮助商团索还被扣军火。在内外力交加之下，廖仲恺因严办商团的主张不能贯彻，辞去了广东省省长的职务。

在这种情况下，胡汉民代理大元帅，并接手处理商团事件。但胡汉民向孙中山提出了一个条件，绝对不听鲍罗廷的话，只听自己的主张。这说明胡汉民对待商团处理的方式要不同于鲍罗廷等人的镇压主张。

鲍罗廷

胡汉民与广东商界的关系较为密切，多年来在广东的活动使他对广东商人产生了好感。尤其是广东的商人在广东光复前后的合作支持态度及在历次变乱中的中立立场，都给胡汉民留下了极深刻的印象。胡汉民认为商团事件的发生不过是少数商人所为，与大多数商人无涉。于是他对商团采取了以下两项温和的措施：

第一，取消了对陈廉伯、陈恭受的通缉令，发还他们的私产。

第二，派人与商团联系，会同商团头目去黄埔察看所扣枪械，并与之商妥双方都接受的解决办法：发还长短枪四千支，商团以各商店立即开市及缴足二十万元并抽全市房租捐一个月为对政府军费的报效。双方商定10月10日为发还枪械日期。

孙中山为了顾全大局，表示"如得实款"，"械可发还"，批准了胡汉民的解决商团事件的两项措施。在批准胡汉民温和的解决方案的同时，孙中山也准备了另一手，在10月9日商团发出第二次罢市通牒之后，从韶关写信给在广州担任黄埔军校校长、兼粤军参谋长的蒋介石，指示他立即成立革命委员会，以备不测事件的发生。

不测事件果然发生了。

10月10日发还枪支这一天，商团派出武装以保护接领枪械为名，在长堤西濠口一带放出步哨，实施戒严。实际上这是向政府作武装示威。这一天，广州市工人、农民、学生召开欢庆大会，会后游行。当游行队伍来到长堤西

陈友仁

濠口时，商团放出的步哨竟不允许游行队伍通过，并向群众开枪，当场打死二十余人，伤一百余人，是为"双十惨案"。

孙中山在韶关获悉"双十惨案"的消息后，立即指示胡汉民对商团要严加处理，不得再事姑息，"生死关头，惟有当机立断，切勿犹豫，以招自杀"。并宣布成立革命委员会，孙中山自任会长，委员为许崇智、蒋介石、汪精卫、廖仲恺、陈友仁、谭平山六人，专事处理商团变乱一事，在此期间，革命委员会代表政府全权负责。

在革命委员会成立之初的六名成员中，没有胡汉民，而蒋介石却位列其中。蒋介石在商团事件发生时，就倾向于对他们实行强硬的手段，他曾对黄埔军校的学生讲，商团购械有帝国主义在背后支持，帝国主义是中国的乱源。因此，从商团私运枪械的查获，到被扣枪械的看管，乃至在商团怂恿商人罢市期间维持社会治安，黄埔军校的学生军都走在前面。当对付商团需要武力解决时，孙中山当然首先想到的是蒋介石。

孙中山没有让胡汉民立即参加革命委员会还有另外的考虑，为了顾全北伐大局，能和平解决则不用武力手段。当蒋介石提议孙中山，胡汉民应名列革命委员会委员之中时，孙中山道出了实情：胡汉民长于调和，不长于彻底解决（指武力镇压）。孙中山在给胡汉民的信中说得更加清楚明确，"兄不在列者，留有余地也"。

后来，商团的反动气焰日愈嚣张，把和平解决之路堵死。10月12日，广州商团在市内到处张贴传单，除煽动商人继续罢市外，还打出了"驱逐孙文"等反动口号，并蛊惑人心，扬言陈炯明要从东江来进攻，号召北江一带的商团武装要在北伐军回广州时共同起而抵抗等。至此，孙中山才彻底放弃和平解决广东商团问题的幻想。

10月14日，孙中山电令由胡汉民代理革命委员会会长，命令胡汉民迅速收缴商团枪支,不可一误再误,以免后患。胡汉民接到孙中山命令后,马上下令警卫军、工团军、农民自卫军、飞机队、甲车队、兵工厂卫队、军校学生军等所有军队,统由蒋介石指挥。不到半天的时间,迅速平定了商团的叛乱。

在商团事件中,胡汉民和蒋介石一个唱"红脸",一个唱"黑脸",解决商团问题的目的却是一致的,到后来"红脸"已经无法唱下去的情况下,便都变成了一个"黑脸"的脸谱了。二人殊途同归。

## 孙中山逝世后,胡走了下坡路,蒋则冉冉升起

广州革命政府平定商团叛乱之后,北方的北洋军阀内部也发生了重大变化。1924年10月25日,原属于直系军阀的冯玉祥在北京发动政变,并取得了成功,控制了北京政府。冯玉祥举行政治军事会议,邀请孙中山北上决定国事。11月11日,孙中山启程北上。孙中山行前,将大元帅职权再次交由胡汉民代行,并代理国民党中央政治会议主席、军事委员会主席,总理后方事务。

孙中山北上之后,北伐军谭延闿部和朱培德部在江西吃了败仗,而驻在广州附近的滇桂军态度不够明朗。在这种形势下,盘踞在广东东江一带的叛军陈炯明,认为有机可乘,马上纠集叛军各将领,召开军事会议,商讨进攻广州事宜。随后,陈炯明大张旗鼓地招兵买马,网罗土匪,号称拥兵十万,他自任"援粤军总司令",于1925年1月7日下令进攻广州。1月27日,陈逆叛军向虎门要塞发起

发动北京政变时的冯玉祥

进攻。

　　陈炯明的进攻,使广东革命政府再次经受着严峻的考验,东征陈炯明已成为革命政府刻不容缓的任务。胡汉民自然不敢怠慢,连续召开会议,讨论对策。1924年12月24日,胡汉民与廖仲恺、许崇智、蒋介石、杨希闵组成军事委员会,聘苏联在华军事总顾问加伦为军事委员会顾问。军事委员会在胡汉民的主持下多次召开会议,商讨东征计划。1925年1月15日,胡汉民以广东革命政府的名义发出东征令,决定组成东征军,由许崇智任总司令,以蒋介石率领的黄埔军校学生军和教导团为主力,准备兵分三路,东征陈炯明。2月1日,广东革命政府发布总动员令,第一次东征由此开始。

　　蒋介石率领的黄埔军校学生军在这次东征战斗中,表现英勇,斗志昂扬,加上军纪严明,不拉夫,不骚扰百姓,深得群众的拥戴,所以黄埔军校学生军一路上攻无不取,战无不胜。先后攻下淡水、平山、海丰,又在棉湖重创叛军主力,奠定了第一次东征胜利的基础。陈炯明军队只好败退到闽赣一带。苏联顾问罗加诺夫随军出征,看到黄埔学生军如此英勇拼搏,称赞此精神足以与苏联红军相媲美。

　　胡汉民看到东征军取得胜利,非常高兴,派廖仲恺代表革命政府及孙中山到前线劳军,慰勉将士。但在北京病中的孙中山未能看见东征彻底胜利,便于1925年3月12日与世长辞了。

　　孙中山的辞世,对胡汉民和蒋介石二人影响很大。胡汉民对孙中山的感情很深,孙中山也很信任胡汉民,几次出征都让胡汉民代行其职权。孙中山在世时,胡汉民几乎成了一人之下万人之上的首席幕僚。孙中山很器重蒋介石,特别是经过陈炯明叛乱的

东征时期的蒋介石

考验，以及蒋在多次上书中所论及的军事方略，显露出军事才能。但是，孙中山始终没有让其参与党务，仅以军事方面的高级幕僚、参谋视之。孙中山逝世后，胡、蒋二人在党政军方面的地位呈动态相反的变化，一降一升，相映明显。

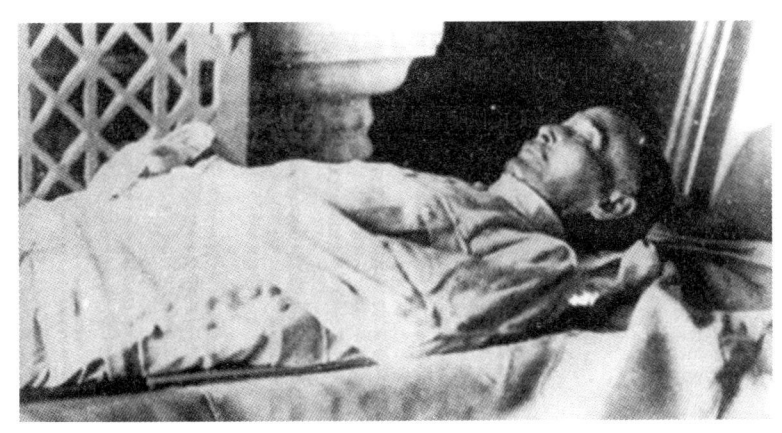

孙中山遗容

孙中山逝世后，胡汉民和蒋介石二人分别有誓词。胡汉民的誓词是：

"汉民等仍敬谨赓续孙大元帅成规，戮力同心并期有以发扬光大，以完成国民革命之工作。"

蒋介石同黄埔军校全体师生宣誓，誓词为："我陆军军官学校全体党员，敬遵总理遗嘱，继续总理之志，实行国民革命，至死不渝。"

孙中山在世时，广东革命政府内部慑于其威望，尚能戮力一心对敌。而孙中山的英灵尚未走远，革命政府内部的变乱就已发生了。首先是滇桂军阀杨希闵、刘震寰起兵谋叛。桂系军阀刘震寰与滇系军阀杨希闵，曾在驱逐陈炯明出广州的战争中立下大功，刘震寰还在驱陈战斗中负伤。因此，刘、杨二人在孙中山再次回广东建立革命政权后地位很高，孙中山称刘震寰为"刘大活菩萨"。可是，他们二人并非是孙中山三民主义的忠实信徒，驱逐陈炯明出广州，只是想利用孙中山的名望声势扩张自己的地盘。待孙中山逝世后，刘、杨二人加紧与陈炯明、唐继尧及北方军阀联系。在广州革命政府命令杨希闵部为东征的左翼，刘震寰部为东征的中路时，二人却拥兵自重，没有参加东征的战斗，而是把部队集结在博罗、惠州一带，还不断地向广州政府索要军饷。当杨、刘二人叛迹已被大元帅府获悉后,胡汉民试图安抚他们,继续把他们挽留在革命队伍里。

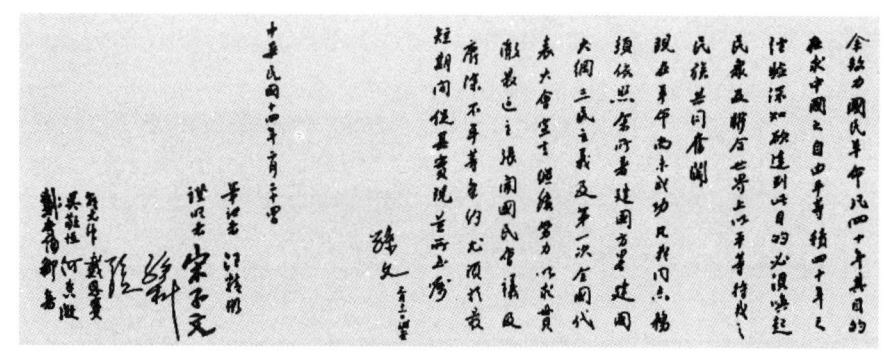

汪精卫为孙中山草拟的遗嘱

1925年5月初,胡汉民首先做出姿态,应杨希闵的要求将政府属下的兵工厂改为委员制,并任命由杨推荐的夏声为委员长。接着,他又派邹鲁去劝说杨、刘二人回广州,并许以官职。

然而,杨、刘二人叛心已顽,并无悔改之意。当国民党中央讨论对杨、刘二人制裁时,胡汉民又提出只讨杨,给刘以悔过之机会。会议绝大多数人主张二人并讨,胡汉民也只好采纳了大家的意见。胡汉民对杨、刘的暧昧态度,影响了他在孙中山病逝后的革命政府中的形象和地位。

6月5日,在胡汉民下令免除杨希闵、刘震寰本兼各职的同时,杨、刘二人指挥军队叛乱。许崇智、蒋介石率东征军回师。仅数日即将乱军平定,广州的革命政府又一次得到了巩固。

广州的革命政府外部敌人的反动气焰被消灭后,内部因孙中山逝世而出现的权力空位所引发的矛盾便凸显出来了。其中最关键的是由谁来接替孙中山的位置。当时能够问国民党之"鼎"者只有三人,即胡汉民、汪精卫、廖仲恺。

我们着先看一看汪精卫。汪精卫与胡汉民幼同里,长同学。二人同年留学日本,同年加入同盟会,在宣传资产阶级革命与康梁保皇派论战中共同立下了赫赫战功。汪精卫还有行刺清政府摄政王载沣可引以为自豪的经历,在国民党内资历较深。国民党改组后,这位善于言谈、工于心计的汪精卫,处处以左派的言行表露于外。孙中山北上召开国是会议，他又是主要随行人员之一。当时孙中山病重不能处理政务，乃指定随行到京的中央执监委员组成临时中央政治会议，会议讨论的结果由汪精卫向孙中山报告，孙中山的指示也由汪精卫向会议转达。孙中山逝世前的遗嘱也是由汪精卫起草的，这就使他有了"亲受遗命"的资本。更重要的是，汪精卫圆滑变通、左右逢源，这在众竞争对手旗鼓相当的境况下，都成了他问"鼎"中枢的必胜条件。

其次，再看廖仲恺。廖仲恺在国民党内的历史可以与胡、汪二人相媲美，也是孙中山最忠实的追随者之一。早年就在孙中山身边辅佐，辛亥革命后更是追随孙中山奔走国内外。在孙中山确定联俄、联共政策后，他最为积极拥护，与苏代表商谈，与共产党人接触，给人以务实、忠诚的印象。他对联俄、联共的积极态度，被人们称为国民党的左派。但他没有胡汉民在孙中山生前的高位，也没有汪精卫在孙中山逝世后那样引人注目。

1916年孙中山（左五）与胡汉民（左六）、陈炯明（左四）和朱执信（左二）等人摄于上海。

最后，我们说一说问"鼎"呼声较高，最为热门的人物——胡汉民。孙中山生前，胡汉民曾三次代行过孙中山的职权。第一次是1923年6月，孙中山亲自率军出征东江，让胡留守后方代行大元帅职权；第二次是1924年9月，孙中山决定出师北伐，命胡留守广州，代行其职权；第三次是1924年11月，孙中山北上召开国是会议，又一次把重任交给胡汉民。孙中山几次命其代己行权，是否意味着选定胡为继承人，这对于信奉西方民主政治的孙中山来说，还不能肯定，但也没有理由否定。因为孙中山早年就曾经说过，胡汉民的才干，即位以总统，亦绰绰有余之语。然而，胡汉民以书生之气对待政治，以中国传统的知识分子所特有的"君子风度"去对待权位，事实已经证明，在政治舞台上，要败得一塌糊涂。

孙中山在北京协和医院确诊患有不治之症的消息传到广州大元帅府后，胡汉民召集广州党、政、军诸方面的负责人说："先生以后方党政军诸事交给我一个人负责，今先生病危，万一不幸，我主张改组大元帅府为政府，用委员制共同负责。"孙中山逝世消息传来，胡汉民又一次对谭延闿说："书生弄军事，终于弄不惯；委员制实现，继起有人，我们也可以息肩了。"

如果说，胡汉民前面那句话，可以作为他的谦谦之语，并不为过。那么以"书生弄军事，终于弄不惯"之语示人，这无异于暴露了自己政争中的弱点。事实上，胡汉民并不是对问"鼎"国民党中枢不感兴趣，否则就不会有后来国民政府选举结果揭晓后发怒离席之举了。胡汉民这个人在政治上的致命弱点是不会在政敌之间八面玲珑、左右逢源。关键时刻要化敌为友，又要反目为敌，这才是政治家屡屡得胜的要旨。所以，当时与胡汉民共过事的人说"捧胡展堂是捧也捧不上的""没有人对展堂先生不表示尊敬，然也没有人觉得展堂先生足以为全党一致归心的领袖"。

广州国民政府成立于1925年7月1日，正是国共合作时期，采用委员制，汪精卫、胡汉民、廖仲恺、张静江等16人为委员。汪精卫、胡汉民、谭延闿、许崇智、林森为常务委员，汪精卫任主席

杨、刘叛乱平定后，大元帅府的改组就提上了议事日程。1925年6月14日，胡汉民在大本营召开政治会议，决定设立国民政府，并命令各军将财政、民政、交通等机关交还政府。6月24日，胡汉民以代理大元帅的名义发布了"革命政府改组宣言"等一系列奠定国民政府施政基础的文件，宣布国民政府分设军事、外交、财政各部；设立军事委员会、监察部、惩吏院、省政府、市政委员会。然而胡汉民对国民政府人选方面的重要问题，却不能参与。汪精卫就曾私下改动国民党中政会决定了的政府人选，在没有与胡汉民交换意见的情况下，交给报纸发表了。这表明胡汉民此时的权力已被架空。1925年7月1日，胡汉民自动解除代理大元帅职务。在国民政府选举主席人选时，汪精卫以全票当选，胡汉民虽然被选为五位国民政府常务委员（汪精卫、胡汉民、廖仲恺、许崇智、谭延闿）之一，但在国民政府中仅任外交部长。胡汉民此时才醒悟过来，但已是"无可奈何花落去"了。

孙中山逝世后，胡汉民由代理大元帅到降为国民政府的外交部长，这是他在政治生活中的一个分水岭，此后一段时期内，在政治上一直是不尽如人意，到后来竟有被"贬"之事。

## 廖仲恺被刺，胡遭怀疑被"贬"，蒋说自己救胡一命

胡汉民虽然接受了由一人之下万人之上到屈就政府中不甚重要官职——国民政府外交部长的现实，但内心的委屈、愤恨难以自平。胡汉民的拥护者对这样的结果也极为不满。国民政府成立之后的8月10日，胡汉民在中央执行委员会常委会上提出于9月15日召开第四次全体会议的建议，想借此会议对自己的降职有个明确的说法。

可是，福不双至，祸不单行。8月20日，黄埔军校党代表，被称为"军校之母"的廖仲恺被刺事件的发生，不仅把胡汉民重整旗鼓的计划打破，而且他还被怀疑，受牵连，连外交部长的位子也坐不稳了。

1925年8月20日，胡汉民像往常一样，很早便起床了。由于中央党部今天开会，胡汉民向来谨守时间，早早地吃过早饭，恰又逢陈济棠、朱世贵

来谈工作,一直谈到将开会时间。胡汉民刚起身要上车,突然中央党部来电话,告知:"仲恺被刺,已入医院。"

廖仲恺时任国民政府五位常委之一、财政部长,兼黄埔军校党代表。这一天他也是乘车偕夫人何香凝、国民政府监察委员陈秋霖到中央党部开会。下车后廖仲恺等刚迈进中央党部大门时,突遭多名暴徒开枪射击,廖仲恺当场倒卧血泊,旋即被送往医院抢救。

胡汉民接到电话后,先是吃了一惊,然后把当时任广州市公安局局长的吴铁城找来,同陈伯南一起去医院。到医院后,廖仲恺已因重伤不治而死去。

廖仲恺被暗杀,胡汉民很是气愤。二人虽在政见上时有分歧,然同为孙中山的得力助手一起共事二十多年,怎能无动于衷?尤其是此案发生在中央党部门前,这等于向国民党示威宣战。胡汉民从医院出来后径直去军事部长许崇智处,表明态度,要求坚决查办凶手。在许崇智处还遇见了国民政府主席汪精卫,汪精卫主张把鲍罗廷请来共商此事。鲍罗廷来后便提议组成一个特别委员会。于是,临时召开会议,决定由汪精卫、许崇智、蒋介石三人组成特别委员会,处理"廖案"。并决定党部、政治会议、国民政府各机关职权等,一律交由特别委员会统制。胡汉民没有成为特别委员会成员之一。

蒋介石之所以被选为特别委员会三成员之一,完全得益于他当时的极左言论和所任的军事职务。国民政府成立后,十五位国民政府委员中没有他的位置,仅被选为军事委员会的八名委员之一。此外,蒋介石还任国民革命军第一军军长(当时共六个军)、陆军军官学校校长、广州市卫戍司令、长洲要塞司令,全都是军职。对应付像"廖案"这样的突发事件,广州市卫戍司令当仁不让,这给蒋介石插手党政事务提供了一个绝好的机会。

"廖案"发生的当天,蒋介石就以广州卫戍司令的名义,宣布广州市戒严,派何应钦率领第一军第一师分布市区警戒,抢占市区的制高点,控制了全市的形势。特别委员会成立后,又设立了审理"廖案"特别法庭和检察委员会。这样,侦查"廖案"工作便全面展开了。

胡汉民对"廖案"非常关心,21日,他遇到汪精卫,劈头便问道:"对于廖案进行,有无头绪?"22日,他去中央党部,见到廖仲恺的夫人何香凝，何香凝告诉他："今天接到一个消息，说刺廖先生是毅生主使的。"毅生是指胡汉民的堂弟胡毅生。此人早年也留学日本，加入兴中会，并成为中国同盟会最早的会员之一，追随孙中山参加革命的时间要早于胡汉民。胡汉民闻听此言后，先是吃了一惊，随即表示，无论何人都应当严办、受法律的制裁。

从中央党部回来，胡汉民终于明白了这两天受到冷落的原因。但此事重大，人命关天，非同儿戏。胡汉民想了解堂弟胡毅生主使刺廖的证据，便又去找汪精卫，分析了他对"廖案"的看法：

廖仲恺被刺有三个重要原因：

（一）军阀作闹。被打倒的军队不平（如滇桂军），未被打倒的军队不安，由军阀之不平与不安，便造此轩然大波，混乱粤局。

（二）同志"反共"。

（三）自相疑忌。

汪精卫同前天与胡汉民见面时一样，对胡的滔滔言论未置可否，一声不吭。汪精卫如此不加理会的态度，加重了胡汉民的疑心，觉得形势不妙，似乎要有什么"大乱"将起，便又转晤另一特别委员会委员蒋介石。

蒋介石听了胡汉民在汪精卫处发表的相同意见后，只冷冷地说了一句："胡先生的三点意见，我以为第一点尤属事实。"便结束了与胡汉民的谈话。

胡汉民对廖案的过分关心，更加引起了特别委员会的怀疑。这从蒋汪二人对胡的态度便可反映出来。终于有一天，温情脉脉的敷衍被强行搜查所取代。

8月25日早上五点钟，胡汉民刚刚起床，嘈杂的喝令声打破了早晨的宁静。一伙手持枪械的士兵破门而入，为首的一个见到胡汉民，气势汹汹地问道："你是胡毅生吗？胡毅生哪里去了？"一个国民政府的高级官员却受到国民政府士兵的质问，胡汉民十分气愤，反问道："你是哪里来的？干什么这样凶狠？"那人答道："我是黄埔来的，廖先生死了，还有什么说的？"言毕，便指使士兵翻箱倒柜搜寻东西。胡汉民趁乱避往一个卖菜人的家中。

胡毅生

胡汉民的太太陈淑子慌忙跑到汪精卫家询问个究竟。汪妻陈璧君打电话给蒋介石。过了很长时间，蒋介石派人来接胡汉民，并写了一封信给胡汉民，信中解释早上士兵所为"与先生无涉，仅毅生有嫌疑，故派人搜捕"等。原来，早上到胡汉民家搜寻者乃为蒋介石所派。

胡汉民被接到蒋介石处后，又被送往黄埔避居，时间长达一个月之久。

胡汉民避居黄埔，如同软禁。此间，汪精卫、蒋介石等人均来过。后来由于"廖案"的侦破有些进展，经过调查和审理"廖案"特别法庭的审讯，刺杀廖仲恺的主谋是朱卓文、胡毅生、魏邦平、梁鸿楷、林直勉等人。虽然没有证据可以证明胡汉民与此案有直接关系，但刺杀廖仲恺的主谋曾经是胡汉民寓所的常客，并且供认出曾在胡汉民的寓所商量过驱除廖仲恺之事。况且，"廖案"主谋之一的胡毅生又是胡汉民的堂弟，因此才出现了"涉嫌""误会"等说法。胡汉民已不宜在广州待下去了。

胡汉民不能在国民党政府内立足，国民政府高等顾问鲍罗廷建议他去苏联考察。

让胡汉民去国外考察，前提是要争取其本人的同意。蒋介石首先做了说客。9月初，蒋介石到胡汉民避居地，直截了当地对胡汉民说："鲍先生的意思，希望胡先生到俄国去一趟，休息休息。到俄以后，胡先生的生命安全，鲍先生是绝对担保的，大概鲍先生还要亲自来看看先生，鲍先生来过之后，先生就可以动身了。"

与其说是征求胡汉民的同意，倒不如说是命令胡汉民。无可奈何，胡汉民想，出去走走，总比"囚禁"于一隅之地强，况且还有蒋介石对自己安全的担保。

过了几天，鲍罗廷果然来了。

鲍罗廷比蒋介石说得委婉多了，他向胡汉民表示，苏俄如何如何地欢迎胡先生去，胡先生此去，与"廖案"无关。最后，他告诫胡汉民："必须坐俄国船，不能在上海停靠。我们并不是不放心胡先生，不过以胡先生的声望地位，怕反动分子会利用胡先生的招牌，搅出危害革命的事情来。"

实际上，鲍罗廷当然知道胡汉民在国民政府成立之后的尴尬处境，加上"廖案"的刺激，唯恐他做出与政府相对立的事情来，鲍罗廷才出此言告诫的。尽管胡汉民是多么不心甘情愿，最终还是同意了。国民党中央执行委员会于9月15日开会，汪精卫在会上对胡汉民涉嫌"廖案"的传言及派胡汉民赴苏俄考察一事做了如下说明："自廖案发生以后，社会上对于胡汉民同志发生两种批评：一则谓政府处置胡汉民同志失之太宽，实则胡毅生与胡汉民同志为弟兄，然胡毅生此次谋杀廖仲恺同志举动，汉民同志事前毫不知情，何能代为负责；一则党军当日往胡汉民同志住宅搜捕胡毅生，遂以为政府对于胡汉民同志予以难堪，未免失之太严，且因此生出许多谣言。实则革命政府之下，绝不能因一两同志个人之体面，故纵要犯。今政治委员会议根据廖同志未被刺以前之决议，仍请胡同志往外国接洽，以非常重大任务，付之胡同志之手，由此可知当日政府当局，对于胡同志并无若何芥蒂。"汪精卫的这段话，是对胡汉民一个月所受到的特殊"待遇"及派遣出国考察的解释、说明。

蒋介石究竟在胡汉民受贬被逐中扮演什么角色，我们从以下当时特委会三成员在不同时期对胡汉民的表白中，可以窥其一斑。

1927年春，汪精卫从海外归来，在上海对胡汉民说：

"特别委员会成立后，我竭力主张不能把胡先生牵涉在里面。因为我相信胡先生断不会做这种残杀同志的事，但汝为（许崇智，字汝为）有'报复'之意，以为非'排胡'不可，我当时是最反对汝为这种主张的。"

1928年9月，胡汉民从国外考察回来，也是在上海，许崇智对他说：

"当时特别委员会成立后，鲍罗廷力主兴大狱，更说非'排胡'不可。精卫脸红红，介石则主张镇压军队，怕军队有毛病。鲍罗廷力争，说不'排胡'便没有意义。我不答应，我说，不能这样随你们干，要是这样干，我就走了。"

1931年2月28日晚，蒋介石与胡汉民争吵之后说：

"仲恺案的发生,我实在救了胡先生的命。要是胡先生当时不住在黄埔,早发生意外了。鲍罗廷、精卫、汝为都主张乘机'除胡',我大反对,才邀胡先生到黄埔去。这是胡先生应该明白的。"

若要从三人的独白中辨别真伪,有些像智力推理小说中的情节,各人都说自己有恩于胡,把别人说成是排胡最力者。不过,从当时的历史背景来看,三人中与胡矛盾最深的是汪精卫和许崇智。汪胡交恶始于孙中山逝世后,利用政治手腕当上广州国民政府主席的汪精卫,自知地位不稳,胡汉民的存在对他威胁最大。许胡二人有隙已有时日,陈炯明叛乱后,许率军回粤打了败仗,胡汉民说了许多刻薄的话,二人从此反目。蒋胡没有太多的矛盾,在国民党中一个主政、主党,一个是军事方面的将领,可是蒋介石对政、党二权奢望已久,在孙中山逝世后,新组成的国民政府中仍没有他的位置,他要插手政务,必须先寻靠山,所以对汪、许排胡也只好随声附和了。

在"廖案"处理过程中,蒋介石所得到的最多。首先,许崇智因部下涉嫌"廖案"而被迫悄然离去,实现了他倒许的夙愿,扫除了他揽军权道路上最大的障碍。他兼并了许的部队,取代了许成为后来东征军的总指挥,进而跻身于军界领袖的位置。其次,廖案使国民党内的元老们互相猜忌,右派们无法在广州立足,这为蒋介石攫取党权、政权铺平了道路。

## 二 一次联合的流产

## 胡成为"国民党二大"上缺席的主角

1925年9月22日,胡汉民自广州黄埔出发,搭乘苏联"蒙古号"轮船北上,开始了他为期半年的"考察"苏俄之行。

随胡汉民同行者有其独生女儿胡木兰、国民政府的秘书李文范、军事委员会秘书厅长朱和中、卫士杜松,一行共五人。其中,朱和中是鲍罗廷、汪精卫以照料胡汉民为借口派往监视胡行动的。

虽然胡汉民赴苏,名义上受国民政府的委派,行前,汪精卫还签署了一封给苏联共产党和苏维埃政府的信,让胡汉民带上。信中说明胡的使命是同苏联商榷"政治、经济之一切重要问题""关于党的组织、宣传各种问题"及"国民革命时代所应采取之策略",并代表国民党出席共产国际第六次执行委员会议。实际上,胡汉民心中明白,不得已而为之的此次之行,不管冠以什么名头,都如同被放逐一样。当登上离乡的轮船,愤恨、忧伤、凄楚之情一齐涌上心头,于是赋诗一首:

> 稚子牵衣上远航,送行无赖是秋光;
> 看云遮处山仍好,待月来时夜渐凉。
> 去国屈原未憔悴,鸱人叔子太荒唐;
> 浮屠三宿吾知戒,不薄他乡爱故乡。

此诗充分表露出胡汉民当时的心情,同时也流露出他对政治舞台的眷恋之情。

胡汉民早年就为革命而多方奔走,离家出国已是他的家常便饭,此次却不同往常,茫茫大海,前途未卜。

胡汉民一行经过十余天的海上颠簸旅行,10月4日,到达苏联在远东的重要城市——海参崴。胡汉民一踏上苏联的国土,就陷入了海洋般的热情之中。海参崴各界连续举行群众性的欢迎宴会,盛情款待这位远方来宾。胡汉民参观当地的学校、医院、军营等，都受到了超规格的热情接待。苏联外交人民委员会远东代表范斯亭曾私下对胡汉民说，英、日、法、美及中国北京政府的外交人员，从未有享受过这样盛大的款待。胡汉民受到如此礼遇，也是他始料不及的。这多少冲淡了他因"被逐"而滋生的不愉快心情，他高兴地给国内写信，称苏联接待"感情之热烈，礼谊之隆重，肴食之丰美，同行者均谓平生所未遇也"。

在海参崴稍事停留后，胡汉民一行乘火车前往莫斯科，苏派一军官陪同乘车，一路上沿途各站，均受到当地政府的欢迎。10月28日，抵莫斯科。

胡汉民在海参崴所受到的异乎寻常的礼遇，如果与莫斯科相比，就显得相形见绌和微不足道了。

胡汉民抵达莫斯科，立即受到了苏联政府组织的六万多人的隆重欢迎，共产国际主席团成员片山潜也到车站迎接并致欢迎词。翌日，苏共中央的机关报《真理报》以及其他各报，均以通栏的大标题报道了这个激动人心的欢迎场面，并以中国革命运动最卓越的领袖来称呼胡汉民。

胡汉民在莫斯科的活动，安排得满满的。到处参观访问，不断地与共产国际和苏联要人晤面会谈，不停地撰文演讲，异乎寻常地活跃。他参观军队、工厂、学校、机关等部门，与季诺维也夫、片山潜、托洛茨基、斯大林、布哈林、伏罗希洛夫、齐契林、卢那察尔斯基会见。他参加了苏联十月革命八周年的纪念盛典，参加了不许干涉中国大会、苏联研究所成立五周年纪念会、苏共十四次代表大会、农民国际会议、共产国际执委会第六次扩大会议，还为《真理报》《工人报》等报撰写文章。

在这里，尤其值得提及的是，胡汉民参加共产国际执行委员会第六次扩大会议的场面。据《国际新闻通讯》报道：那天，胡汉民身穿戎装，被会议奉为上宾。当他登台代表中国国民党致贺词时，会议大厅里呈现出前所未有的热烈景象，他的讲话被一次比一次热烈的掌声所打断，竟有好几分钟使讲话无法继续进行下去。

胡汉民在莫斯科受到如此热烈的欢迎，似乎与他在国内的处境形成巨大反差，这在国民党仍奉联俄、联共、扶助农工为国策的情况下，着实令人费解。然而，当我们看到胡汉民在苏时所发表的言论以及所作所为，也就释然了。

在《真理报》上，胡汉民撰文，称赞苏俄十月革命是20世纪的第一件大事；是无产阶级解放的第一声；是宣告帝国主义死刑的第一法庭；是世界被压迫民族的第一福音；是实现马克思主义革命成功的第一幕；是人类真正历史的第一篇。他盛赞了十月革命对中国国民党及中国革命的影响，给中国革命以许多的启示和帮助，使中国革命党觉醒，认识到了革命的真正力量。在共产国际会议的发言中，胡汉民声称，世界革命只有一种，中国革命是其一部分，孙中山的学说与马列主义在根本问题上是一致的。共产国际是革命的大本营，是革命的总司令部。称自己是共产国际的战友，并高呼"世界无产阶级团结万岁！""全世界共产党万岁！"

更有甚者，胡汉民在同斯大林、季诺维也夫、托洛茨基会见时，提出国民党加入共产国际的请求。

胡汉民在苏的言行，并非出于他的本意。他在国民政府成立后降职为外交部长及"廖案"中所受到的挫折和打击太大了，迫使他不得不面对现实。

胡汉民访苏期间，经常给国内汪精卫等写信，谈及自己在苏的活动和观感。这些颇得国内国民党人的好感。尤其是此间国内出现了"西山会议派"反对孙中山的三大政策，胡汉民对之严加批评，写信给国民党中央，表示并不支持西山会议派的言论和活动。

以上等等，均为胡汉民扫去了因"廖案"而笼罩头上的阴影，为其赢得了一定的政治主动权。所以在"国民党二大"召开前，汪精卫专电征询他的意见。

1926年1月，国民党第二次全国代表大会在广州召开，这次大会上，两个人最为引人注目，一个是因第二次东征胜利而满身生辉的蒋介石，一个就是远在异国他乡的胡汉民。

在国民党的二大上，汪精卫作的政治报告中，对胡汉民与"廖案"的关系做了如下的说明："胡毅生被党军到宅逮捕时，他对士兵诡说毅生现在胡汉民同志家中，士兵受骗，立即到胡汉民同志住宅，几乎累着胡汉民同志，而胡毅生却乘机逃跑了。胡汉民同志知道有些意外之变，非常痛心，因为林直勉、胡毅生都是向来听他的话的，不料如今却有此事。至于外间对胡汉民同志种种谣言，如今已证明都是假的。"此外，邓演达向全体代表报告了胡汉民在苏联的情况，称赞了他的工作。全体大会代表还向胡汉民致电：勉励其为党为国操劳。大会的最后选举中，在胡汉民未出席的情况下，以与汪精卫、蒋介石等同的票数当选为国民党中央执行委员会常务委员、中央政治委员会委员，并被任命为国民党中央党部工人部长，成为这次大会上"缺席的主角"。

## 蒋成为广州一颗耀眼的新星

胡汉民游苏俄期间，蒋介石在广州高喊革命口号，积极主张第二次东征，并亲自率军督师，歼灭了革命的叛逆陈炯明部队，因而大放异彩，映红了广州半边天，红透了革命队伍。

1925年9月18日，汪精卫以国民政府军事委员会主席的名义手令蒋介石：全权处置粤局。紧接着蒋介石便以许崇智手下将领中多人涉嫌"廖案"为名，逮捕了许多粤军中的将领，撤换并控制了许崇智的卫队，软禁许崇智。随后，借口"现在广东空气，对总司令（指许崇智）非常不利"，威逼许崇智"暂时离开一下"。许崇智离开广东后，蒋介石自然而然地成为广东军界的"一把手"。

在军界蒋介石如愿以偿了，但他当时在党内的地位并不高。他也清楚地知道，革命氛围之中的广州，唯有以革命的言行出现，方能在党务方面取得梦寐以求的地位。

让我们看看蒋介石此间都发表了些什么样的言论。

孙中山逝世后，国民党内潜在的"反共"潮流萌动日甚。然而，蒋介石在联共问题上讲得最动听，他说：

"国民党的同志对于共产党的同志，尤其不可有反对，因为我们要晓得，'反共产'这口号是帝国主义者用来中伤我们的。如果我们也跟着唱'反共产'的口号，这不是中了帝国主义者的毒么？""总理决定下来的主张，我们是不可违背的。如果不然，就无论你如何信仰三民主义也是假的了。因为总理容纳共产党加入本党，是要团结革命分子，如果我们反对这个主张，就是

*蒋介石的好友戴季陶*

要拆散革命团体，岂不是革命党罪人。"

当戴季陶的《民生哲学系统表》《孙文主义之哲学基础》《国民革命与中国国民党》三本歪曲孙中山三大政策的著作公开出版发行后，立即得到了国民党右派分子的喝彩，右派分子奉为"反共"理论之旗帜，攻击共产党加入国民党。蒋介石不顾结拜兄弟之情义，很有大义灭亲的气概，发表言论说这位盟兄弟是"总理之不肖徒""以尊重总理适以侮总理"，蒋介石借此机会进一步表明自己要做纯粹的国民党员和孙中山的忠实信徒。

东征期间，军事上同叛军斗争的同时，蒋介石也时刻不忘高喊革命口号。1925年11月7日出版的蒋介石著《总理实行中俄联合的意义和世界革命统一指挥的必要》小册子，其中写道：苏俄同志来帮助我们，乃是国民革命胜利之必须，孙中山总理的真正信徒，就是要照俄国革命的方法去做。

因"廖案"在广州无法立足的国民党右派，纷纷跑到北京，共谋"反共"之策。1925年11月23日，他们在北京西山碧云寺孙中山的灵前，召开了所谓的"国民党一届四中全会"，以解决国民党队伍中的"共产派"问题。蒋介石在东征前线得知后，即在汕头发表《为西山会议告同志书》，谴责西山会议派分子的行为是出于驱除异己、发抒私愤之偏心，再次强调联俄联共乃为总理生前遗嘱之重要内容，中国革命不成，列强敢于侮我，其原因就是国民勇于私斗，党员徒争意气，团体惯于破裂。蒋介石旗帜鲜明地表示，"不为革命，便为叛逆"。

东征胜利后，蒋介石谈到东征胜利的原因时说："完全是从我们总理实现中俄联合的一点成效""苏联同志不来指导我们革命的方法，恐国民革命军至今还不能发生。我们今天能够消灭叛逆,达到这个目的,大半可以说是苏俄同志本其民族的精神,国际的实力,与其革命的使命,起来以至诚与本党合作,帮助我们中国的效力。"还说:"我们接受革命先进国同志的指导就是接受总理的指导,就是实行总理的遗嘱。"

如果说以上言论是蒋介石为自己是孙中山真正信徒而作的标榜的话,那么,第二次东征则是他在行动上的证明。

国民政府在1925年9月1日开会,决定出兵东江,讨伐叛逆陈炯明部。9月28日,军事委员会任命蒋介石为东征军总指挥,统领国民革命第一军和第四军,并把之编为三个纵队。周恩来任东征军总政治部主任,与蒋介石协同指挥。10月1日,东征军召开誓师大会,随后,陆续出发。由于广大官兵的英勇奋战,工农群众的大力支持和帮助,东征军进展顺利,很快便攻下了陈逆的老巢惠州城,又在河婆歼灭了陈炯明的主力部队,第二次东征不到一个月,就将东江全境收复解放。

第二次东征的胜利,蒋介石享受到了所意想不到的荣誉和尊敬。

攻下惠州城之后,国民政府即下令嘉奖蒋介石,嘉奖令中写道:

"蒋中正受命东征,督率将士,立破坚城……统一前途,已呈曙光。该总指挥忠勇激发,成此伟功,至深嘉尚。"

东征取得全胜的消息传到广州后,蒋介石之威名更是大震,一下子他便成了国民政府中的焦点人物,以国民政府主席汪精卫为首的党政要人谭延闿、邓泽如、伍朝枢、古应芬、宋子文等人联名向蒋发出贺电:

"我兄以10月6日自广州启节,至11月6日而驾临汕头,屈指行师,恰盈一月。群贼就歼,东江悉平,破惠州之天险,覆逆敌之巢穴,及在罗经坝出奇制胜,使群贼敛手就擒,无能漏网,尤为此战事中最有特色之事。我兄建此伟功,成总理未竟之志,定广东统一之局,树国民革命军之声威,凡属同志,莫不钦感。"

此贺电一出,蒋介石顿成社会之新闻人物,众人不仅对其刮目相看,而且把他与国民政府主席汪精卫相提并论。有人在广州第一公园大门口写了一副对联,上联是"精卫填海",下联是"介石补天"。

满嘴的革命词句,加上东征的胜利,蒋介石终于在"国民党二大"上换

蒋介石与汪精卫

取了梦寐以求的地位，得以插手国民党的党务和国民政府的政务。

蒋介石是以"东征英雄"的身份出现在国民党二大会议上的。会议期间，他频频活动，发表演讲，出席庆功宴会，也接见外国使者，日程安排得满满当当。尤其是1926年1月6日在大会上受到的礼遇，足以引以为自豪。这一天，蒋介石代表军事委员会向大会作军事报告。报告很长，从1924年以来广东的军事形势说到两次东征的经过，从广东革命政府的内外敌人说到今后的北伐计划。尽管报告长了些，但会议代表的兴致依然很高，报告过程中掌声此起彼伏。报告毕，全场更是为之欢呼。更有甚者，有一代表提议，请全体代表起立向蒋介石致敬，勉其始终为党为国奋斗。此提议立即得到响应，雷鸣般的掌声在蒋介石身旁响起，蒋介石陶醉了，露出了满意的微笑。

国民党"二大"选举新一届领导机构时，蒋介石以几乎全票当选为国民党中央执行委员，后又被选进中央执行委员会常务委员。这是蒋介石第一次进入国民党的高层领导机构，以后便可以名正言顺地参涉党务了。

此时的蒋介石如日中天，国民政府的各要员均倚之为干城，他成为广州国民政府的风云人物和耀人眼目的政治新星。

可是，这颗新星是颗"扫帚星"，他的升起，中国革命的灾难便降临了。

## 为少一个对手，蒋曾试图阻止胡回国

胡汉民在国外的"表演"，以及对国内政治的极度热心，曾收到了一定的政治效应。正当他踌躇满志、准备回国以图东山再起之际，来自国内的阻挠同时开始了。

1926年3月13日，胡汉民从莫斯科启程，到海参崴候船回国。在海参崴候船时，胡汉民得知国内发生了"中山舰事件"，他因之更急于回国，但他意想不到的事情发生了。

4月4日，一直陪同胡汉民访问的苏联远东外交代表范斯亭忽然劝他不要急于回国。胡汉民问其原因，范斯亭没有说出令他信服的原因。

4月11日，范斯亭劝说胡汉民北上返回莫斯科，说是国民党中央政治会议传来明码电报，命令胡汉民留在苏联，将有新的重大任务交给他。

两次阻止，使胡汉民原定的4月13日搭船返回的计划只好延期了。

4月16日，苏方又派人阻止胡汉民回国。这次的理由是，中国国内的风声甚紧，上海、天津等地均逮捕国民党人，为安全计，请胡延期回国。

胡汉民以为是苏联方面要扣留他，一切托词都纯属作伪，所以他蛮横地拒绝接受。但是，胡汉民做梦也没有想到，这些都是蒋介石背后在捣鬼。

蒋介石是一个权力欲很强的人，又是一个很有权力韬略之人。国民党"二大"前后，他虽然在广东红得发紫，可是他要实现独揽国民政府、国民党的党政军大权还是有一系列障碍的。在他之上，有担任国民政府主席、军事委员会主席的汪精卫，蒋介石与汪氏相比，其声望资历是无论如何也不能相抗衡的，此为其揽权的障碍之一。另外，苏联顾问团在广州国民政府中享有崇高的威望，很受国民政府中的要员及革命群众的拥护，顾问团手中又握有政治上、军事上援助中国的权力，因此在苏联顾问团中留有良好的印象十分关键。虽然蒋氏曾多次高喊联俄的口号，但蒋介石与苏联顾问团也有矛盾，无论是在北伐的时间上，还是北伐的路线上，蒋与之都有重大的分歧。尤其是在1926年初，苏联顾问团中鲍罗廷回国述职，离开广州一个多月，加伦又到北方冯玉祥军队中去指导工作，季山嘉便在这时充任了苏联顾问团首席顾问的角色。而季山嘉与蒋介石的分歧矛盾是在顾问团中最大的，二人几乎闹到去留不并在的地步，此为蒋介石揽权的障碍之二。此外，蒋介石揽权还有中国共产党、国民革命军各军的障碍等。在这样的情况下，蒋介石整日为揽权清除障碍而冥思苦想，终于想出了一条锦囊妙计。

这条锦囊妙计就是发动中山舰事件。蒋介石借口中山舰无故驶往黄埔，并升火达旦，遂逮捕该舰舰长、共产党员李之龙。随后便扣押了第一军中所有的共产党员。事件是针对苏联顾问团、中国共产党和汪精卫的，可以说欲意"一石三鸟"。事件的发动，蒋介石冒着很大的危险，他也是战战兢兢地度过那几天的。出乎蒋介石的意料，得到了巨大的成功，居然"一石"而"三鸟"皆中。

事件发生时，蒋介石曾派兵包围了苏联顾问团的住地。当时，苏联曾派一个观察团到中国，观察团亦在被包围之中。苏联顾问团对此事件的反映，完全听从了观察团的领导人布勃诺夫的意见。布勃诺夫是苏共中央执委委员、苏联红军总政治部主任，权力很大。布勃诺夫秉承斯大林过分信重国民党的主张，没有看到中国革命中存在着的领导

中共党员、中山舰舰长李之龙

权的危机。事件发生后，蒋介石向苏联领事馆表示"对人不对俄"，布勃诺夫则信蒋介石所说的此事与顾问团无关之语，并向蒋介石表示，与之矛盾很深的季山嘉可以回国。蒋介石又表面上声称仍然要与苏联继续合作。

中山舰事件发生后，中国共产党内部虽然有如周恩来、陈延年、毛泽东等人主张对蒋介石采取强硬的态度，坚决予以回击。但受到共产国际及布勃诺夫使团的影响，加上蒋介石大耍两面派伎俩，事件后马上写了一个"自请处分"的呈文，迷惑了一部分人。中共中央决定采取不干涉的妥协退让之策，

接受蒋介石的无理要求，撤回了第一军中的共产党员。

汪精卫在事件发生初始，感到很是震怒，认为这是蒋介石目无"主席"的僭越和造反。但汪精卫这位军事委员会主席却调动不了军队，只好采取消极态度，被"气"而"病倒"隐居起来。此正合蒋介石之意。

"中山舰事件"打击了中国共产党和苏联顾问团，气跑了汪精卫，蒋介石好不得意。正在高兴之时，忽闻胡汉民要回国。刚刚气走了一个国民党的元老，善后问题还没有彻底解决，又有一个国民党元老要回来，蒋介石沉思该怎么办？

蒋介石刚刚扫除独揽大权道路上的几重障碍，绝不能再让新的障碍出现，更不会轻易让另一个权力的竞争者分享将要到手的权力。胡汉民的出现，对于深谙"政治生活，全系权谋"之道的蒋介石来说，解决的办法是有的。

于是，蒋介石试图阻止胡汉民回国。

这时苏联顾问团对蒋介石有些言听计从了。蒋介石让苏联顾问团向国内打电报，借口国内形势不稳等原因，劝胡汉民暂缓回国。蒋介石深知，胡汉民极为固执己见，但对国民党有着极特殊的感情，党性极强。乃又以国民党中央政治会议之名，假以有重大政治任务委其留苏办理。于是，便有了4月7日，国民党中央政治会议通过命胡汉民"暂缓回国"的决议。

可是，多方劝阻，几种手段均未能奏效，胡汉民的回国之意已无法动摇，蒋介石又使出了政治争斗中经常使用的手段，毁对手名声。

胡汉民在苏期间，革命口号也是喊得响天彻地，绝不逊色于国内的蒋介石。但蒋介石手中握有在平定广东商团叛乱过程中，孙中山给他的一封关于胡汉民政治观点的信，信中有一段这样写道：

"革命委员会当要马上成立，以对付种种非常之事，汉民、精卫不加入未尝不可。盖今日革命非学俄国不可，而汉民已失此信仰，当然不应加入，于事乃为有济；若必加入，反多妨碍，而两失其用，此固不容客气也。精卫本亦非俄派之革命，不加入亦可。吾党今后之革命，非以俄为师，断无成就，而汉民、精卫恐皆不能降心相从。"

在胡汉民回国之前公布这封信，无疑是在说胡汉民要两面派，在苏所言不能代表他的真正观点。此可谓"撒手锏"，先声夺人，确实厉害无比。

## 胡一厢情愿，蒋未作呼应，联合"流产"

蒋介石没有阻止住胡汉民回国。经过一番周折，胡汉民终于搭乘1926年4月19日开往广州的客轮，离开了海参崴。

踏上回国的轮船，胡汉民的心情与半年前乘船离国时的心情迥然不同。最近一年来，在政治权力角逐中失利的苦恼，此时已抛却脑后。他只是急切地想回到自己曾多年奋斗过的资产阶级革命的圣地广州，他的脑海中，闪现着几个月来国内政治局势的变化，国民党"二大"上令自己满意的结局，蒋介石在广州的出色表现，尤其是中山舰事件的发生，带来了"排共反苏"的好时机，自己回到广州后可以大张旗鼓地干一番了。胡汉民并不知道，阻止自己回国的就是日夜思念欲与之合作的蒋介石。

轮船经过十天的航行，4月29日抵达广州，与胡汉民同船到达的还有回国述职归来的鲍罗廷以及陈友仁、邵力子、顾孟余、谭平山等人。

在国外"考察"已半年的胡汉民，虽然时刻关注着国内的政治局势，尤其是广州国民政府的局势。可是，中山舰事件之后的广州政治格局，扑朔迷离，翻云覆雨，就像夏季的天气，忽而迅雷骤雨，忽而苦热骄阳，内中的"真味"，胡汉民并不是了解很透彻的。胡汉民在海参崴回国所遇到的周折本是蒋介石在国内捣的鬼，而胡汉民却丝毫未知，一直以为是苏联方面要扣留他，这预示着胡汉民所设想回国后的一切事情，必定会遭遇到方方面面的挫折。

回国后的第二天，胡汉民就和蒋介石见了面，二人进行了长谈。胡汉民滔滔不绝地向蒋介石介绍了"考察"苏联之后的观感，胡此时与蒋所言的观感，并不是在苏联讲演撰文中所说的那一套，而是重点谈苏共与中共，以及与国民党之间的关系。胡汉民还向蒋介石透露了他在回国船中与鲍罗廷交谈的内容。在海参崴回国的轮船上，鲍罗廷与胡汉民谈到了中山舰事件，鲍罗廷说了许多不满蒋介石的话。因此胡汉民知道了鲍罗廷处理中山舰事件善后问题的一些想法。胡汉民谈完之后，向蒋介石建议：不要再信任鲍罗廷，把鲍罗廷扣押起来。

胡汉民滔滔不绝，蒋介石静静而耐心地听着，同时心中早已想好了对付胡汉民这位国民党元老和苏联顾问鲍罗廷的办法，但脸上仍不露声色。胡汉民讲完，蒋介石对他的话未置可否，没有立即表态，只说了一些寒暄的话。胡汉民误以为蒋介石已经默许了他的主张。所以，自这次见面后，胡汉民与蒋联合的信心更加坚定了，活跃于各种场合，连日参加各种会议，报告访苏观感的同时，竭力主张实行"分共"政策，主张断绝与苏联的关系。

5月3日，胡汉民参加国民党第138次中央政治会议，报告了"考察"苏联的经过，并得出三点结论。

随后，胡汉民又在总理纪念周上发表演说。他提出了"党外无党，党内无派"的口号。

5月5日，胡汉民在国民政府代主席谭延闿主持欢迎他及鲍罗廷等人回国的宴会上，发表演说，再次宣扬了自己的观点。

胡汉民回国后，频频出现在各种场合，加上与蒋介石的来往，给人们这样一种假象：胡汉民将再度出山，与蒋介石联合共主国民政府。不只局外人有此看法，就是局中人胡汉民也对之信心百倍。因此，在广州的一些国民党右派分子及胡汉民的追随者大造蒋胡联合的舆论，并着手准备筹办胡重新参政的庆典活动，忙于搭彩门、确定游行事宜等。

可是，假象终究是假象，胡汉民的一厢情愿，只是政治上的"单相思"而已，并没有引起蒋介石的呼应。在胡汉民紧张活动之时，蒋介石已经开始着手排挤胡汉民出广州了。蒋介石首先处置打击广州的国民党右派分子，给胡汉民一点颜色看看。不但处分了孙文主义学会分子，还把右派的头面人物、广州市长伍朝枢逼走。

蒋介石利用中山舰事件打击了左派，取得了右派的支持，同时他又耍出两手之伎，打击右派，标榜自己革命，这正是蒋介石在政治上能够以退为进、屡屡得胜的高明之处。这时，蒋介石重又捡起革命的词句，借以排挤胡汉民。5月2日，他在第三次全国劳动大会上作报告，称赞了工农群众在统一广东、肃清一切反革命和巩固广东革命政权过程中所起的重大作用，"没有农工的帮助，国民革命军也绝不能成功这样快"。5月3日，蒋介石在黄埔欢迎三次劳大、广东农协、教育大会的与会各界代表来军校参观时，说工农学兵是革命的基础，"必定要这四种人联合起来，革命才可成功。"

第三次全国劳动大会入口处

在对待苏联顾问问题上，5月4日，蒋介石决定继续聘鲍罗廷为顾问。

蒋介石的言行，处处与胡汉民的主张背道而驰，此外，蒋介石还指使国民政府主席下令，让陈友仁取代胡汉民担任国民政府的外交部长。胡汉民至此方知道与蒋介石联合无望，只好于5月9日乘船离开广州。

胡汉民在高兴、企盼之中回到广州，胸有成竹，很有信心。可是，只有十天时间，他重返国民政府舞台的梦想就被打得粉碎，感到委屈和愤懑，离开广州时，写了一首诗，表达了当时的心境：

汉节羁留异域迟，悬知相苦是相思；
如何邂逅长亭日，不赠当归赠可离。
解衣投地诉君王，百战余生亦可伤；
无怪旁观人冷语，从来健者欠思量。

诗中既含悲愤，又含慨叹。

巧合的是，在胡汉民无奈离开广州所乘坐的轮船上，还有被蒋介石排挤而"卧病"隐居多日的汪精卫。曾是孙中山麾下最得力的两位助手,曾以"薪"和"釜"相喻的革命战友,今天又成了同是沦落天涯的难友,可是二人却连晤面说话的热情都没有,更谈不上走到一起了。胡、汪二人的同时离去,给蒋介石独揽大权提供了绝妙的机会。

# 三 首合作：一个清体、一个清心

## 祝贺北伐胜利，胡向蒋发出联合的信号

胡汉民离开广州后，来到了上海，虽然自称："日惟闭户读书，冀补年来学殖荒落之憾。"但他表面的平静，对政治的漠然，只不过是苦于自己的"政见"（即"反共""反俄"）没有被采纳，苦于没有施展的机会而已。一旦时机来临，他就不再甘于寂寞了。

此时，国内政治形势在急剧的发展变化之中。

因胡、汪二人离开广州，蒋介石的党政军权力一天一天地膨胀着。

继1926年4月16日蒋介石被国民党中央党部与国民政府举行的联席会议选为军事委员会主席之后，他与谭延闿、孙科等又在国民党二届二中全会上提出了四个"整理党务的提案"，并得到了会议的通过。此提案是"排斥"共产党、"限制"共产党活动的。根据此提案，共产党人不得担任国民党中央机关的部长职务，在国民党高级党部中任执行委员之数不得超过三分之一。根据这个提案，原在国民党中央任组织部长的谭平山、任宣传部长的毛泽东、任农民部长的林伯渠、任中央秘书处书记的刘芬等共产党人，都必须辞去所任之职，改由"仇视"共产党的国民党右派分子担任。因此，蒋介石接任组织部长，顾孟余、邵元冲、叶楚伧分任宣传部长、青年部长、中央秘书长。据此提案，蒋介石把一部分党权揽于手中。

6月5日，国民政府任命蒋介石担任国民革命军总司令，并授权他组建北伐军总司令部。按国民政府司令部组织大纲规定，北伐出征令下达后，即为战争状态，凡国民政府所属军、政、民、财各机关，均须受总司令指挥。

通过这几个步骤，蒋介石垄断了国民党、北伐军、国民政府的所有大权，成为国民党的第一号权力人物。

7月1日，蒋介石以军委主席的名义下达了"北伐动员令"。

7月4日，国民党中央临时全体会议通过《国民革命军北伐宣言》。

7月9日，蒋介石就职国民革命军总司令，并誓师北伐。

国民革命军北伐战争正式开始。

蒋介石亲率北伐军分三路北上。由于湖南、湖北、江西等地人民久受军阀统治之苦，纷纷欢迎北伐军，同时也由于北伐军将士们的英勇战斗，北伐军很快就攻占了长沙，在汀泗桥、贺胜桥又击败了吴佩孚的主力部队。9月6日，北伐军攻占汉阳，7日攻占了汉口，西路北伐军取得了决定性胜利。

在上海静观伺机的胡汉民，看到蒋介石限制打击共产党屡屡得手成功，又在军事上取得了这么大的成就，便忘掉了不久前在广州被蒋介石冷落那不愉快的一幕，寄希望于蒋介石合作"反共"。于是借北伐军攻克汉阳、汉口之际，向蒋介石发出一贺电，其中有对蒋介石吹捧、谄媚之语：

> 连日捷报传来，屏病之躯亦为距跃三百。我军以空前之奋斗，摧灭强敌，克复武汉，不仅为十五年来第一快事，亦近代战史所不常见，由此足以握革命成功之键，再造中国，而慰先总理与诸先烈之灵矣……（得此胜利）自非我兄革命之精神，指挥之妙用，奚以及此？

贺电中还分析了国内的形势，对北伐期间的财政、外交等提出了自己的意见：

> 东北之胡（指张作霖），亦颇有增援秀才（指吴佩孚）之说，其实利败之心尤甚，方且乘间攫取种种，山东（指张宗昌）与东南（指孙传芳），又有宿怨，连鸡之栖，只有相啄，皆不足虑。惟为帝国主义者，必不愿失其工具，必多方以为军阀之援，吾不啻间接与之为战争，其利害之不一致，破其联合，或亦要着也。
>
> 目前重要问题，当属财政，武汉久处北洋军阀之下，元气可知，幸此次我军攻取神速，敌方溃兵不及恣掠，社会秩序易复，官纸信用已无，当能设置中央银行，用我国币。旧日官僚，已随军阀俱尽，鄂人方庆来苏，社会必有一种清明之气。破坏之后，从事建设，粲然易举，如兵工厂为军事命脉，矿物实业与财政，为密切关系，市政则可以新全国之耳目。凡斯要务，想已次第指导其成。瞻望新猷，乐观无量也……

胡汉民在这一长长的贺电之中，对蒋介石称颂备至。纵观胡汉民此前所言所语，以其性格，如此称赞孙中山以外的人，还是第一次，简直把蒋介石目为竟总理未成事业之人了。而且，他又对蒋介石不厌其烦地"贡献"自己对形势及财政、外交等问题的看法，最后还满怀信心地说"瞻望新猷，乐观无量也"。其真实用意不难看出：是向蒋介石发出愿意与之联合的一个信号。

## 胡、蒋合作，"反共"清党

对胡汉民发来的贺电，蒋介石喜出望外，深为有这样一位国民党元老与自己"志同道合"而高兴。然而，蒋介石也深知，目前还不是蒋胡合作公开全面清党"反共"的最佳时机。

首先，北伐虽然已取得了一些胜利，打垮了吴佩孚的主力，但北伐另外两个敌人孙传芳、张作霖的实力依然很强大，与全国统一的目标还差得很远。北伐之所以取得了一定的胜利，这与共产党人在其中所起的作用是分不开的，与广大工农群众的大力支持是分不开的。如果现在公然叛变革命，北伐的基础便会动摇。

其次，参加北伐的几个军中，真正能够附从蒋介石"反共"的不是很多。

最后，蒋介石对拉拢汪精卫一起"反共"抱有幻想。在国内一片提高党权、迎汪复职的呼声中，蒋介石试图把汪精卫立即拉入"反共"阵营中，以为号召。

可是，形势很快向有利于蒋胡合作的方向发展。

北伐军打败吴佩孚，占领两湖地区后，随即把作战重点放到了孙传芳身上。北伐军很快攻占了南昌、杭州、上海、南京等长江中下游地区的重要城市，把整个长江

晚年吴佩孚

下游流域纳入北伐军的管辖之内。蒋介石乘机大肆招降纳叛，扩充武装力量，逐渐与一些军人在"反共"问题上达成了共识，同时与江浙财团的勾结解决了他的经济难题，与日本的勾结取得了帝国主义的支持，"反共"的羽毛日渐丰满。蒋介石觉得可以依靠自己的军事实力另立门户了，于是，"反共"叛变革命的行动便开始了。

1927年4月初，国民党的右派分子纷纷咸集上海，吴稚晖、李石曾、蔡元培、张静江、古应芬等人为蒋介石发动政变筹划。此时，蒋介石等人把联合的重点放在了即将回国的汪精卫身上，在上海久居多日的胡汉民并没有参与4月5日之前的"反共"密谋。

脱离直系后自认"五省联军总司令"的孙传芳

4月3日，汪精卫从法国归来，蒋介石偕吴稚晖等人去拜访，共商"反共"大计。蒋、汪等人达成协议，由汪精卫出面通知陈独秀停止共产党的活动；武汉国民党中央和国民政府所发之命令，"如有认为妨害党国前途者"，可以拒绝接受；各团体、各党部及各地武装应听从总司令蒋介石的指挥。

在孙中山就任非常大总统三周年纪念会上，胡汉民、汪精卫（分别为前排左六、左七）和毛泽东（后排左二）等人合影

就在蒋汪晤面的同一天，汪精卫还去与胡汉民见面，二人谈及了目前的国内形势及国民党的处境，胡汉民提出国民党要实行"分共"政策，汪精卫表示同意，但又提出此事要在4月15日国民党中央执行委员会开会时商讨解决。胡汉民看到汪精卫同意自己的"分共"主张，很高兴。

汪精卫刚刚踏上国土，对蒋、胡等人的"反共"主张虚与委蛇，表面上同意，内心却有自己的想法：一旦自己走入蒋介石的阵营中，要以"反共"迟到者的面目出现，地位在蒋介石军权受制之下。自己一向以"左"的姿态示人，武汉方面这时连连来电催其回武汉主持大局，不如回到武汉继续坐第一把交椅。于是，汪精卫决定还是回武汉去。由于他的反复，才发生了一场吴稚晖跪谏汪精卫"反共"的滑稽闹剧。

在上海的国民党中央执、监委连续开会讨论清党"分共"的问题，汪精卫一反前几天"分共"的主张，坚持孙中山联俄联共政策不能改变，与参加会议的吴稚晖等人辩论起来。辩至高潮时，谁也无法说服对方，吴稚晖竟当场给汪下跪，求其改变态度，留沪领导。此场面一出，众人皆啼笑皆非，汪精卫忙急于躲避，辩论在无可奈何之中无果而终。

在蒋介石拉汪的同时，汪精卫也与中国共产党接触，并于4月5日与中共总书记陈独秀联合发表一个告国共两党同志书的声明，宣布国共两党将继续合作，绝不受人离间中伤等。

汪陈联合宣言一出，上海方面知道拉汪无望，吴稚晖更是气愤已极，当面责问、辱骂汪精卫：狗不如，滚蛋。汪精卫一气之下，不辞而别，离开上海去武汉。蒋介石气愤而沮丧地说："我早已料到留他不住，留他不住。"

汪氏一走，给蒋胡合作提供了一个契机。汪精卫不辞而别，蒋方缺少了一个资格老而有号召力的角色，武汉方面则多了一个这样的角色。在这种情况下，蒋介石才约请胡汉民出来，共谋"反共"清党大业。4月5日，就在汪精卫突然离开武汉同一天，吴稚晖、李石曾、蔡元培来到胡汉民处，约请他同去南京，共掌"反共"大局，并将4月初几名国民党中央监委提出的"查办共产党案"出示给胡汉民。胡汉民欣然接受了约请，主张用非常手段清党，"非以壮士断腕之决心，'反共'清党不可"。他在蒋方阵营中后来居上，很快就成了"反共"清党的急先锋。

4月9日,蒋介石发布了上海市戒严令,晚上他又赶到南京,控制了南京局势。之后,他给胡汉民等人发出邀请电报:

"中正已于本日(九日),进驻南京。东南虽已底定,北伐尚未成功,各项进行事宜亟待解决,务请诸同志于本月十四日以前驾临南京,筹商一切,不胜盼祈。"

胡汉民应蒋介石之邀,如约前往。

4月14日下午三点,在胡汉民的主持下,于南京召开了国民党二届四中全会预备会议,蒋介石、吴稚晖、李石曾、蔡元培、张静江、邓泽如、陈果夫、周启刚、甘乃光、萧佛成、柏文蔚、黄绍竑共十三人参加。预备会议主要是为第二天召开二届四中全会作准备。

4月15日,是蒋、胡与汪协商好的召开国民党二届四中全会的日子,但蒋、胡二人足足等了三个小时,也未等到武汉方面的国民党中央委员们。在南京的国民党中央执监委员只有十多人,尚不及全体中央执、监委员总数八十人的六分之一。怎么办?国民党中央全会是开不成了,只好改为谈话会。谈话会做出决定:否认武汉的国民政府及其中央党部,用武力来"清除"共产党,成立南京国民政府。但是由于在南京的国民党中央委员人数达不到开会的法定人数,不能以国民党中央的名义做出决定。否则,于国民党的法理相悖。精通于国民党党务的胡汉民为之贡献一两全之策:常务会议不能召开,而党务、政务又亟待解决,中央政治委员在南京尚有八人,应召开中央政治委员会议主持一切,符合国民党"法理"。此策一出,释去了南京众人背叛武汉国民政府而造成的心理"重负",在南京的八位国民党中央政治委员可以心安理得、大张旗鼓地为所欲为了。南京方面遂以人数残缺的"中央政治委员会"之名义,与武汉国民党中央执委会相抗衡,来行使国民党中央党部的权力。

于是,南京的八位中央政治委员们,在4月17日又聚到一起,召开了"政治委员会议"。胡汉民在会上十分活跃,促成了会议的成功。胡汉民被"选"为国民政府主席,尔后胡汉民提议以钮永建为国民政府秘书长,以吴稚晖为国民革命军总政治部主任,陈铭枢为副主任,此提议得到了众人的附议通过。会上又决定"国民政府"4月18日起在南京办公。

在胡汉民为成立南京国民政府而紧张筹划的同时,蒋介石以"非常之手段"开始大规模武力清党了。

4月10日,蒋介石到南京的第二天,在蒋介石的司令部门前,发生了游行群众与军警冲突事件,蒋介石随即借口派人大捕南京市内的共产党人。

4月11日,蒋介石向全国已被北伐军进占之省下令"清党"。

4月12日,按照蒋介石的命令,在白崇禧亲自指挥下,由杨虎、陈群执行,开始解除上海总工会纠察队的武装。而后大肆捕杀工人领袖及共产党员,大屠杀自12日始持续多日。屠杀期间,"上海狼虎成群而出("虎"指杨虎,"群"指陈群)",血腥的白色恐怖笼罩着这座繁华城市的上空,有人统计,"四·一二"政变发生后的三天内,上海就有三百多人被害,五百多人被捕,失踪者无数。

"四·一二"反革命政变拉开了蒋介石武力清党、进行血腥大屠杀的序幕,各地反革命分子纷纷起而效之。

4月15日,李济深在广州也宣布戒严。

继上海、广州反革命大屠杀之后,南宁、无锡、宁波、杭州、福州、厦门、汕头等地也进行了残酷的武力清党。

## 蒋、胡合股,南京国民政府成立

在胡汉民台前幕后紧锣密鼓的筹划之下,在蒋介石的武力维持之下,1927年4月18日,蒋胡合股的南京国民政府成立了。

4月中旬的南京,气候适宜,不冷也不热。位于南京丁家桥的江苏省议会大礼堂里,悬挂着青天白日旗和孙中山的画像,整个大礼堂,气氛凝重、肃穆。拥蒋附胡的在宁各界人士聚集在这里,共同参加南京国民政府成立典礼。

大礼堂里,只有两个人最引人注目。一个是蒋介石,身着戎装,始终昂首挺胸,精神百倍,不时用惬意的目光向众人们颔首示意。一个是胡汉民,身着深灰色的传统丝绸马褂,梳着平头,戴着一副金丝眼镜。瘦弱的身躯却透出刚毅,给人以威严之感。

蔡元培代表国民党"中央党部"向新成立的国民政府授印,被"当选"

为南京国民政府主席的胡汉民,代表新政府接印。这时,整个会场上顿时响起了热烈掌声,打破了庄重而肃穆的气氛。

授接印毕,胡汉民即以国民政府主席的身份向参加庆祝大会的各界群众发表演说。演说中,他打着继承孙中山总理遗志的旗号,大谈清党"反共"的重要性。

蒋介石在庆祝大会上也发表演讲,演讲中否认国共合作,诬蔑共产党人,表示了自己"反共"到底的决心。

庆祝大会之后,又举行了阅兵典礼。胡汉民与蒋介石又分别讲话。胡汉民除了攻击共产党之外,还为蒋介石唱赞歌,把蒋介石揽的权,说成是"党"所赋予的,是奉"党"的命令来行事的,因而他号召北伐的全体将士要拥护革命军的领袖——蒋介石。蒋介石和胡汉民唱的完全是一个调子,把国民党与南京政府、与蒋介石等同起来。如果反对其中之一者,便会被扣以总理的叛徒、国民党的逆臣的大帽子。

南京国民政府成立时合影

在南京国民政府文武官员粉墨登场这一天,蒋介石和胡汉民二人是最忙的。

蒋介石除了在庆典大会上、阅兵典礼上发表讲话之外,还发表了《告全国民众书》《告全国工友书》《告国民革命军全体将士书》《拥护中央之通电》《敬告全国国民党同志书》等文章。

胡汉民则除了演讲外,还以国民政府主席的身份签署命令、公告,发表宣言。胡汉民任职后所签署发布的第一号命令——《秘字第一号令》,后附所通缉的一百九十余人的名单,就是针对共产党的。

蒋胡二人如此忙碌,无非都是为了二人合股公司——南京国民政府。

蒋胡打着孙中山信徒的旗号,合组政府,与武汉的国民政府并存,中国的南方遂成了宁汉两个国民政府并行共存的局面。

## 胡不负蒋望,成为"反共"理论的"旗手"

胡汉民曾经是国民党的理论家,尤其是对旧三民主义多有阐发。在孙中山改组国民党之前,他是全力拥护孙中山的。在孙中山制定联俄联共过程中,他起过一定的积极作用,与汪精卫共同起草了1923年1月1日所发表的《国民党改组宣言》。因此,孙中山在谈到国民党内对改组意见时,把党内分为稳健派、急进派和综合派,而把自己与汪精卫、胡汉民视为一派,是"综合派",胡汉民与孙中山虽然都是"综合派",在对待联俄联共问题上却有质的区别。

胡汉民对孙中山的联俄联共政策的支持是有保留的。他从国民党的利益出发,吸收共产党加入国民党阵营,是利用共产党来壮大国民党的力量,以摆脱国民党涣散、停止不前的境况。这一点胡、孙二人相同。此外,胡汉民对这一政策也有自己的担心。他担心共产党加入国民党,会因多党派联合组成国民党"而党员因此便不能严加甄别","本党团体便不能巩固,而主义便不能贯彻。"所以,在孙中山联俄联共政策制定时,胡汉民就说过:"共产党员以个人名义加入本党的,如果真正信仰本党的主义,共同努力于国民革命的,才可以'收容'。收容以后,如果随时发现了他们有旁的作用,或有旁的行动,足以'危害'本党的,我们应该随时加以'淘汰'。"很明显,胡汉民认为联共有两个前提,即其所言的两个假设句"如果",并把联共视为"收容"。这种以我为中心的合作思想终究要因国共两党政治纲领相异而撞得头破血流，"收容"思想意识的潜存，预示着随时可以抛弃新收容者，也便是理所当然、合情合理的了。

胡汉民"反共"思想的形成乃至"成熟"是在孙中山逝世后。"廖案"后的苏俄之行，他寻到了许多"反共"的"依据"和"理由"。胡汉民虽然在苏联说的比唱的还好听，并因而赢得了不少政治上的声誉，但他是心口不一的。对待政治问题，胡汉民往往用旧三民主义去进行排斥性的批评，戴着"有色眼镜"，去看待一个刚刚取得社会主义革命胜利的国家，他不把精力放到学习苏联革命胜利的经验上，而是以极大的兴趣去"青睐"苏联所出现的种种缺点和弊端，以此作为他"反共"的借口和"论据"。

如果说，胡汉民在国共合作前期尚是一个"综合派"的话，那么他的苏俄之行就促成了他向"右"的转变。他回国后就到处宣传"反共"的思想主张。

同胡汉民一样，蒋介石也是由于苏俄之行才坚定了"反共"信念。在孙中山制定国民党改组政策时，蒋介石无权参与，对此

*蒋介石赴苏考察时途经东北时的留影*

政策他只有拥护与否。1923年，他率"孙逸仙博士代表团"去苏俄考察，也是用灰色的眼光去观察苏俄。他在后来所著的《苏俄在中国》一书中，详细叙述了他的感受和此行的影响。蒋介石得出结论，苏维埃政治制度与中国国民党的三民主义政治制度是根本不相容的。

和胡汉民不同的是，蒋介石回国后没有马上"反俄反共"，善于伪装的他采取了阳奉阴违的策略。他很识时务，当时自己羽毛未丰，如果反对联俄联共政策，不仅不能影响这一政策的实施，而且无异于螳臂当车，于己不利。

20世纪的20年代，不少年轻的中国人去邻国苏俄学习考察，而结果却不同。有的人学习到了邻国革命的经验，寻找到了中国革命前进的方向，"走俄国人的路"是他们得出的结论。有的人则看到了邻国的种种"弊端"，"坚定"了其"反苏反共"的信念。胡汉民、蒋介石则属于后者。

蒋介石"反共"清党，却想要打着孙中山、国民党的旗号。以他的资历、以他的理论水准，是不能服人的。但是，他身边有一位国民党历史上的理论家，有曾长年主持国民党宣传工作、精通旧三民主义的人。蒋胡二人又在"反共"问题上有"相似乃尔"的共识，自然，理论上"反共"的重担压在了胡汉民的肩上。胡汉民不负"蒋"望，对共产党污蔑中伤，成为"反共"理论的"旗手"。

胡汉民给中国共产党罗织了种种"罪名"，诬蔑共产党。他因此主张"要彻底来'清党'"。

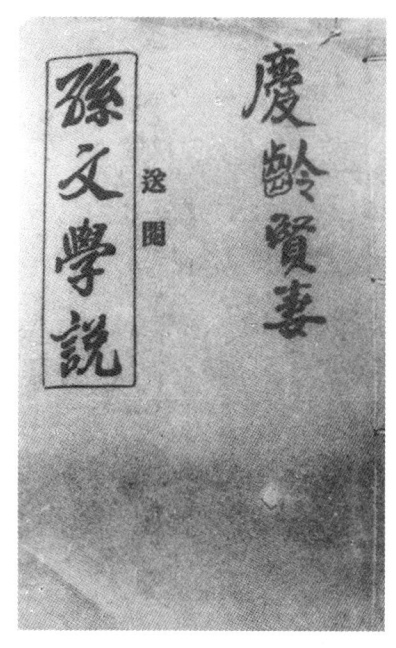

孙中山赠送宋庆龄的《孙文学说》书影

在理论上"反共"，胡汉民有他自己的"特色"，他在攻击共产党理论的同时，而且极力宣扬他的三民主义理论，以他的三民主义理论来反驳共产党的理论。他宣扬三民主义理论博大精深，已经包容了世界上所有革命的理论。世界上任何国家都存在着民族、民权、民生三大问题，解决它只有用互相联系、密不可分的三民主义，并武断地说："世界上无论哪一派的革命主义，在理论上哪个能如三民主义的完备，在实行上更没有哪个能够跳出三民主义的范围。"在胡汉民的眼里，三民主义成了"世界革命唯一最高最博大最适合的原则"。

胡汉民所极力倡导推崇的三民主义，是孙中山的旧三民主义。实践证明，它已不适应中国革命发展的需要，孙中山把它发展为新三民主义。胡汉民与孙中山的差距就在于，胡汉民死抱着过去的理论不放，而孙中山则能够吸收合理的思想，来充实发展自己的理论。于是一个就成了逆历史潮流而动的悲剧人物，一个则成了顺历史潮流而动的革命家。

胡汉民大力宣扬旧三民主义，其目的是"反马克思主义"。因此，胡汉民在讲三民主义的同时，总忘不了对马克思主义攻击、反驳和诬蔑。

除了理论上进行清党"反共"的阐述外，胡汉民还对清党的具体方式、步骤等进行"指导"。1927年5月5日，胡汉民与吴倚伧在国民党中央常务委员会上提出了六条清党原则：

（一）在清党时期中停止入党；

（二）所有党员经过三个月之审查再发党证；

（三）土豪劣绅、贪官污吏、投机分子、反动分子及一切腐化、恶化分子，前经混进本党者，一律清除；

（四）所有党员，须每半个月向所属党部报告其工作，无故一月不报告工作者，一律加以警告，三个月不报告工作者，取消党员资格；

（五）海外清党办法另定之；

（六）任邓泽如、吴倚伧、曾养甫、何思源（旋改为萧佛成）、段锡朋、冷欣、郑异组织中央清党委员会。

鉴于中国共产党在民众中的影响非一时可以"清除"，胡汉民又于5月11日提出了统一口号案，由国民党中央宣传部将北伐以来的口号详加审查甄别，取其对清党有利者存之，不利者去之，以"肃清"共产党的影响。

南京国民政府成立伊始，事务繁多，胡汉民任职也极多，除任国民政府主席外，还担任南京国民党中央政治会议主席、中央执行委员会常务委员、宣传部长、秘书处秘书、军事委员会常务委员，中央宣传、组织、财务、法制、外交等委员会委员等十多个职务。清党期间，是胡汉民一生中撰写反共理论文章最多的时期，发表了《三民主义之认识》《清党之意义》《CP的手段和策略》《青年的烦恼与出路》《国民党民众运动的理论》等文章。另外，他所任部长的宣传部办的《三民主义半月刊》，成为发表"反共"清党言论的主要阵地。

对于清党工作，尤其是思想理论上的清党，胡汉民全力以赴，"为文演说，目不暇接"，一时间，胡汉民成为"反共"理论的核心人物。

## 徐州会议：胡极力劝冯"反共"拥蒋

南京国民政府成立后，武汉与南京双方就开始了激烈的言论攻击，但双方并没有诉诸武力，都相继进行了北伐。武汉方面北伐军进占河南，南京方面北伐军深入到江苏北部。宁汉双方北伐都取得了一定的胜利。可是，宁汉之间的矛盾仍然没有消解，都欲将对方置于死地而后快。此时，处于宁汉双方之间的已参加国民革命的北方实力派冯玉祥，他的态度如何，对宁汉双方的关系变化起着举足轻重的作用。因此，宁汉双方都极力拉拢冯玉祥。

冯玉祥深知处于如此重要的位置，也自倚为重。

1927年6月10日，武汉方面的党政要人北上到郑州，与冯玉祥举行郑州会议。武汉方面为了拉拢冯玉祥，决定把西北军政大权以及河南地区军队的收编权力，一概让给冯玉祥，武汉方面的北伐军南撤。

冯玉祥与蒋介石在徐州会议上留影，这是冯蒋的初次会面。

蒋介石这时也急需得到冯玉祥的支持，以加强与武汉方面对抗的力量。他得知冯玉祥与武汉方接触之后，更加急于把冯玉祥拉向自己的一边，于是亲率宁方的文武众臣赴徐州，与冯玉祥晤谈。胡汉民在拉拢冯玉祥的过程中为蒋介石帮了大忙。

为了开好徐州会议,蒋介石等人提前三天就来到了徐州,恭候冯玉祥一行。

会议召开前一天的6月19日,冯玉祥到徐州。这一天一大早,蒋介石就率领在徐州的众将领,乘专车西上距徐州一百多华里的郝寨,迎候冯玉祥。而胡汉民则率领已到徐州的南京政府的党政要员,在徐州近郊九里山麓车站欢迎。

南京方面的军政要员对冯玉祥可谓恭敬备至,郝寨、九里山麓车站冠盖如云,仪仗队整齐威武,军乐队鼓乐齐鸣,冯玉祥很是风光。但南京方面这批革履佩剑、光彩辉耀的欢迎人员,与冯氏的土布军服、布腰带土布鞋,恰成鲜明对比,有些滑稽得让人捧腹。

徐州会议于6月20日、21日开了两天。蒋介石、胡汉民、张静江、蔡元培、吴稚晖、李石曾、李烈钧、钮永建、黄郛、李宗仁、白崇禧、黄绍竑等南京方面要员,和冯玉祥、李鸣钟、何其巩等人均参加。

会议上,胡汉民积极策动冯玉祥"反对共产党",反对武汉政府。可是,冯玉祥刚从苏俄回来不到一年,握过苏俄方面援助的手温热尚存,舍不得丢掉苏俄方面的军事援助。胡汉民则根据自己在苏俄的考察加上自己的杜撰,对冯玉祥"苦口婆心","告诫"他对苏俄要格外注意两点。

在胡汉民等人的"诱导"劝说的同时,南京方面又用每月给西北军二百万元军饷的代价,换取了冯玉祥与南京国民政府的合作。会议取得圆满成功,宁冯双方都达到了各自的目的。会后,蒋冯联合发表宣言,声明"中正、玉祥与数十万将

徐州会议后冯玉祥(左)与蒋介石(右)、黄郛(中)合影

士为三民主义信徒。谨偕全国革命军誓为三民主义而奋斗，……必期尽扫帝国主义之工具，以完成国民革命之使命而后已"。

冯玉祥离开徐州回到郑州后，即电武汉方面，攻击中国共产党，并敦促汪精卫等人立即驱逐鲍罗廷，彻底"反共"。

胡汉民回到南京后，则积极为冯玉祥筹措军饷，以实践徐州会议上对冯玉祥许下的军饷之诺。为了向冯玉祥表明南京国民政府对与之合作的诚意，7月4日，胡汉民与吴稚晖联名致电冯玉祥："同人自徐回宁，无日不以尊处饷需为念。已设法筹拨现洋百万元，想已收到，军米一时采购不易，当陆续购办。"

徐州会议上蒋、冯的合作，使武汉国民政府更加孤立。在这种情况下，汪精卫等人加快了"反共"的步伐。

## 宁汉之争，胡是蒋的忠实盟友

南京国民政府的建立，标志着国民政府的分裂。在中国南方的大地上，出现了两个国民政府，两个国民党中央。宁（南京）与汉（武汉）对立局面形成了。

"四·一二"政变之后，武汉国民党中央及国民政府就纷纷发表通电谴责蒋介石等人。4月17日，武汉国民党中央发布命令，免去蒋介石本兼各职，说他"屠杀民众，摧残党部，甘心反动，罪恶昭彰"。翌日，武汉国民党中央又公布了蒋介石十二大罪状。4月21日，武汉国民政府发表否认南京政府的通电。22日，在武汉的国民党中央执委委员、候补执委委员、国民政府委员、军事委员会委员共四十人联名发出讨蒋通电；号召民众及我同志，"去此总理之叛徒，本党之败类，民众之蟊贼"。

对武汉方面的声讨，南京方面反击不多，或因宁方新政府建立伊始，诸多事务，不胜繁忙，无暇顾及；或因武汉方面仅停于口头的讨伐，无实际上的军事行动；或因双方都面临着共同的敌人——北方军阀。当时，宁汉双方的实力状况对比如下：

以辖区而言，宁方占优势。江苏、安徽、浙江、福建、四川在蒋介石的控制之下，广西、广东两省也受南京节制，汉方仅有湖南、湖北、江西三省为其势力范围，而这三省又在南京势力的包围之中。

以兵力而言，汉方占优势。宁方虽然号称有十五万军队，但蒋介石的嫡系部队并不多，仅有第一军、第四军的一部分，而第七军、第五军、第十五军与蒋介石存有矛盾。汉方兵力约十二万，计有第二军、第三军、第六军、第八军及第四军的一部分。

以物力而言，宁方占优势。南京国民政府的建立，不仅得到了日本帝国主义的支持江浙财团的扶持，而且江浙一带是富庶地区，上海又为亚洲的金融中心。武汉地处内地，若封锁长江下游，就会断绝武汉与外界的联系与交往。

通过以上实力对，我们可以看出，宁汉双方旗鼓相当，如果有优势的话，也存于汉方，而不在宁方。宁方是负有背叛总理之罪名，民心所失，固不待言。

为了打破来自武汉方面的压力，南京国民政府采取了三条策略措施。其一是引发或影响武汉政府内部的人士"反共"，以进行"釜底抽薪"。如运动朱培德、杨森、夏斗寅、许克祥等"反共"。其二是争取西北军冯玉祥的支持，孤立武汉政府。其三是从舆论上制造声势，争取主动，"骂"倒武汉政府，这三条措施也是南京政府为了继续生存下去而采取的"自救"策略，而其中每一条都凝聚着胡汉民的"心血"。

胡汉民有过令人钦佩仰慕的历史，为了蒋介石和南京国民政府，他竟不惜拿过去的资本作为"赌注"，以赢取某些实力军人的支持。南京国民政府刚刚成立，他就给倾向于武汉

北伐时期的朱培德

方面的第三军军长兼江西省政府主席朱培德写了一封长信,对南京政府建立的必要,进行了种种的说明,称这是在危机之际的正确选择,也是"千钧一发,制于先机"的明智之举。对外面关于蒋介石、吴稚晖、李烈钧、蔡元培等人的"谣言"和攻击作解释道:"谓吴、李、蔡乃动于功名富贵而来,此其厚诬,真不值识者一哂。吴、李、蔡之淡于利禄功名,数十年如一日,非盗虚声者可比。至谓介石专断,则以各省事实,已足为反证而有余。"洋洋洒洒写了这么多之后,胡汉民才在信的最后透露出真正的目的,让朱培德对共产党要"绝之""弃之"。后来,朱培德在江西"礼送"共产党人出境,解除农民自卫军的武装,下令停止工会、农协的活动,不能说与胡汉民的这封信的影响无关。

李济深曾参与了蒋介石发动的反革命政变的密谋。但蒋李二人也存在着矛盾。蒋介石北伐后,李济深以国民革命军总参谋长和广东省省长的身份主持广州后方工作,蒋介石则在广州到处安置自己的亲信,企图架空李济深。此外,广东的要塞由蒋的嫡系重兵控制,李济深手下的两个师只驻防在边远之地。这些,李济深都记恨在心。为了缓解蒋与李的矛盾,胡汉民重提二人在梧州时的师生之情,与李函电往来频繁。徐州会议一结束,胡汉民就写信告知李济深,武汉方面已从河南回师,让他

北伐时期任国民革命军总参谋长、黄埔军校副校长的李济深

提防着些。武汉公开"反共"之后,胡汉民又打电报给李济深,让他影响原第四军的军长张发奎,希望张发奎能够归顺到蒋介石的领导之下,以完成国民革命的任务。至于胡汉民在"反共"清党期间对他的学生李济深的影响及作用,被李敖称为"国民党""御用"史学家的蒋永敬曾评论说:"李济深此时能有积极的'反共'表示,由于展堂先生的'指导'为多。"

在蒋介石、胡汉民的策动影响下,武汉政府内的一些军官如许克祥、夏斗寅、杨森、朱培德等纷纷起来"反共",从而加深了武汉政府的危机。汪

精卫终于撕下革命的伪面纱，公开向共产党"开刀"了。7月14日，汪精卫在武汉国民党中央政治委员会主席团会议上，提出了"分共"的主张。第二天，汪精卫在国民党中央常务委员会第二十次扩大会议上，作了《"容共"政策之最近经过》的报告，其中有"一党之内不能主义与主义冲突，更不能有两个最高机关"。会议通过了"分共"的三点决议。武汉"分共"之后，宁汉之间对立冲突的焦点就转移到了争国民党正统上。

汪精卫相对于南京方面的蒋介石、胡汉民来说，在"反共"问题上是个"后知后觉者"，胡汉民当然得此不饶人，尽攻击讽刺之极，努力争南京的正统地位。

胡汉民把武汉的"分共"行为斥为"伪装"，"将灰色染上，做成保护色，辟开国民党和全国国民攻击的目标"，其目的是顶多牺牲一两个不重要的人，把众多的共产党人、跨党分子等"本来不能立足的分子"得以从容不迫地或是

北伐时期兼任广东省省长的李济深

暂时潜伏起来，或是仍旧占领着本来的地位。讽刺武汉的清党是温和的，"好像部队的调防一样"，武汉的欢送到南昌来，南昌的，又欢送到武汉去。

为了贬低武汉的"反共"地位，胡汉民相继写了《武汉方面的三种"反共"与三种心理》《今日两湖的情况》等文章，进一步分析了武汉方面"分共"的心理动机，把武汉方面的"分共"分为三种情形，分别进行了批判和驳斥。分析了三种情形之后，胡汉民得出结论："尽管三种'反共'情形有三种不同的心理，但是武汉一方，可算已经为南京方面的主张所战胜了。"

宁汉双方都给自己所攻击的一方罗织了一大堆罪名，汉方称他们反对南

京的斗争是"党权运动",宁方则称自己反对武汉是为了"维护国民党"。蒋介石、汪精卫则是双方互为攻击的目标。武汉方面,汪精卫、唐生智等人指责蒋介石:"挟持党军,遂进而挟持党部,……使国人知有蒋中正,不知有党。"称蒋介石"罪大恶极,罄竹难书。使蒋一日存在,即一日无国民党。国民党与蒋势不两立"。蒋介石则把南京方面的众"长衫佬"胡汉民、吴稚晖、张静江、李石曾等推到"前线"与汉方相周旋。其中,胡汉民的表现最为突出,为蒋介石评功摆好。

在蒋介石就任国民革命军总司令职一周年的纪念会上,胡汉民发表演说,大力吹捧蒋介石道:"我们都知道总理(指孙中山)生平最重视、最信任、曾将北伐大任付托过他的一个党员是谁?是蒋总司令。"把蒋介石说成是孙中山生前"最重视、最信任"之人,等于肯定了蒋介石是孙中山的继任人。这种吹捧出自孙中山的主要助手——胡汉民之口,意义更不同一般。

胡汉民还把汪精卫等人反对蒋介石说成是出于个人的私怨,是"意气用事"。当武汉方面要求蒋介石下野以谢国人时,胡汉民称蒋介石是清党"反共"的"功臣",痛责汪精卫要"以蒋君为功狗而烹之"。

胡汉民反对武汉方面的汪精卫等,这里有胡汪宿怨的因素,但重要的是要维护南京国民政府的正统地位,明言之就是要维护蒋胡合作的政府。

# 四　联袂而退，不即不离

## 蒋"即刻下野",胡亦无可奈何

南京国民政府建立后,很快便陷入了内外交困之中。

从内部来看,南京国民政府是由蒋、胡、桂三方联合支撑的,他们三者之间并非铁板一块,毫无隙痕。他们的暂时团结合作,是因为都"反共",都反武汉国民政府。当共同的目的达到之后,各自的欲望便膨胀起来,以至相互间的矛盾也就发生了。蒋介石要大权独揽,实现他统一全国,当上总统的欲望。胡汉民想掌握国民党的大权,他虽然当上了南京国民政府主席,蒋介石却不给他实权,仅借其名望充当招牌而已。以李宗仁、黄绍竑、白崇禧为首的新桂系,有自己的政治野心,尤其李宗仁自信"鹏程万里,前途无量",不甘久居蒋介石之下。可以说,南京政府内部矛盾重重。

从外部来看,武汉国民政府自南京国民政府成立后,没有一天停止过对宁方的攻击。但在武汉公开树起反共大旗之后,宁方用以"容共"之"罪名"攻击汉方便不能成立。武汉方面因此更以合法的国民党中央自居,向宁方呼吁,要求在"反共"的基础上实现合作,企图以武汉国民党中央为国民党正统,去统一南京的国民党中央。遂加紧了攻击南京的步伐。同时,武汉虽已"反共",但在反蒋这一点上也毫不含糊,不肯向宁方让步,大有蒋介石下野后才肯和谈的咄咄之势。

随着南京政府外部环境的"恶化",其内部蒋、桂之间的矛盾冲突也日趋激化。桂系在蒋介石清党

北伐时期的李宗仁(右)与白崇禧(左)

"反共"、建立南京国民政府的过程中,帮了很大的忙,然而在北伐之后,各军纷纷扩大编制时,蒋介石却多方抑制桂系的发展,对自己的嫡系部队在饷械的补给、编制的扩展等都提供特殊的优惠政策。"四·一二"政变之后,蒋介石曾密令何应钦伺机剿灭桂系。何应钦自知第一军无法与桂系相抗衡,没有执行蒋介石的这项命令。李宗仁、白崇禧知道蒋的消灭异己的阴谋后,更坚定了倒蒋的决心。当时,李宗仁曾对蒋介石有个总的评价:称他"不特不足以服人之心,且亦不足以钳人之口""蒋氏最多只可说是偏将之材,位居主帅之尊,其智慧、德行、涵养俱不逮远甚"。

桂系既有反蒋之心,便加紧军事行动,李宗仁、白崇禧乘蒋的嫡系部队多在徐州前线之机,将浙江的周凤歧部调到南京周围,将第七军部署在南京以西地区,借口西讨武汉。同时,桂系公开与武汉方面文电往来,汉方请李、白要"通力合作,共除凶孽",李、白二人回信称:"只欲武汉'反共',于愿已足。"在得到桂系的"共识"之后,武汉方面加紧了武力讨蒋的准备。委任程潜为东征军江右军总指挥,率领第六军、第三十六军沿长江右岸东进。何键为东征军江左军总指挥,率领三十五军沿长江左岸东进。8月9日,被武汉国民政府任命为国民革命军总指挥的唐生智发表了《讨蒋通电》,称蒋介石自立政府、擅开会议、屠杀异己,并给蒋介石戴上一顶"红帽子"。眼看又一场战争就要爆发,形势对蒋介石非常不利。

蒋介石不愿轻易放弃经过多年"奋斗"而取得的权力地位,仍做各方面努力。

首先,他想利用北伐军事上的胜利,来转移各对手的视线,以缓和矛盾,摆脱这种内外交困的局面。于是,8月初,他率自己的嫡系部队第一军的两个师北上,会同第十军、第二十七军、第三十二军、第四十军等去攻打不久前被直鲁军占领的徐州。徐州的地理位置极为重要,直鲁军派重兵守护。蒋介石把这次军事行动看得很重,在南京出师前,曾对众人夸下海口:"此次不打下徐州,便不回南京。"真是"房漏偏逢连阴雨",此次军事行动败得很惨。蒋介石却没有践其行前之誓言,又灰溜溜地回到了南京,为了泄愤,蒋介石把战败之责塞于李宗仁手下的前敌总指挥兼第十军军长王天培,将之枪决。王天培之被杀,使蒋介石的过诿于人、功归自己的作风更明显地暴露

王天培

于众将领面前，引起了众将领，尤其是桂系将领的恐慌和不满，他们都担心成为"王天培第二"。

其次，蒋介石与桂系谋划武力回击武汉，但桂系拒绝与武汉作战，白崇禧公开顶撞蒋介石，露出了与武汉妥协的意向。这得到了南京内部许多人的支持，甚至有人公开说："不管长衫佬（指胡汉民、吴稚晖等文官）赞成与否，我们主张合作。"

另外，蒋介石还想利用宁汉之间的冯玉祥为自己留住位子。他致电冯玉祥，表示赞同与汉方合作，共同对付北方军阀，完成北伐大业，党务问题留待国民党二届四中全会去解决，以拖延时间。冯玉祥也出于自己的目的，在宁汉之间居中调和。虽然他说过，"凡有妨碍北伐者，即是反革命"，但他又说过，宁汉双方公认应当负咎之人，应自动下野。冯玉祥也没有替蒋介石说多少好话。

蒋介石采取以上方法策略均未奏效，武汉的讨蒋、桂系的反蒋、军事上的失利等不利环境没有得到改观。他只好再次使出"以退为进"之计，声言辞职。尽管有"长衫佬"极力挽留，但桂系将领及何应钦、李烈钧等均表赞同，"总司令可以暂时休息"。蒋介石面前只有一条路，辞职下野。

1927年8月12日晚，蒋介石离开南京去上海，胡汉民等人前往车站送行。8月14日，蒋介石发表了辞职通电，称："余自受命党国，出师北伐，已兹一年。环顾四周情况，党国呈分裂之兆，人民穷困，国民之大业，茌苒不见发展。……然武汉同志等不查原因，诽谤集余一人。余之存在既非党之利益，故余毫不踌躇，即刻下野。"辞职通电中，蒋介石又对政治提三点意见和要求：（一）武汉同志速来南京，共筹党国大计；（二）分驻湖南、湖北、江西各地之武装同志与津浦沿线军队互为呼应，继续北伐；（三）要求湘、鄂、赣诸省彻底清党。

蒋介石下野给胡汉民打击很大。蒋胡二人联袂建立南京国民政府，在"反共"问题上,一个清体,一个清心,配合得颇为默契。因此,胡汉民极力阻止蒋介石下野,曾与吴稚晖等人从南京赴上海挽留蒋介石。然而,在政治权力的激烈角逐之中,理论上的宣传鼓动家,相对于手握重兵的军人来说,又显得那么苍白无力。在权力角逐就是军事实力较量的年代里,他手无"寸铁",回天无力。只好发出与蒋介石"其惆怅相同"的慨叹。蒋介石下野宣言发表的第二天,胡汉民与吴稚晖、蔡元培、张静江、李石曾等人联名致电冯玉祥,表示了与蒋介石一致的立场和态度。

给冯的电文中,既有对冯的不满,反对他所提出的在安庆召开会议解决宁汉之争,"夫议而必至于会,会且必赴各非所居之安庆,则双方尚有不可思议之小隔阂可知"。电文中又有为蒋介石的辞职离去的解释,为蒋唱高调:"'容共'之错误,既先后痛哭流涕而追悔,则个人之牺牲,亦宜彼此争先恐后而自动,虽弟等自信能至议席让步,然何如介兄早让之直捷。……彼此约束乏力,无讳为薄弱,宁方尚留倒汪之残帖,汉上亦有骂蒋之新电,双方枢要,皆无奈何其徒党,……所以骑马不必寻马,釜底可以抽薪,止需牺牲任何一方,便不必有会,亦无所用议,既完全自然解决。"电文中还对汉方表示不满,"'容共反共',各以错误为试验,互相不挥美恶,惟以附己者为贤,政象已彼此日非,若又貌合神离。"断言,"因强合而暗斗,必更生党国之祸也。"电文最后称:"故现亦幡然改其安庆之行,各为故里之游,一了即百了。"请冯玉祥"一柱擎天"。

电文发出后,胡汉民离宁赴沪,随蒋介石之后而下野。

## 对国民党中央特委,冷嘲热讽,胡与蒋来往密切

蒋介石下野之后,武汉与南京间的矛盾冲突并没有随蒋介石下野而消失,国民党内部的争斗反而更加复杂化了。

在当时,无论是汉方,还是宁方,抑或是沪方的西山会议派,无人能够领袖群伦,令众人信服。在互相往来的文电攻击漫骂之中,加之何人头上的"罪名"都可以使之在政界无法立足。军人、党棍领袖欲极强,搅得政局乌

烟瘴气。

桂系反蒋致使其下野后，马上致电武汉方面，建议汉方派代表共同会商合作问题。但宁汉双方都想建立以自己为核心的政府，合作的道路并非是一帆风顺的。汉方虽然经国民党中央扩大会议决定，可以与宁方合作，迁都南京，但同时还决定，政治诸问题要在1927年9月15日召开的国民党中央全体会议上解决。

正当内争中枢乏人之际，北方的军阀便乘机加紧对南京、武汉方面的用兵部署，孙传芳与张作霖勾结，渡过长江，对南京、武汉均构成严重威胁。为解燃眉之急，宁汉双方在庐山会商，联合用兵，先打退北方军阀的进攻。于是，双方联合在龙潭一带击溃了孙传芳部，使南京、武汉转危为安。

宁汉双方打败孙传芳后，没有乘胜追击，又把注意力集中到争夺权位上了。李宗仁等利用武汉内部的矛盾分歧，拉拢谭延闿、孙科、程潜与汪精卫、唐生智对抗，以实现南京与武汉的部分合作。被人称为"活冯道"的谭延闿是个八面玲珑的政客，惯于见风使舵，他与孙科经不住桂系的利诱，乃与桂系一拍即合。而程

奉系军头张作霖

李宗仁、白崇禧在纪念龙潭战役一周年合影

潜素与唐生智不合，久有反唐之心，经桂系一拉，便转向宁方了。于是，由谭延闿和孙科出面，四处活动，组建国民党新的领导机构。

正当宁汉部分合流进行之中，不想半路杀出个"程咬金"来。以"反共"先进之先进自称的西山会议派，他们设在上海环龙路44号的中央党部曾被蒋介石查封。如今蒋介石下野，西山会议派分子又开始活跃起来。据当时的报纸称：西山会议派首脑许崇智的上海寓所，一改往日门可罗雀之状，而今终日门前车水马龙，门庭若市。谢持、张继等人出出进进，共商大计。他们不时地发表对宁汉合流一事的批评意见，欲在合作之中捞取一席之地。

蒋介石离开南京之后，表面上对政事不闻不问，自称"余今后忘政治活动"，回到老家浙江奉化溪口的雪窦寺，悠然于山水之间，乐得坐观局外的生活。对于各界雪片般的电报均不理会，似乎给人一个寓公的假象。

胡汉民下野后，避居上海，表面上以其超然于各派之上的高傲姿态，对各派各方之争不加理会，实则冷嘲热讽，用言论来影响当时的政局。在宁汉合流的筹备过程中，武汉方面派代表谭延闿、孙科于9月5日到上海，请胡汉民回到南京，参加商讨合作问题的会议。

谭延闿恳切地说：以前宁汉对立，双方都有自己的过错，而今应捐弃前嫌，以容人之度量，为国民党的统一、为实现总理的遗志而出力。今天，我与哲生兄代表汉方，恳请展兄参加四中全会，主持大计。

未等谭延闿说完，胡汉民便站起来打断了他的话，满面愠色地对谭、孙二人大声说道：我没有过错，只有汉方才有过错。不容谭、孙二人插话，胡汉民连珠炮似的说：我屡次解剖共产党的阴谋，早就主张国共分开，只有武汉诸人反对最力，并与之合作，才造成了今天这样的局面。你等人均应负此责任。国民党二届四中全会不能召开，武汉方面更没有主持会议的可能。因为汉方多是卖党的罪人，应受到党员的公开裁判，怎么有权参加会议呢？

谭延闿也算是国民党内有地位的人物，受到胡汉民如此"训斥"，觉得颜面大损。但他深知胡汉民得理不饶人的特性，若与之理论，非一时半会儿所能结束，弄不好还会激化矛盾。他看到拉胡出山无望，乃与孙科诺诺而退。

谭、孙二人没有完成使命，只好由沪返汉，向汪精卫报告了与胡汉民见面的情况。汪精卫自恃与胡汉民有过多年兄弟般的情谊，想去上海挽回个面

活跃在民国政治舞台上的国民党元老级人物谭延闿

子。9月9日，汪精卫与朱培德，谭延闿、孙科等会同宁方的李宗仁等来到上海，却吃了胡汉民的闭门羹。

汪精卫与蒋、胡二人的态度正好相反，他热衷于宁汉合流，积极为之而奔波。9月6日，他就率领汉方重要人物从武汉来到了南京，用行动表达了自己对合作的诚意。可是，桂系李宗仁等已经看到，武汉方面的实力人物不是汪精卫，而是手握重兵的唐生智，便逐渐冷落汪精卫，使之陷入孤立。

在蒋、胡不参与的情况下，宁、沪、汉三方经过多次召开谈话会的磋商，最后由孙科提议，成立一个国民党中央特别委员会，作为临时中央机构，行使中央职权。特委会由宁、沪、汉三方人士组成。此提议得到了三方的一致通过。汪精卫看到汉方抛弃了自己，而沪方的西山会议派又高谈汪必须下野的论调，他的如意算盘全部落空。形势已经对己不利，乃于9月13日，通电下野，自责"'防范'共产党过于迟缓，请求处分"。就在这一天，武汉国民政府停止办公。

经过讨价还价，中央特别委员会组成人员终于敲定了，包括蒋介石、胡汉民、汪精卫等共三十二人。9月16日，中央特别委员会正式开会，并推举谭延闿为国民政府主席，9月17日，又通过了国民政府政务委员会组成名单：胡汉民、汪精卫、谭延闿、蔡元培、李烈钧五人为常委，蒋介石、胡汉民、汪精卫等十四人为军事委员会主席团成员，孙科任财政部长、伍朝枢任外交部长、王伯群任交通部长、王宠惠任司法部长、蔡元培任教育部长。当天，以国民党中央特委会名义宣布党政统一完成。

名义上，国民党中央特别委员会由宁、沪、汉三方组成，但蒋介石、胡汉民、汪精卫都宣布下野，拒绝赴宁就任。特委会的实权掌握在桂系及孙科手中。蒋介石此时一方面表面上息影园林，在雪窦寺幽居；另一方面又暗地里安植亲信，为重新上台作准备。汪精卫则离开南京，在武汉成立政治分会，后又赴粤，从事反对中央特别委员会的活动，胡汉民虽然被特委会选举为国民政府委员、国民政府常务委员、国民政府军事委员会委员、国民政府军事委员会主席团成员、中央党部宣传部委员等职，但胡汉民对这些一律不予理睬，反而对各方组成的特委会语多讥讽。特委会成立后，李石曾到上海亲自劝胡汉民的大驾，请其赴南京就职。胡汉民却答曰："会议当用甘草，不用姜桂。"他自比喻为药性极强的姜桂，难与各方妥协合作。李石曾听了此话，复以一笑，再不相强。此后，中央特别委员会无人再来劝驾了。

杜月笙（左一）与张啸林（左二）在杜家祠堂

胡汉民对待中央特别委员会及汪派人物冷漠，并且冷嘲热讽，与此形成鲜明对比的是，胡汉民在上海却与杜月笙、黄金荣等人来往应酬。

胡汉民辞职后，宁汉没有马上合流，中央特别委员会成立前，人们仍以南京国民政府主席的身份视之。胡汉民却以元首之尊常常出入杜月笙、黄金荣等上海"黑道"人物的宴会。对他的此举，李宗仁大惑不解，曾有一次问他道：

"展堂先生，杜月笙和黄金荣居然也来请你吃饭吗？"

胡汉民含糊其词地答道："敷衍敷衍他们。"

"你真去吗？"李宗仁极为认真地问道。

胡汉民沉吟了一会儿，觉得很不好回答，但又不好说谎，便实话相告："我去的，上海是他们的势力范围，不好得罪他们。"

李宗仁在上海曾几次拒绝过杜、黄二人的邀请，觉得革命军的高级指挥官应该不齿于与这些黑社会中的流氓为伍。而胡汉民贵为国家元首之尊，国家名器所关，怎能自己损之，便又问胡汉民道：

"难道你竟要我们的革命政府向黑社会的恶势力低头吗？"

善于言辩的胡汉民一时也觉得语塞，答非所问地解释道：

"不过他们对我们的清党运动，多少也有点功劳。"进而劝李宗仁，凡事不要太认真："在上海这种环境里，我们应该敷衍敷衍他们，免得让他们给别人利用了。"

以胡汉民的高傲难合的性格来看，此种交往应酬实难理解。但每一个人都有多重性格，都要扮演多种角色，尤其是一个政治家，需要准备多种"面具"，这也是政治家最难以让人琢磨透之所在吧！

此外，胡汉民在上海还与一同下野的蒋介石频频接触。特委会组成之后，蒋介石准备去日本。9月24日，胡汉民面劝来到上海的蒋介石，"勿作远行，并促东山再起"。11月10日，蒋介石完成了访日与"名流晋接"及向宋美龄求婚使命后回到上海，胡汉民马上与蒋介石相晤，据当时《国闻周报》报道，二人相晤"且不止一次也"。现在我们虽尚不知晓蒋胡二人多次晤谈的内容，但我们可以猜测，二人所谈内容无非是对政局的见解及分析、商讨重新合作的策略等。

胡汉民虽已下野，但未失去对政治的热心，他对国民党中央特别委员会的不合作态度，只是在怀恋着蒋胡二人初次合作，等待着二人的再次合作。然而等到的是放洋出国，胡汉民被蒋介石的政治权术玩弄了。

## 蒋东山再起，胡不满蒋袒护汪，远游国外

蒋介石下野，是各方逼迫的结果，他本人是不愿离开权力巅峰的，他表面的一些"高姿态"，无非都是为再度"君临"南京作准备。

蒋介石下野后，曾在家乡奉化溪口接见美国记者卡登堡等人采访时说过：自己虽然已经下野，党员的资格仍然存在，当然不能脱离"革命"关系，

他还要为"革命"而继续"奋斗"。

实际上,蒋介石下野也没有停止过政治活动。他赴日离国之前发表的《告黄埔同学书》中,已经显露出他的再起决心。他说:"现在我们已不能再讳言失败了。我们更不能把失败的责任专归于他人而宽恕了自己。我们同学应当一致反省,何以一往无前的胜利中会造成不可挽救的失败呢?第一个重大的原因,当然是全体同学意志不能统一,精神不能团结,不顾团体的重要,只逞私人的意气,同室操戈,自相残杀,这是我们最不幸的一点。"他号召黄埔学生要团结起来,听从他的指挥。

1927年9月蒋介石第一次下野后访问日本,拜会涩泽荣。

1927年9月28日,蒋介石在张群等人的陪同下,前往日本。他毫不掩饰自己此行的目的是"欲观察及研究十三年以来进步足以惊人之日本,以定未来之计划"。在日本,他与日本的财界、政界、军界广泛接触,不仅了解到了日本对中国的整个意图,而且还取得了日本方面对他有附加条件的援助。蒋介石在日本公开表示,准备接受任何强国的援助,以"将革命事业底于成功"。

此次赴日,蒋介石还有一个目的,就是向宋家求婚,欲娶宋家三女儿宋美龄为妻。

可以说,蒋介石的这两个目的都达到了。因此,在日本活动了四十四天之后,他于11月10日回国。蒋介石选择这个时机回国,是再恰当不过的了。

宋老夫人

此时国民党中央特别委员会正处于风雨飘摇之中。中央特别委员会已经成立了近两个月，但它的"先天不足"决定了必定夭折。首先，它缺乏国民党党章的依据，它的成立违背了国民党党章所规定的组织程序，以中央执监委员会议取代了中央全会，有些不伦不类，给人以反对的口实。其次，它的成立，名义上是由宁、汉、沪三方人员合作组成，但三方并非完全统一，宁汉双方的实力人物蒋介石、胡汉民、汪精卫并没有参加，不仅持消极态度，而且还多方掣肘。胡汉民在上海冷嘲热讽，汪精卫去武汉与唐生智联合成立武汉政治分会，否认特委会的权力，对它在党务及政治上所作出的一般性决议，概不承认，因此还发生了桂系西征讨唐的战争。

这乱糟糟的形势，当然对蒋介石十分有利。蒋介石回国后，为重新上台所采取的第一个策略就是反对临时成立的国民党中央特别委员会。他曾致书中央执监各委员说，他辞职后万万没有料到有中央特别委员会的产生，更没有料到长江战事（指桂系讨唐之战）依然不能避免，至今国民党中央二届四中全会还没有召开，致使党务政治军事均无办法。

想当初，武汉方面以蒋介石下野为合作的条件，而蒋介石下野后，宁

蒋介石与宋美龄婚前摄于上海

汉双方并未真正统一。蒋介石以此攻击特委会，可谓击中要害。

为了挤垮国民党中央特别委员会，蒋介石决定联合胡、汪二人。他回到上海当天就约见了胡汉民，并给在广州的汪精卫拍了一封电报，请其来上海商谈党事，并言"欲使本党复归完整，非互相谅解，从速恢复中央执行委员会不可"。

胡汉民、汪精卫虽然都不满于特委会，但二人的矛盾仍然很深。胡汉民对汪精卫的偏见一时难以消除，多次公开发表谈话或著文抨击汪精卫，说他"共产党色彩过浓"，劝他"少预闻国事为是"。汪精卫曾多次要求与胡汉民见面共商国是，都被胡汉民态度坚决地拒绝了。蒋介石看到联胡就不能联汪，联汪便不能联胡，权衡之后，觉得汪精卫对他挤垮特委会是最理想的同盟者，便不顾胡的不满而与汪密切联系起来。

在政治舞台上，今日为敌，明日为友，全凭个人利益关系决定，蒋介石深谙此道，而胡汉民则疏于此道。这正是胡汉民多次被蒋介石利用，又在政治舞台角斗中处于被动的一个原因。

汪精卫对蒋介石的"电邀"很感兴趣。第二天他就在广州黄埔军校发表演说，表示出愿与蒋介石合作的意向。随后，汪精卫与李济深一同去上海。在蒋、汪等的压力之下，南京的国民党中央特别委员会已经无法行使职权，桂系只好让步，决定在上海举行由各方共同参加的国民党二届四中全会的预备会议，并决定在二届四中全会召开之前，国民党中央特别委员会暂时停止行使职权。

蒋介石想重新独掌国民党大权，他联合汪精卫，只是为了共同对付特委会，这一目的达到之后，便开始反汪。广州事件的发生为蒋介石反汪提供了绝好的机会，真乃天助蒋也。

汪精卫不满特委会去广州，想掌握广东大权，与南京相抗衡。而在广州的李济深不想受汪的摆布，汪、李产生了矛盾。拥汪派的李济深旧部张发奎、黄琪翔乘李济深离开广州与汪精卫共赴上海之机，于1927年11月16日发动兵变，驱逐了拥护李济深的军队，掌握了广州大权。此为广州张黄事变。此变故李济深事前丝毫未察觉到，汪派人物是由他迎入广州的，万万没有想到他们会反客为主，于是大为愤怒，在上海发表谈话，指责发动事变的汪派分子，并要下令通缉这一班人。

本来，在上海举行的二届四中全会预备会议是为了消除各方分歧，为召开国民党二届四中全会做准备。由于广州张黄事变的发生，预备会议便成了汪派与反汪派的一场混战。蒋介石在双方争论叫骂声中暗自高兴，表面上却装做公允，出面调停各方，力劝息争，为促成四中全会捐弃成见。蒋介石在会上的"表演"受到了各方的好评。此外，在这为期一周的预备会上，决定临时成立的国民党中央特别委员会在二届四中全会召开之日取消。实际上，这个特委会从来就没有发挥过国民党中央的实际效能。在国民党二届四中全会召开之前的12月28日，中央执行委员会秘书长叶楚伧签发了关于结束特委会一切事务的呈文，国民党中央特别委员会仅存在两个月便夭折了。

在这次预备会上，汪精卫本想得到已失去的权力，但不仅未能如愿，反而成为众矢之的，处于十分不利的境况之中。他为了在将来的政府中取得一席之地，乃极力支持各方都青睐的蒋介石。12月10日，汪精卫串通十一个人率先提出请蒋介石继续担任国民革命军总司令职的议案，得到了与会者的附和。随后，李宗仁在报上发表声明，称自己一贯拥蒋，北方的冯玉祥、阎锡山也给蒋介石拍电报，请他速速复职。

国民党中央特别委员会夭折后，扫除了蒋介石复职的第一个障碍。下一个目标，蒋介石对准了政治上的老对手——西山会议派。西山会议派分子多是国民党的元老，以"反共先觉"为其政治资本，他们是蒋介石复职的又一大障碍。为了打击西山会议派分子，蒋介石指使陈果夫策划了南京"一一·二二血案"，并把责任归到了西山会议派分子的头上，致使西山会议派士气大挫，再没有以前那么"理直气壮"了。

蒋介石欲独揽大权，而汪精卫和胡汉民的存在，仍会对他构成严重的威胁。因此，蒋介石采用了借胡汪排汪胡的妙计。

上海国民党二届四中全会预备会议结束的第二天，广州又爆发了中国共产党领导的广州起义。此时的广州处在汪派军人张发奎、黄琪翔的控制之下。这正好给反汪提供一个很好的借口，反汪派给汪精卫扣上一顶红帽子，称其与共产党密谋方有此事件的发生。汪精卫又陷入了四面楚歌之中，只好躲进医院，称病谢客。但是，南京方面还是下令查办与广州起义"有关的"汪精卫等人，汪精卫在国内无法立足，于12月16日悄悄离开上海，旋即赴法考察。

汪精卫的离去，胡汉民应有一份功劳。他下野前及下野后都极力反对汪精卫，称其"共产的色彩过浓"。支持胡的人都反对汪。胡汉民虽然没有参加国民党二届四中全会的预备会议，并非是他对当时政治不感兴趣，而是他"耻于"与汪合作。汪精卫一去，胡汉民声望大起，蒋胡重建国民党中心之说处处可闻。但是，蒋介石却利用了胡汉民与汪精卫不两立这个政治上的狭隘之点，用汪派来排胡。

黄琪翔

汪精卫虽然出国了，但其派系的其他人物依然还在。12月31日，胡汉民政治上的盟友，中央监委邓泽如、古应芬向南京政府提交了查办汪派集团的提案，蒋介石有意拖延这个提案，袒护汪派人物。胡汉民本来就对蒋介石在广州事变中对汪精卫态度不明朗而不满，此时蒋再袒护汪精卫等人，激怒了胡汉民，认为无法与蒋介石合作。蒋介石却摆出了请胡共同主持大局的姿态，到南京后，于1928年1月5日致电胡汉民，邀其到南京参加国民党二届四中全会。胡汉民回信给蒋介石：

> 今日最重要之任务，仍不外完成北伐与"肃清"共产党二事。前者弟无能为役，而兄与诸武装同志已优为之。至于如何"战胜"共产党，则语所谓知彼知己者；吾人似仅知彼己之病，而未熟治病之方。弟自役于南京四月，即时时有此感觉，故数月来，屏置一切，而注意下之三点：（一）三民主义之阐扬；（二）民众运动之理论与其方略；（三）党之组织与其运用……

信中，胡汉民婉然拒绝了蒋介石的邀请，但又对当前政府重要任务进行说明指点，表达了他对政治的极度关心。此时胡的态度，与国民党中央特别委员会存在时期恰成一鲜明对比。他并非是不与蒋合作，而是时机未到。此时无法与蒋介石合作，但又不反对蒋介石，这是胡汉民当时的心态。无可奈何之中，胡汉民决定出国考察，行前他曾对记者说"余等决非欲反蒋介石，而亦非欲援助之"，并言此次出国考察的目的有三，一是考察各弱小国家人民的生活状态，"对于先进诸国之优点，亦顺为采择，以为吾国或其他弱小民族一助"；二是考察文明之国的政治、经济，取其所长，并宣传废除中国的不平等条约，另订新约；三是慰问长期支持国民党的海外华侨，"并接洽一切，以期内外合作，建设中国今后之新事业。"

胡汉民给蒋介石的信，及出国前的言论，表现出了对蒋介石不即不离的心态。

1928年1月25日，胡汉民偕孙科、伍朝枢夫妇、秘书刘芦隐和傅秉常、女儿胡木兰等人离开上海，乘船赴南洋及欧美考察。

蒋介石纵横捭阖，挤垮了国民党中央特别委员会，打击了西山会议派，赶走了胡汉民、汪精卫，扫除了掌握国民党大权的一系列障碍。1928年1月4日，刚刚度完新婚蜜月的蒋介石由上海回到南京，着手筹备召开国民党二届四中全会。1月7日，他复国民革命军总司令职，开始视事办公。2月2日，国民党二届四中全会召开，蒋介石一手操纵了会议，会议通过了《整理各地党务案》《中央党部改组案》《中华民国国民政府组织法》。会议选举产生了国民党中央执行委员会，规定国民党中央执行委员会设常委九人，暂举推蒋介石等五人，余下四个位子待胡

蒋介石与宋美龄婚礼照

汉民归国后补选。蒋介石在会上除了当选上国民党中央执行委员会常委外，还被选为军事委员会主席、国民革命军总司令。蒋介石终于在各派系的纷乱之争中，妙用巧计，重新上位，执掌了国民党军政大权。

## 胡在海外为蒋第二次北伐拉赞助

胡汉民在国内与政敌针锋相对，毫不相让，可是当他一踏上离国的轮船，就改变了以前那讥讽批评的鲜明立场。

1928年1月28日，胡汉民一行从上海抵达香港，受到粤省多人的迎候。胡汉民素来与两广尤其是广东关系密切。此次由于广州发生的一系列事件，加上蒋介石偏袒汪派人物在广州的活动，使粤方与蒋介石之间的关系紧张起来。而胡汉民也不满于蒋介石袒汪行为，两广军政负责人李济深、黄绍竑联名给胡汉民写信，借征求胡汉民对当前军事、政治的意见之名，来探一探胡汉民对当前宁、粤方面的真实态度。

胡汉民于1月30日赴菲律宾的船上给李济深、黄绍竑二人写了一封长信。谈了自己对时局的意见，认为今日革命最需要的是"恢复党的整个精神，与主义之实现"。这是解决问题的最根本方法。各方根本的责任是检查过去的种种错误，遵循总理天下为公的精神，来挽救当前的局面。胡汉民还强调，今天最应该学习孙中山总理的以下两点：其一，事无大小都与人们尽情地公开讨论，就是见解不同也互相交换看法，使事行之后，皆无怨言。其二，功归别人，过归自己，从不卸责诿过。只要学习孙中山总理这两点处理问题的方法，就能够得到"处置今日党国各重大问题之方针，则军事方面，当能融和武装同志为主，政治方面，以与民休息为主，党的方面，以养成干部人才为主"。胡汉民认为，当前取得北伐成功的条件已经具备，他所担心的是"唯恐主力各军，或因小嫌小怒，而自起纠纷"。因此，胡汉民强调，"凡有武装同志，此时急宜效法总理平生伟大之人格，以互让之精神，求互助之效果。唯互让始能免除互争之习气，唯互让始能恢复革命的政治道德，唯互让始能树立国民党整个之威信，唯革命之威信，始能产生革命之权力。"在当前，胡汉民认为，军事是政治的核心，军事需要互助互让，政治上也同样需要，并称为"建设开始时期之必要原则"。此外，信中还对李石曾所提倡的"分治合作"观点进行了辩驳。

从胡汉民的这封长信中，至少可以看出其真实意图：第一，借赞赏孙中山总理生平的伟大人格，即事无大小公开讨论和功让过揽，奉劝国民党内的当权者，不要过于独裁，否则必要失败。第二，号召国民党内的各派别均应捐弃前嫌，以当前"大局"为重，团结起来，以互让之精神，完成北伐大业。归纳起来，这两点都是针对蒋介石的，表示出自己有与之合作的意图，又申明了合作是有条件的，告诫蒋介石不要太独裁了，分些权力给他。因为此时蒋介石已经复职，团结、互让都是与蒋介石的团结，与蒋介石的互让。况且这封信不久即公开发表在上海的《中央日报》上，蒋介石不会不知道这封信的。换句话说，这也是胡汉民向蒋介石发出有条件支持他、有条件与他合作的信号。

胡汉民此次出国，名义上是受国民政府外交委员会之令，负有"宣传国策""敦睦邦交"和致力于"取消不平等条约"的使命。实际上，胡汉民不仅完成了以上三大使命，而且所为远远超过了国民政府对他此行的"期望"。

胡汉民此行首先到达了菲律宾、新加坡等南洋各国。南洋是华侨最多的地方之一，他所到之处，均受到了当地华侨的热烈欢迎，他也多次对华侨们演讲，感谢海外华侨对国民党的支持，呼吁他们能一如既往，拥护、帮助国民党完成北伐，统一全国。

在南洋作短暂停留后，胡汉民一行经伊朗、埃及，到达新兴的国家土耳其。胡汉民早就很注意土耳其的发展进程，早年就写过《就土耳其革命告我国军人》的文章。第一次世界大战后，土耳其的资产阶级在基马尔的领导下，通过武装斗争，于1923年建立了土耳其共和国。胡汉民认为土耳其的国情与中国的国情有许多相似之处，其成功经验足以为国民革命之借鉴。于是，胡汉民用两周时间，较为详细地考察了土耳其的军事、政治、财政、教育等方面，尤对其党政、党军间的关系欣赏备至。他在归国后，到处宣讲土耳其的种种好经验，都讲得有些让人厌烦，王宠惠就曾劝他少讲一些。

在土耳其，胡汉民还争取到了外交上的支持。经过胡汉民的努力，土耳其政府表示愿意向南京派出使节，这在当时北伐尚未完全成功的情况下，有此表示者少少。胡汉民非常高兴，随即把这个消息写信告知了南京国民政府。

随后，胡汉民一行到欧洲的法、德、英三国进行访问。胡汉民在法国停留了两个月，曾与法国上议院院长杜美讨论过废除中国不平等条约的问题，杜美同意胡汉民的观点。在德国，胡汉民公开发表谈话，指出列强各国如想继续保持过去在中国的特权，已是不可能。他还同德国政府国务院秘书长许伯商谈建立中德邦交问题。在英国，胡汉民会见了英国外相张伯伦、工党领袖麦克唐纳、自由党领袖劳合·乔治，同他们谈得最多的仍然是废除中国不平等条约问题，他们三人表面上都附议胡汉民的主张，表示愿意为废除不平等条约而努力。

胡汉民在西欧的一系列外交活动，宣传了国民党的政策，争取国际对国民党的支持，为寻找国际上的朋友，"求吾国人民与世界诸大国处于同等地位"，试图废除各国在华的不平等条约，凡此种种，都是从国民党的整体利益出发，更直接地说，是为蒋介石拉赞助。尽管如此，胡汉民的频繁活动还是引起了国内南京政府蒋介石等人的警惕。当时以南京政府建设委员会国外代表团名义在欧活动的李石曾，对胡汉民等人的活动作种种猜测，不断与张静江、蒋介石通信，报告胡汉民等人的行踪，称其想"在国外造成第二最高外交机关"与国内对抗，"图有作用"。并把胡汉民一行与同在国外的西山会议派分子许崇智、邹鲁等人联系起来，说他们的活动各有所侧重，"胡总其成并注意海外党务人才等；伍（指伍朝枢）注重外交，尤重美国；孙（指孙科）注重财政建设。盖伊等直若一政党者然，将种种事务皆作准备，以为一日登台之用。"

胡汉民虽因不满蒋氏而出国，不过是暂避风头，借机找个台阶好下，不是为了反蒋。这一点，胡汉民在出国前就公开表示过，他也确实遵循着不反蒋的诺言，没有说过蒋介石的一句坏话，而且在外交方面帮助蒋介石。因为他所言的国民党、国民政府，皆是在蒋介石的掌握之中的国民党、国民政府。

## 胡在海外，不时向蒋提建议

蒋介石复职后，将国民政府所统辖的军队重新编组为国民革命军四个集团军。即以蒋介石自兼总司令的第一集团军，以冯玉祥为总司令的第二集团军，以阎锡山为总司令的第三集团军，以李宗仁为总司令的第四集团军。1928年3月3日，蒋介石再次部署北伐，4月7日，发表了北伐宣言。然后，四个集团军分别参加了北伐战斗。

蒋介石率领第一集团军沿津浦路北上，山东张宗昌的鲁军无多少抵抗，第一集团军如入无人之境，很快便进入了山东，占领了济南。日本帝国主义为了维护其在中国北方的殖民利益，乃公开出兵阻挠北伐军，制造了济南惨案（又称五三惨案），杀害中国军民三千二百五十四人。

济南惨案发生时，胡汉民正在法国访问。他得知消息后，非常愤慨，立即致电谭延闿、张静江询问惨案发生的经过。谭延闿回信，让胡汉民把济南惨案提交国联，以求国际社会对

在济南惨案中被日军残杀的蔡公时

中国的同情和支持。然而，当时国联以北洋政府为中国的合法政府，拒不接受南京国民政府的提案。胡汉民乃决定分别与各个国家接触，求得外交上对日本的制裁和谴责。他先后派伍朝枢去美国，派王宠惠赴英国，孙科到德国，自己留在法国进行活动。结果仍没有什么令人满意的收获。在国外为解决济南惨案到处活动的同时，胡汉民还把自己对济南惨案的处理意见电传给外交部长黄郛：现在因无能力与日本开战，应避免正面冲突，"我们尽可以不理他，继续北伐，等把全国统一了，日兵自然要撤退的。此时我们若和他纠缠，

四 联袂而退，不即不离

济南惨案

适为所算，决非上算。"

胡汉民对处理济南惨案的意见和主张，与蒋介石不谋而合。蒋介石正是按着这一思路去解决的。忍耐了日本的侵略挑衅行为，下令部队不许反抗，将一部分军队撤出济南，声称"为的是不以一时之愤而乱了北伐之大谋"。北伐军只好绕道北伐，任凭日本侵略军占领着济南和胶济线，直到1929年2月，日本才从济南撤军。

北伐军以摧枯拉朽之势，6月初，和平接收了京津地区。1928年6月15日，南京国民政府发表对内、对外宣言，宣布中国统一大业"正告完成"，"此实结束军政，开始训政之时也。"

恰在北伐正告成功之际，胡汉民于6月3日由法国巴黎致电给国民政府主席谭延闿，提出了"训政大纲"提案。这个提案包括"政治会议纲领"和"国民政府组织纲领"两大项。胡汉民在陈述本案的原则时说："北伐完成，当依总理建国期主义之实现，审察内外情势，深信今后党国发展，不能外如下之原则：（一）以党统一，以党训政，培植宪政深厚之基；（二）本党重心，必求完固，党应担发动训政之全责，政府应担实行训政之全责；（三）以五权制度作训政之规模，期五权宪政最后之完成。"在这个提案中，胡汉民规划了国民党完成北伐之后实行训政时期的蓝图。

6月18日，胡汉民在德国柏林给国内寄来了《训政大纲说明书》，对"训政大纲案"内规定的原则和制度做了进一步的补充说明，其主要内容为：国民党夺取政权后，应以政权保姆自任，以政权最终付诸国民为归宿；国民党应训练国民的能力，直至能够管理政权；训政时期的国民政府应由行政、立法、司法、监察、考试五院组成，而国民党的政治会议是全国训政的发动与指导机关，它发挥着"连锁党与政府的关系"。

胡汉民的整个提案及其"说明书"，无不是强调国民党在国家政治生活中的绝对领导地位。他打着实现孙中山的建国步骤的旗号，容易为国民党各派也包括蒋介石所接受。因为，按照孙中山的建国方略，革命分为军政、训政、宪政三个时期。孙中山还把人的认识水平分为三种，即"先知先觉""后知后觉""不知不觉"。进行革命必须由少数的"先知先觉"者组成政党，发动"后知后觉"者参加，夺取政权，此为革命的第一时期——军政时期。军政时期结束后，再由革命党人对"不知不觉"的广大民众进行辅导和训练，培养他们管理国家的本领，这是所谓保姆政治的训政时期。广大民众学会管理之后，国民党的"保姆"任务已经完成，政权可由人民群众直接掌握，这就是革命的最后时期，革命目标实现了，即宪政时期。胡汉民根据孙中山的这个建国思想，在北伐完成之后，全国统一的情况下，革命党人已经掌握了全国政权，可以视为军政时期已经结束。他适时地提出了"训政大纲"。胡汉民首先在政治上争取到了主动。

此外，胡汉民还对北伐胜利后的外交人员的使用任命问题，写信给国民政府，陈述自己的意见：

（一）北洋政府驻外各使节，腐败者居多，应彻底更换。从党国中有资望者，选择任派，以提高国民政府的国际地位。

（二）吸收民国初年外交上的教训，不必太注意各国名义上对国民政府的承认，要从自己的实际做起，自己的事情做好后，各国就自会来承认了。

胡汉民此次出国访问，虽以外交事宜为重，但他对国内政治的主张、对当时国民党内乃至以后都产生了深远的影响。尤其是他所提出的"训政大纲"，成为北伐战争胜利后国民党统治中国建立训政时期五院制国民政府的基本纲领。

# 五 再合作，消灭异己
## （一）

## 胡、蒋再度合作

国民革命军北伐完成后,1928年8月8日,国民党在南京召开了二届五中全会。蒋介石在会上指出,全国统一的任务已经完成,以后的主要任务是进行"巩固国家基础"的工作,由军政时期进入训政时期。这表明,蒋介石已从表面上接受了胡汉民关于实施训政的提案。于是,胡汉民打点行装,从法国乘上亚多士号邮轮,启程回国。

此时,国民党内部矛盾重重,北伐之后的各军事将领更是对蒋介石清除异己的政策不满,在旧中国,军队是权力的源泉,军队是政客的命根子。因此,蒋介石在北伐后乘蒋、冯、李、阎四总司令在北京碧云寺祭灵时,提出了裁兵问题,但遇到了各实力派的抵制。冯玉祥隐居于百泉村,阎锡山躲进了北海的养心斋,桂系则提出了工兵计划,化兵为工,以保存实力,这实际上是与蒋介石对着干。在二届五中全会上,为了削弱地方实力派,蒋介石决定采用政学系政客杨永泰提出的"削藩策",取消各地的政治分会。但遭到了各方的反对。尤其是冯玉祥、李济深搬出两件"法宝",驳得蒋介石哑口无言。其一,国民党二届四中全会已经作出决定,地方政治分会应当保留到国民党第三次全国代表大会召开之时。现在取消,违反了二届四中全会决议。其二,中央曾决定,各地分区"剿共",如果取消政治分会,就会削弱"剿共"的力量。

各地政治分会,是在北伐期间,为了适应战时的政治需要争取各高级军事将领的人心而设立的。国民党中央执行委员会于1928年3月1日公布了"政治会议分会暂行条例",规定政治分会的职权是:"在特定区域指导并监督最高级地方政府,在不抵触中央政治会议之决定范围内,得行政治处分。政治分会遇非常事变,得于委员出席人数三分之二以上之决议,为紧急处分,但应于最短时间呈请中央政治会议追任。"此后,国民党中央在广州、武汉、开封、太原、北京五地设政治分会,分由李济深、李宗仁、冯玉祥、阎锡山、李石曾担任以上五地政治分会主席。

各地政治分会设立后,各地方实力派据之与蒋介石相抗衡,对蒋介石的命令时有违抗,政治分会俨然一地方割据政权。北伐之后,蒋介石要统揽全国大权,当然不能再允许政治分会的存在,视之为眼中钉、肉中刺,必先拔除之而后快。于是趁北伐刚刚结束,借政治分会乃是战时决议而设为名,提出取消之的建议,却遭到各方反对。蒋介石的"削藩"计划失败,令他大失所望。这时又逢胡汉民启程回国,外面风传胡汉民、孙科等频繁活动,此次回国想乘他政治危机之时,策动两广起兵倒蒋。蒋介石面对这复杂的形势,忧心忡忡,苦思冥想,不得解决的办法,乃称病,住进了上海医院。

1928年8月28日,胡汉民乘船抵达香港,完成了他七个月出国考察的使命。到香港迎

两广实力派人物之一陈铭枢

接胡汉民的,除了他的妻子陈淑子、胞兄胡瑞青、堂弟胡毅生等家属外,几乎全是广东省的首要人物,陈济棠、陈铭枢、林云陔等几百人在码头上迎候。胡汉民下船后,受到了粤方的热烈欢迎。当即就与粤方的军政要人举行了会谈。会谈后去妙高台寓所。

粤方军政要人倾巢而出,如此欢迎胡汉民的归来,当然有他们的打算。他们已经看到蒋介石要消灭各地方势力的良苦用心,便想方设法与蒋介石相抗衡。如果能够趁胡汉民刚刚归国之际,以胡的资望,以胡在国民党内的地位,拉他去广州,那么西南方面与蒋相抗争的实力就会大大加强。想把胡汉民拉入广州政治分会中,这是他们第一理想方案。如果胡不入广州,他们劝慰胡汉民不要入宁与蒋介石合作,而是留他在上海做在野派的领袖,这是他们第二理想方案。

"南天王"陈济棠

可是,胡汉民七个月的游历,已经为自己计划好

了应该走的道路。他没有接受广东方面的建议，既拒绝回广州主持政治分会，也不去上海当在野派的领袖，而是坚决入宁。

到香港后的第二天，8月29日，胡汉民发表了公开谈话，申明了自己的政治主张和行止问题。他说："建设中国，彻底实施五权宪法，自属紧要。而全体同志尤须一致团结……至撤废政治分会一事，余尚有一言，盖政治分会，乃因军事时期，应运而生者，所谓过渡办法也。现在既入于训政时期，当无再存留之必要。"这一天，又有记者采访胡汉民，问他对外面关于他的种种谣传如何看？胡汉民答曰："立法院长就任说，虽闻其风传，尚未受政府正式之交涉，余在粤组织政府说，全非事实。……外游时与汪精卫未曾一次晤面，国民党均'反对'共产党可以断言。"此外，胡汉民还声言，不在广州停留过久，不日即将北行。

胡汉民的一番谈话，否定了蒋介石得到的胡汉民等"在国外造成第二外交机关"的消息，扫去了蒋介石的忧虑，蒋介石转忧为喜，可以利用胡汉民这块"招牌"帮他摆脱困境，心中的忧虑、担心、烦恼一除，蒋介石立刻"病愈"而出院，盼望着早一天与胡汉民相见。

胡汉民这时也显露出与蒋介石合作进入南京政府的急不可耐的心情。他仅在香港住三四天，即与陈铭枢等离开了香港，9月3日晨到达上海。蒋介石特派张群率人去沪码头迎接。胡汉民抵沪后，对报界声明："对国内党政，须与各同志晤谈后，始发表意见。"拒绝记者的一切提问采访，全力以赴与各同志晤谈，拉开了蒋胡再次合作的序幕。

9月3日中午，胡汉民先与吴稚晖、李石曾等会谈两个小时，之后又与李济深、李宗仁进行了长谈。4日，胡汉民与蒋介石会谈，5日，胡汉民又到蒋介石住所，会谈两个小时。连日来，胡汉民十分繁忙，几乎与当时南京国民政府的主要人物都会谈到了。当时的报界称，胡汉民连日来"与各中委讨论党国要务"，会谈"颇融洽"。胡汉民的主张终于被南京国民政府及蒋介石等各派所接受。晤谈后，胡汉民始"发表意见"，在报上到处可见。

有一国内记者问胡汉民：外间有望彼主持中央党部之说？胡答："此非本人独立所能办得了"，接着他又针对连日来见面晤谈说道："吾人晤面，非寻常敷衍，必须意见一致，会晤始有意义，现训政开始，当首求时局安定，庶政治入正轨,次实行建设,建设首要交通,次办统计。五院均宜速设立,……赴京当俟此问题适当解决后再定云。"

蒋介石得到胡汉民的合作承诺后,感到轻松了许多,9月7日,携妻子宋美龄回浙江奉化老家,办"私事"去了。

蒋介石刚走,国民政府主席谭延闿即专程来沪,代表国民政府请胡汉民早日去南京主持党政。胡汉民原想早些去南京,但由于蒋介石还没有回去,便一再延期,等蒋介石从老家返回后,再一同入京。

在上海,胡汉民也没有闲着,而是在为自己再次入主中枢与蒋介石再度合作作准备。他一方面为蒋胡合作制造舆论,另一方面又极力宣扬他的"五权制"。他对外称,现在北伐已经完成,团结极为重要,号召"全国人才须集中京都,即政见迥异者,亦应聚集,谋党的统一"。主张战争时期的一些制度,应该更改,现在建立新的政治制度"时机已经成熟",这个新制度就是训政时期的制度——五权制。为了更全面地让人们了解他的政治主张,7月15日,胡汉民将在国外向南京政府提出的"训政大纲提案说明书",在上海的《中央日报》上全文发表。

9月16日,蒋介石从奉化来到了上海,当天下午,蒋介石与胡汉民在张静江家中会谈,商定了共同入南京的时间。

9月18日晨,蒋介石乘车先行入京。晚上,胡汉民同蔡元培、李石曾、李宗仁、李济深、陈铭枢、王宠惠、戴季陶等同车赴京。

9月20日,南京国民党中央常务委员会开会,会议决定加推胡汉民、孙科为中央执行委员会常务委员,并由胡汉民负责领导中央执行委员会秘书处。

10月3日,国民党中央常务委员会通过了胡汉民所提议的《训政纲领》以及《中华民国国民政府组织法》。

10月8日,国民党中央常务委员会通过了国民政府委员、主席及五院院长、副院长人

国民党右派代表人物之一张静江

选。蒋介石担任国民政府主席兼陆海空军总司令,谭延闿任行政院院长,冯玉祥任行政院副院长;胡汉民任立法院院长,林森任立法院副院长;王宠惠任司法院院长,张继任司法院副院长;戴季陶任考试院院长,孙科任考试院副院长;蔡元培任监察院院长,陈果夫任监察院副院长。

10月10日八时,蒋介石带领五院院长在南京中央党部宣誓就职。

从此,进入了南京国民政府中的蒋胡第二次合作的历史时期。

## 胡想做"伊斯墨",助蒋成为中国的"基马尔"

胡汉民来到南京,与蒋介石合作,当时他身边的人及与其关系密切的人都曾劝过他,不要与蒋介石合作,还是做在野派领袖为好,自由自在。胡汉民的老朋友邓泽如看到他入京之意已坚,便送给他一个内装小黄雀的竹鸟笼,示意胡入京后的下场与笼中之鸟命运相同。胡汉民却不以为然,殊不知,邓泽如的警告竟成了现实。此是后话。

那么,究竟是什么原因驱动胡汉民如此热心入京与蒋介石合作呢?

胡汉民在回忆这段经历时曾谈到,他入京是出于以下两个方面考虑。

其一,胡汉民认为,孙中山领导中国革命至今已有四十多年了,但一直都没有完成统一中国的大业。这次中国终于在蒋介石率军北伐之后统一了,这是十分不容易的。要继承孙中山总理的遗志就是要按照孙中山的建国方略,一步一步地去实现,全国统一,一个新的革命阶段已经开始,统一需要建设,实行建设,需要一个健全的中枢,需要有人辅助,方能使革命继续前进。

其二,胡汉民认为,自从1927年国共之争以来,无论是对于国民党还是对于国家来说,都遭受到了很大的损失。全国统一,大局方定,国民党内再不能起纷争了,要维持一个统一的局面,设法推进今后的建设。如若不然,国民党将益发失望,革命的前途,也益发危险。

基于以上两方面的考虑,胡汉民说了一些很动感情的话:

> 我是一个数十年的中国国民党党员,久经患难,在掺和着血泪的党

的奋斗历史的回忆中，我想不出已统一的垂成之局，该重行分裂的理由，人之好善，谁不如我？此时自己的同志不肯帮助，结果南京必须找军阀官僚的余孽来帮忙。这不是愈趋愈歧？数万革命将士的肝脑涂地，与数十万革命同志的奋斗牺牲，所为何来？我在极苦闷的状态中，一再考虑，并决定了主张和办法，才毅然入京。

胡汉民自称是以一名国民党老党员的身份，怀着对国民党的忠诚挚爱之情，才去南京的。作为一名革命数十年之久的人，有这种感情并不为奇，这是可以理解的。但对照胡汉民前后的言行，这绝不是他与蒋介石第二次合作的真正的原因，或者说不是他们实现合作原因的全部。

胡汉民在国外考察时，非常欣赏土耳其基马尔革命之后的政治格局。他曾两次到土耳其考察。土耳其革命前与国民党北伐前的中国有相似之处，土耳其革命之后的党政合一制度与胡汉民一向提倡的"党治"主张又相互吻合。胡汉民尤其欣赏的是，土耳其革命的领袖基马尔在完成革命，功成名就之后，长期"养病"不出，一切政治问题都由其内阁总理伊斯墨代行处理决断。土耳其的这种政治格局非常合胡汉民的心意，称赞土耳其的政治"达到完善的境地"。胡汉民归国后大谈土耳其的基马尔革命，称赞基马尔。到南京后，他还多次演讲谈访土耳其的感想，以至于他身边的人都听得厌烦了。王宠惠就曾因之对胡汉民直言过："胡先生何妨随和些，你天天讲欧美，讲土耳其，讲建设，又讲军队与财政，这批人懂些什么呢？"

王宠惠

胡汉民大讲土耳其的目的，是希望蒋介石完成北伐之后，也学习基马尔，把治理国家的大权交给自己，自己当中国的伊斯墨。实际上，这无异于与虎谋皮。

胡汉民是一个文人政治家，书读得太多了，反而成为政治角斗中的一个

土耳其人民民族斗争的领导人穆斯塔法·基马尔（1881—1938年）

致命的弱点，那就是太认真、太固执了。在中国近现代历史上，无论是国民党还是共产党之中，都出现了这样的悲剧人物。中国的历史上，每一朝代建立之初，都要有一个文人墨客来帮助打天下的皇帝订朝仪、治理国家。比如秦朝有李斯、东汉有叔孙通、唐朝有魏徵、宋代有赵普、元朝有耶律楚材等。胡汉民因此便认为，打天下是武人的事，治天下是文人的事。"自古武人只能马上得天下，没有文人就不能马下治天下"，"现在只要做到不打仗，就可以用法治的力量来约束住枪杆子"。北伐成功，军事上的胜利，胡汉民觉得"武人"已经得到了"天下"，军政时期结束了，应该进入治理国家的训政时期，现在正是需要他这样的"文人"大显身手了。

胡汉民入京与蒋介石合作还有一个原因，排斥政敌汪精卫。胡、汪二人虽在革命中结下过深厚的情谊，但孙中山逝世后，汪精卫权力欲的膨胀，挤走了二人之间的友谊，二人为国民党的最高权力而争得不亦乐乎。从此在国民党的政坛上，二人基本上没有真正合作过，汪来则胡去，胡来则汪去。宁汉合流，蒋介石挤走了汪精卫和胡汉民。待北伐胜利之后，蒋介石因自己的多项"政策"贯彻不下去而陷入僵局，为了摆脱此局面，蒋在胡回国的前夕，派人与汪精卫政治上的挚友陈公博联系，想拉汪合作。如果蒋汪实现合作，胡汉民的一整套"计划"就会落空。在这种情况下，胡汉民急忙回国，迫切地向蒋介石发出一系列合作的信号，以抢在蒋汪合作之前。对自己的这一目的，胡汉民直言不讳地对手下人说："你们要晓得我不去捧他（指蒋介石），自然有人（指汪精卫）去捧他呀。"

胡汉民想去南京，也并非是一厢情愿，蒋介石同时也需要胡汉民。

蒋介石在北伐后，急需扩大自己的政治势力，需要国内有声望的人来帮助他，树起一面"理论"的旗帜，为自己的行为政策寻找"理论"的根据，

孙中山、胡汉民、汪精卫等人庆祝廖仲恺出狱时合影
（第二排左起：廖仲恺、汪精卫、胡汉民、孙中山）

从而使裁兵"削藩"的计划名正言顺。胡汉民是一位有影响的国民党元老，他的言行在国内影响较大。如果争取到胡汉民的合作，从一定程度上说，就是在舆论上赢得了主动。当时政治上的斗争，双方往往都打出孙中山的旗号，假以三民主义的名头，一时间鱼目混珠，孙中山三民主义的词语满天飞，实际上口是心非，都是为自己的行动寻找欺骗人的借口。争取到胡汉民的合作，蒋介石"革命"的口号就会格外响亮，孙中山"忠实信徒"的大旗也会格外耀眼；争取到胡汉民的合作，蒋介石在国民党内的权力争夺中就会更加有利。

胡汉民所提出的"训政大纲提案"，设立五院，可以分散蒋介石手中的权力。但蒋介石深深懂得，中国军权高于一切，只要掌握着军权，就掌握着一切。只要不动自己的军权，他就不担心不能独揽大权。至于五院制，只不过一种所谓的民主政治的形式罢了，它可以掩护自己的独裁。利用五院制的形式组织新政府，把各地方实力人物都笼络到中央五院供职，可以乘机达到裁兵"削藩"的目的，利用这个机会来"削藩"，就会减少许多麻烦。

蒋介石、胡汉民二人正是打着各自的如意算盘，都觉得对方可以利用而合作。这样，蒋胡的第二次合作便在国民党政府的政治舞台上出现了。

## 裁兵编遣，蒋煞费苦心；舆论宣传，胡全力以赴

北伐进行的同时，各集团军都趁此机会，大力扩充自己的军队。第二次北伐仅仅进行了两个月，各集团军的总人数就已增至二百二十万人以上，共八十四个军，三百个师。这个数目还不包括东北、四川、云南等地方部队。如果加上这些地方部队，全国军队的数量就要多达二百五十万人。蒋介石看到日益壮大的地方势力，心里不安，因北伐胜利带来的喜悦也被这块心病冲淡了。他开始煞费苦心，筹谋裁兵编遣，消灭异己。

战争过后，百废待兴，尤其是政府的财政拮据。当时全国的年财政收入不过四五亿元，用之于军费就要占去百分之八十以上。国家的财政已经无力供养这么多军队。况且，人们饱受战乱之苦，也渴望和平。这些为蒋介石裁兵编遣提供了客观上的有利条件。

因此，北伐告成之后，国民政府发表"对内宣言"，称北伐成功之日，即应为兵工政策实施之时。蒋介石这时也采用"欲取之，必先予之"的策略，通电宣布辞职。通电中称："北伐完成，即当正式辞职，以谢去年弃职引退之罪，……恳予明令批准，将国民革命军总司令职权解除，并准辞去军事委员会主席。所有各军，悉令复员，此后军权统归政府军事委员会办理，以一事权，而专责成。"蒋介石的用意十分明显，欲把全国军队的统治权都收归己有，但各地实力派不肯拱手相让，他便用辞职策略，先放弃权力，后说出自己的主张。他明知道，北伐胜利，自己的声望日隆，辞职肯定会被各方慰留，到那时再提出条件，讨价还价，要求各派交出军权。

蒋介石善用以退为进之策，可是一个策略一旦用得多了，就不会再有太大的效果了。冯玉祥、阎锡山等也是政治场上的老手，明白蒋介石的良苦用心，决定以其人之道还治其人之身，便也采用病退隐居之计与蒋介石对抗。

蒋介石"辞退"未成，被各方所挽留，可是各实力派人物则用消极方式与蒋介石相对抗。蒋介石看一计不成，便又抛出裁兵计。

利用在上海、南京召开全国经济会议、全国财政会议之际，蒋介石指使

宋子文等人，用国家经济财政状况来压各地方实力派，制造裁兵舆论。上海全国经济会议提出了《请政府克期裁兵从事建设案》，要求政府从经济的实际承受情况出发，军队要裁至只留五十个师，每师一万人。蒋介石利用这个会议提出的裁兵意见，于1928年6月24日，向国民政府建议设立"裁兵委员会"。国民政府于两天后，召开国民政府委员会议，设立裁兵善后委员会，大造裁兵的舆论。蒋介石还利用民众厌战渴望和平的心理，策划上海商会，由大买办虞和德领衔，发表通电，倡议筹备成立"国民裁兵促成会"，以督促政府裁兵。有了虞和德领衔通电，蒋介石便以顺民意为名发出了两个通电，称"今日非裁兵无以救国，非厉行军政、财政之统一无以裁兵"，表示"中正当与各同志一致努力，决不稍有私意，以负人民责望之殷"。

舆论造成之后，蒋介石开始了实施裁兵的具体行动。

北伐完成，蒋介石决定借在北平西山碧云寺慰告孙中山总理之灵为名，约集国民党的军政要员、各集团军总司令、总指挥齐集北平。果然，7月6日，各军政要员都如约而来，参加了祭灵大典。蒋介石发表了一篇祭文，提出了裁兵问题。指出，国家财政已不能负担起巨额军费，只有"以裁兵者强兵，且以裁兵促全国庶政入于正轨"。随后，趁各军政要员都聚集在一起的机会，蒋介石拿出了他的《军事善后案》，规定了裁兵的具体办法为：全国三百个师中要裁汰下去二百五十个师，留下五十个师，每师一万五千人，全国共留八十万军队；全国划分为十二个军区，每个军区按比例保留军队；各集团军分头办理。

蒋介石的裁兵方案，表面上看似公平，一律平等对待。但是他把桂系、冯玉祥、阎锡山三方各分占一个军区，而他们的兵最多，所以裁下去的也最多。蒋介石除了占一个军区外，还可以用中央名义，直接或间接地控制了其他八个军区，蒋介石的嫡系军队可以分派到这八个军区去。如此方案，蒋介石得利最多，桂、冯、阎三方得利最少。桂、冯、阎三方均反对蒋介石提出的裁兵方案，他们各提出了自己的裁兵方案，与蒋介石相抗衡。

冯玉祥在他所发表的《时局通电》中提出了裁兵的标准，建议中央应组织裁兵委员会，明定裁兵条例为："枪支不全者裁，老弱不堪用者裁，纪律不佳者裁，训练太乏者裁。而且他强调，不可令各集团军平均或按比例裁汰，在裁兵之前应严禁招兵及收编敌军残部为扩充一己实力之用。

1928年7月6日，北伐军各路总司令、各路总指挥祭灵大典在北平西山碧云寺举行。各路军总司令祭陵后合影。前排自右到左：鹿钟麟、李宗仁、蒋介石、冯玉祥、阎锡山

桂系的李宗仁、白崇禧则鼓吹实行兵工政策，化兵为工，保存实力。

阎锡山力图保住既得利益又不受损害，提出限定兵额、分期裁减的主张之后，就采取明哲保身之策，躲进北海养心斋，坐山观虎斗。

由于各实力军人的反对，蒋介石的裁兵计划只好暂时搁浅，他把希望寄托在8月召开的国民党二届五中全会上。二届五中全会于8月8日至15日在南京召开，会议上，蒋介石提出的取消各地政治分会的"削藩"策遇到了反驳，而在北平就已提出的《军事整理案》，由于粤籍中委的支持得到通过。可是会议结束后，各中委都对会议的决议采取消极态度，决议也只不过是一纸空文，蒋介石的愿望依然落空。裁兵工作进展不大。

胡汉民回国与蒋介石合作之后，蒋介石想利用胡汉民帮助他实现裁兵编遣的愿望。胡汉民也支持蒋介石的裁兵编遣主张，为他制造强大的舆论攻势。

得到胡汉民的支持，蒋介石即筹备召开全国编遣会议，原想在10月10日后就马上召开，但各地实力人物都没有来南京参加庆典，编遣会议只好延期召开。蒋介石为了使各地实力派首领来京参加会议，开展广泛宣传，企图用党权和舆论来迫使他们屈从蒋意。国民党中央宣传部特颁布了《整理军事宣传标语要点》，各地报刊发表了大量支持整理军事的文章评论，一些富商

大贾也以申诉广大民众受兵害之苦为名,要求统一整编军队。

1929年南京国民政府纪念10月10日大会主席台上的蒋介石和汪精卫

  胡汉民积极支持蒋介石的计划,他利用自己在西南的威望和影响力,力促两广的将领支持中央的整军政策,前来参加即将召开的全国编遣会议。在不到十天的时间里,胡汉民给李济深发去两份电报,劝李济深既要淡于名利,又要"为党国效忠",不要轻信外面谣传,"一切谣诼,惟持中央之团结,足以胜之"。希望他不仅要来南京"商定国是",而且还要劝李宗仁同来。12月21日,胡汉民在中央无线电播音台,向全国发表了题为"整理军队的十大意义"的演说,呼吁各军事首领要认真对待裁兵问题,指出整理军队的诸多益处。在军事上,可使军队精强,有利于维持地方治安,巩固国防。在经济上,可改变财政只是筹措军饷的状况,改善国民生计。在政治上,可根本清除军阀,"防止"共产党,完成国家真正统一,促成建设。总的概括起来,胡汉民提出了整理军队有十大意义:"要军队好""要地方好""要巩固国防""要整理财政""要发展国民生计""要打倒军阀""要'打倒'共产党""要打倒帝国主义""要完成真正的统一""要促成建设"。演讲的最后,胡汉民还威胁式地指出,反对整理军队的人就是反革命,对整理军队不力的人就是不革命。

  为了开好编遣会议。蒋介石令陈立夫于1928年12月11日组织成立全国编遣委员会，国民党中央政治会议也于12月19日通过《全国编遣会议条例》，12月26日，召开了全国编遣会议的预备会议。

1929年1月，国民政府在南京召开全国编遣会议，整编全国军队。蒋介石借此削弱地方实力派，独揽军事大权。图为参加会议的全体委员

1929年1月1日，全国编遣会议在南京召开，胡汉民出席了会议。因各集团军总司令等军事首领迫于各方面的压力而来南京参会的，他们口头上、表面上谁也不敢冒天下之大不韪，明令反对编遣，但是都从维护自己的实力出发，反对不利于自己一方的编遣计划。为了求得与"中央"一致，胡汉民在会上会下摇唇鼓舌，和各方疏通。他私访李济深和李宗仁，把得知到的二李的计划和想法告知蒋介石。之后，他又利用师生的关系拉拢李济深反对冯玉祥的提议，支持蒋介石的提议。

各实力派之间的矛盾、利益冲突很大，并非能用一个会议或几个"说客"所能消弭的。编遣会议经过二十多天的争吵之后，终没有形成一个各方都认同的编遣方案。1月26日，第一次全国编遣会议在吵吵闹闹中无任何结果而收场。

## 蒋桂战争爆发，胡为蒋立头功

蒋介石想利用编遣会议剥夺其他派系的军权但没有一个肯对他俯首听命

的，都在极力筹划对付蒋的策略。蒋介石当然不甘心自己的愿望落空，便采取各个击破之策，以收"杀一儆百"之效。

蒋介石首先选择桂系为第一打击目标。

蒋桂矛盾较深。远有逼蒋下野之仇，近有桂系将领对蒋傲慢之恨。桂系实力虽强，但他的兵力部署过于分散。桂系军队北到平、津、唐一带，南到两广，中有长江中游的两湖地区，战线拉得过长，易于被打败。此外，蒋介石选择桂系还有一个重要的原因，那就是胡汉民与两广素有渊源关系，利用胡汉民瓦解分化其内部，可收到武力未能达到之效。

于是，蒋介石便暗中派人分化桂系。首先，对远离两广的平、津、唐桂系统辖下的军队进行挑拨分化。因随白崇禧北上的军队大都是原唐生智的旧部，这些部队士兵大多是两湖人，他们久离故土有思乡之情。蒋介石便令人在部队中广泛传播唐生智将要复职的消息，还暗中答应唐生智可重新掌管旧部，并资以巨款。白崇禧无法在平、津、唐军队中立足，乃离开天津南下，蒋介石取得了成功。其次，蒋介石利用两湖内部鲁涤平与桂系的矛盾、鲁涤平与何键的矛盾，一方面偷运军火给鲁部拉拢鲁涤平；另一方面又暗中运送枪械弹药给何键。

就在蒋介石暗中倒桂之际，桂系看透了蒋介石的叵测之心，也加紧活动，采取一些防范措施，抵制蒋介石阴谋的实现。

当桂系侦知蒋介石要提前取消政治分会，又截获了蒋介石给湖南省主席鲁涤平运送的军火后，乃决定在武汉政治分会取消前，抓住蒋偷运军火给鲁部这个借口，把整个湖南真正收归自己统治之下。1929年2月22日，武汉政治分会作出决议，撤免鲁涤平的湖南省政府主席兼18师师长的职务，宣布由何键任湖南省政府主席。同时，又派叶琪率领第九师、夏威率领第七军向长沙进兵。鲁涤平自知不敌，只好逃出湖南，奔向南京，向蒋介石告桂系一大状。桂系因

鲁涤平

之控制了湖南,是为"湘案"。

"湘案"发生后,蒋介石十分恼火,指责桂系私自任免官员,违背了政治分会"不得以分会决议任免该特定区域内之人员"的规定;指责桂系罢免鲁涤平的军职,违背了编遣会议所决定的各部队应静候检阅,非得编遣委员会命令,不得擅自调动的决议。可以说,"湘案"的发生,给蒋介石提供了消灭桂系的借口。然而,蒋介石消灭桂系的军事部署尚未完成,此时又逢"国民党三大"召开前夕,分化广东的计划也没完成。加上桂系李宗仁、白崇禧以事发时未在武汉,自请处分,企图用"负荆请罪"换取蒋介石对既成事实的承认。蒋介石只得暂时忍耐一下胸中的怒火,仅以广州政治分会主席李济深入南京调停为条件,发了一个国民党中央政治会议的处分决定,便含糊其词地暂时把"湘案"搁置一边。

诱骗李济深入南京是蒋介石消灭桂系重要步骤之一。李济深是广西梧州人,他在广东做官的时间较长,如果从政治势力派别划分上,严格地说他不属于桂系,而是属于粤系的,可他与桂系的头面人物李宗仁、白崇禧、黄绍竑有着特殊的友谊,在政治上倾向于桂系。尤其是北伐军北上后,李济深留守广东,与广西联系更多。广东财力充裕,但士兵的战斗力不强,广西贫穷,士兵勇敢骁战,战斗力较强。广东支援广西军费,广西支援粤省兵力。因此,习惯上视两广为一体。"湘案"之后,李济深致电李宗仁,告诉他要严加控制自己的部下。蒋介石便借之邀李济深北上入京,调停蒋桂之间的矛盾,并派蔡元培、李石曾、吴稚晖、张静江四位国民党的元老,亲来上海接李济深入京。四元老到沪后,以绝对担保他的安全为前提,极力劝说李济深入京。李济深经不住四元老的敦劝,不顾李宗仁等人的劝阻,于3月12日偕四元老入京。李济深终于落入了蒋介石设计的圈套。

与此同时,蒋介石开始瓦解广东内部,拉拢陈铭枢、陈济棠听命于南京国民党中央。

蒋介石武力讨桂的一切准备就绪后,改变了以前对桂系的"温和"态度,说中央对地方的不法事件,只有执行法纪,绝无调停的可能。于是,他先扣留李济深,然后推翻了3月13日中央政治会议对"湘案"处理的决定,称"湘案"是"地方军人,目无中央,骄恣成习,积而有此种重大违法之举"。

3月26日，下令讨伐桂系。对蒋介石欲大动干戈，南京政府内一部分人也不理解。胡汉民则制造舆论，替蒋介石说话。他先利用其在国民党三全大会主席之位，提议开除李济深、李宗仁的党籍。而后又在中央政府总理纪念周上高谈阔论，批驳以"分治合作"为由反抗中央者，认为下级没有资格来谈与上级的合作问题，"在省对中央，下级对上级名义之下，只有服从，无所谓合作。"他进而说道，这次中央讨伐桂系，就党的立场说，是以革命的势力，消灭反革命的势力；就政府的立场来说，是以中央讨伐逞兵作乱的叛将。胡汉民和蒋介石在对付桂系这个问题上，唱的完全是一个调。

李济深被扣后，又下令讨伐桂系，此举引起了西南军政要人的强烈反响。广东将领蒋光鼐、蔡廷锴、余汉谋、陈章甫、李振球等人联名致电蒋介石，怒斥他的恶劣行径，强烈要求立即恢复李济深的自由。他们又同时致电广西，邀请黄绍竑到广州商议办法。广东的第八路军参谋长邓世增领衔代表全体广东将士通电蒋介石，要求释放李济深，限三日之内作出明确答复，否则就要采取武装解决的办法。蒋介石最担心的粤桂之联合已经在酝酿之中了。

在粤桂将要联合的关键时刻，胡汉民忙站出来，派他的老友谷应芬去上海力促陈济棠马上回粤坐镇，同时写信给广东省政府主席陈铭枢，给他分析了当前的形势，让他加入讨伐桂系阵营中，"湖北已分两路犯皖赣，是非功罪益明，府将下明令讨伐。"经胡汉民的劝说，陈济棠、陈铭枢一改原来武力出兵反蒋的主张，3月30日，陈铭枢、陈济棠、蒋光鼐、陈策发表了对时局的通电，称："中央因武汉分会破坏统一，违抗命令，不得已而用兵，仅为局部之问题。爱党爱国者，应尽力避免战祸之延长扩大。吾粤系为中央统治下之一省，军民当局之任务，首在保持本省之安定秩序。"通电中明确表示："粤省军队，为党国所有，不能供一派一系之指挥驱使，粤省之财，皆粤人膏血，不能供一派一系之浪掷牺牲，其有谋不利我粤，而牵入之战争旋涡者，则为粤人之公敌。"这分明是向蒋介石表态的效忠电，表示完全站在蒋介石一边，反对桂系。通电发出后，他们就令桂系军队在24小时内撤离粤境。黄绍竑正在兴高采烈去往广州的途中，闻之此电，沮丧而返，大骂粤方出尔反尔，出卖朋友，粤桂自此分家。

广东方面虽然言称和平，但对李济深的生命安全仍有所担忧。为了安顿广东方面，胡汉民于4月8日与古应芬、孙科、戴传贤等广东籍人士联名致电陈济棠，担保李济深的人身安全，"任潮移居汤山，其安全既有介公亲署之函为之保证。近日反动者复为种种谣琢，希图煽动，其用心可知，须知任潮功不补过，而罪魁祸首，固自有人，政府宽仁，自能待以不死，弟等护之之心，始终当不渝也。"胡汉民还给粤军各师旅长、粤各团体、各报馆发电，历数桂系之种种罪状，解释中央对桂系用兵为不得已，"望乡人憬然有悟"，与桂系划清界限。

蒋介石在胡汉民的积极配合之下，利用瓦解桂系内部的手段，起用唐生智，收拾白崇禧；羁押李济深，收抚粤军；利用俞作柏，策反李明瑞，仅用了一个月的时间，就把桂系打败了。在这场消灭异己的角逐中，胡汉民着实立了一大功。吴稚晖对胡汉民在打败桂系过程中的作用，曾评价道："在于征桂，功超言论之外。"

## "国民党三大"被蒋派、胡派所垄断

蒋介石要在中国建立其独裁统治，不能放弃对国民党的控制和争夺。他知道，只有独揽党权，才能名正言顺地调动一切、指挥一切。第二次北伐胜利后所发生的一件小事，刺激了蒋介石，使他下定决心，于最短时间内把全国的党权都揽到手。

这件小事的经过是这样的。1928年6月，北伐军占领了京、津地区，蒋介石也以国民革命军总司令的荣耀身份北上。北上后，蒋介石以国民革命军总司令的名义召见国民党天津党部负责人周某。但周某没有把蒋介石放在眼里，认为自己乃党务干部，非军事上的将领，不是蒋总司令的属下，因此没有顺从蒋介石的命令而赴召。当时社会上曾流传着"蒋家天下丁家党"之语，"丁"是指丁惟汾，他多年位于国民党青年部长，培养了一大批忠于自己的国民党干部，"丁家党"足以说明丁惟汾在国民党内的实力及影响力了。依靠丁惟汾的各地方国民党党部，大多目中再无他人，只唯丁命是从。天津市党部正是丁惟汾势力最雄厚的地方之一，因此周某才如此对蒋傲慢。

蒋介石并不甘心，继而又以国民党中央组织部长的名义再次召见周某，周某仍拒绝。

蒋介石此时因取得北伐战争的胜利，威望日升，意想不到连召见一个地方党部的负责人都未能如愿，愤怒之余，除了训斥国民党中央组织部代理部长陈果夫外，蒋介石决定加快整理国民党地方党部，召开国民党第三次全国代表大会，以独揽党权，把国民党"整理"成为自己的御用工具。

国民党内派系林立，除了蒋介石派、丁惟汾派之外，还有陈公博、顾孟余等人的改组派，王昆仑、钟天心等人的再造派。改组派拥汪精卫为领袖，不承认国民党内的其他派别，主张按照他们的意愿把国民党重新改组。再造派以孙科、胡汉民为领袖，虽然支持蒋介石"反共"，可是却反对蒋介石独揽党权。另外，国民党内还有西山会议派，也在与蒋介石相抗衡。

蒋介石要把国民党第三次全国代表大会变成蒋系的三大，实现独揽党权的目的，障碍重重。为此，他先进行了一系列的扫除障碍的阴谋活动。

首先，借整理各地国民党党部之名，打击、削弱各对立派系。蒋介石提出《整理各地党部案》，这是他独揽党权的重要一步。当时国民党各地党部分别被各派系掌控。如京、津、冀的一些党部掌握在丁惟汾的三民主义大同盟手中；苏、豫、宁、沪被改组派控制等。如果不把地方党部的领导权抓在手，他就开不成包办的"国民党三大"。为此，蒋介石采取两个办法，第一，派自己亲信分子到各地方党部，指导并帮助当地的国民党党员的整理工作；第二，大搞党员重新登记，借机把反蒋分子除名，不给予登记，而把听命蒋介石的人员，不问原来是否已取得国民党党籍，一律借登记之机骗取国民党党籍。企图用这个办法，把国民党的队伍变成清一色的拥蒋派。

其次，用圈定、指派的方式产生"国民党三大"的代表，保证蒋派在大会上拥有绝对多的席位。圈定，是指一地方党部把出席大会人数的一倍报呈中央组织部，由组织部圈定其中二分之一为出席大会的代表。指派，是对那些尚未建立地方党部的地区，由国民党中央指派某人为该地区出席大会的代表。无论圈定，还是指派，都可被蒋介石掌握为其所用。

蒋介石的这一套做法，遭到了国民党其他派系的反对，各地怨声鼎沸，独有胡汉民不仅不加以反对，而且还积极支持。胡汉民比蒋介石更看重国民党，他的国民党的党性也极强。当时，他有力量与蒋介石分庭抗礼。但他没有这样做，一方面，他要为蒋胡合作的政权着想；另一方面，他也想利用圈定和指派代表，来为自己的一派争取更多代表的名额。

胡汉民一向自恃清高，他的"革命"理论一套又一套，奉行孙中山理论的口号也喊得最响。因此，各地反对圈定、指派代表的矛头首先指向了胡汉民，其中国民党改组派的批评尤为激烈和尖刻。改组派说胡汉民自海外归来，入主中枢蒋胡合作之后，"党里纠纷，层出不穷，矛盾现象，不一而足"。讽刺胡汉民在国外学到的并非是建设知识，而是把腐化和反革命分子引进国民党，他的国外之行，只是"学得了断送本党（指国民党）的妙法"。从改组派对胡汉民的批评、指责中可以看出，胡汉民在帮助蒋介石所起的作用以及在"国民党三大"圈定和指派代表中所起的作用了。

蒋介石、胡汉民圈定、指派代表的做法，实际上是强迫命令式的"选举法"，各地方党部都强烈反对，认为这是蛮横无理的独裁行为，有些地方还因此而闹事。胡汉民虽然在国民党的中常会上，把造事者大骂了一顿，但仍不能压服。眼看着"国民党三大"会期将近，而大会代表选举一事闹得乱糟糟，不断冲击着国民党中央。蒋介石、胡汉民不得不采取措施，修改一下原定产生代表的方案，以搪塞敷衍一番。他们把全国各省市及特别党部分成三种类型，采用不同的办法分别产生代表。普通党部中，南京、上海、广州、广东三市一省的代表由选举产生；苏、浙、鄂、晋、桂、甘六省及武汉、天津两市的代表由中央圈定产生；其他的省市的代表则由中央指派。此外，铁路、海员的特别党部中的代表，由中央圈定、指派产生，军队特别党部的代表单独产生。

这种小小的修改，只不过是做出一种姿态、摆摆样子给人看看而已，四个地方党部由选举产生的代表，毕竟是少数，参加会议也是个陪衬。据统计，出席"国民党三大"的代表共有四百零六人，其中圈定和指派产生的代表竟有三百三十三人，占代表总数的百分之八十一。

蒋介石不顾各地的反对，他认为"全国代表大会实在不能再延期了，如果再延要期，不独本党的基础将要动摇，本党的生命将要断绝，而且为民众谋福利为民族求独立的一切政治设施，都不能进行"。于是，在蒋介石和胡汉民的共同努力下，1929年3月18日至28日，国民党的第三次全国代表大会在南京召开，大会主席团由蒋介石、胡汉民、谭延闿、孙科、朱家骅、古应芬、陈果夫、陈耀垣、于右任（未参加大会）九人组成。从大会主席团的成员构成来看，"国民党三大"完全成了蒋、胡包办的大会。

大会由胡汉民主持，并致开幕词。胡汉民说："现在已经到了训政时期。所谓训政，是以党来训政，是以国民党来训政。在训政时期中，国民大会的政权乃由本党的全国代表大会代行。"胡汉民并声明自己一贯坚持这样的原则，"汉民追随同志，并且追随总理，始终抱持的是：总理在世，汉民以总理为党，总理去世，汉民以党为总理"。他所强调的国民党，"以党为总理"的党几乎已经成为清一色的蒋胡之党。胡汉民让大家为这个一己之党效忠，服从蒋介石的独裁统治，做蒋介石手下的顺民。大会上，胡汉民十分活跃。他不仅提出了"确定党、政府、人民行使政权、治权之分际及方略案"，还在讨论汪精卫等人处分案中，积极发言，又把桂系问题提到大会议程，用国民党中央的名义对桂系进行批判。

在蒋胡的操纵下，"国民党三大"丢掉了孙中山改组国民党时的革命精神，按着大地主、大资产阶级的利益重新编制了国民党的章程。强调了国民党必须要统一起来，要求国民党党员"以矢忠主义，牺牲个人之一切自由权利幸福为最高之美德"，禁止与中央不一致的言论，"凡本党的一切宣传机关与其出版品，均须由中央党部核准登记，不得任意自认为党之宣传机关或宣传物"。为此，特制定通过了国民党党歌。

"三民主义，吾党所宗，以建民国，以进大同。咨尔多士，为民前锋，夙夜匪懈，主义是从。矢勤矢勇，必信必忠，一心一德，贯彻始终。"

大会还极力宣扬蒋介石的"功绩"，通过了一项所谓的《奖慰蒋中正同志案》，第一次把蒋介石树为全党的最高领袖。在此之前的国民党中央公开的文件中，从没有称蒋介石是全党的领袖。

在胡汉民的密切配合、大力支持下，通过"国民党三大"，蒋介石终于实现揽党权于一身的目的，把国民党"丁家党"变成了"蒋家党"。因此，蒋介石对这次大会十分满意，称"这一次大会的重要，实不减于第一次代表大会。这一次代表大会的责任，实不轻于第一次代表大会"。称这一次大会开辟了国民党历史的新纪元。对蒋介石来说，此一评价实不为过，对国民党以前的革命历史来说，也确实开辟了一反革命的新纪元。

此次大会虽然名义上是国民党第三次全国代表大会，然而"三全"大会并不全。除了用圈定、指派代表的方式限制了它的"全"以外，李宗仁在上海拒不赴会，冯玉祥不仅不到南京开会，反而通电辞去军政部长职，就连被选为大会九人主席团成员之一的于右任也没有亲临会议。这说明，刺刀下召开的三全大会，掩盖不住重重矛盾，国民党正面临着一场更大的分裂。

# 六　再合作，消灭异己
## 　　　　　　（二）

## 蒋欲"削藩"到底,胡大谈牺牲精神

国民党第三次全国代表大会,蒋介石把国民党党权揽到手中,蒋桂战争,打败了桂系,拆散了两广联盟,李宗仁、白崇禧、黄绍竑等桂系将领避于香港,两广皈依中央。此后,蒋介石利用冯玉祥、阎锡山争相媚他之机,分化了西北军,西北军与蒋介石的关系由对抗转为合作与服从,东北的张学良易帜归顺蒋介石,对蒋介石言听计从。在全国如此有利的形势下,蒋把未曾实现的"削藩策"重新拾起,决定召开全国第二次编遣会议,即全国编遣实施会议。

1929年8月1日,在南京国民党中央党部礼堂,召开了全国编遣实施会议。参加会议的除西北军、晋军、东北军代表三百余人外,还有蒋介石、胡汉民、吴稚晖、孔祥熙、何应钦、宋子文等国民党中央的党政要员。这次会议的目的就在于讨论确定实施1929年1月召开的全国编遣会议制定的编遣的具体方案,会议上,胡汉民为蒋介石站台助阵呐喊。

会议一开始,全体与会者首先宣誓,誓词曰:

"余誓以至诚,执行国军编遣委员会实施会议之决议案,牺牲权利,服从命令,决不敷衍瞻徇,欺诈违抗,如违誓言,愿受本党最严厉之处置。此誓。"

随后,蒋介石致开幕词,把他所要进行的"削藩策"的理论做了尽情的发挥。称裁兵是顺应时代的需要,是今后各军队将领的唯一必要的出路,是各将领"保持革命历史与功绩的最大光荣"。他还说"养兵愈多,力量愈大,其召亡必欲速",谁养的兵多,谁就对他的独裁统治构成威胁,因之蒋介石把拥兵多者称为新军阀,是千夫所指的罪人,并告诫各将领,"兵犹水,亦可载舟,亦可覆舟","今日之兵,如不以党国主义与纪律为根据,必流为覆逆个人的祸水,必流为焚烧自己的毒火。"多留一兵就增加一分失败的危险,各实力派要"立志裁兵,热心裁兵,决心裁兵,以裁兵为今日唯一首要之任务"。同时,他还对自己做了一番表白,声称自己最大公无私,如有私心,"则同人伐之,神明罪之"。最后,蒋介石提出了他的编遣四信条:不偏私,不欺饰,不假借,不中缀。

胡汉民也代表国民党中央党部致辞,称"裁兵为义务,为天职""勿得违抗""凡不服从决议者其结果必自败"。"本党之规定,党员要牺牲个人利益,我革命军人,更应服膺主义,以听命令,照大会决议做去,以捍国卫民。无论任何国家,军队弄不好,政治总难修明。当今急务,即从编遣入手,求政治修明。"

参加会议的各实力派代表,对蒋介石威胁恐吓式的编遣理论不满,但又是敢怒不敢言。再加上还有胡汉民在帮腔,称颂蒋介石的编遣理论,称赞蒋介石提出的编遣四信条是"非常确当"的,要求带兵者"牺牲权利,服从命令"。

全国编遣实施会议共开了六天,8月6日,会议结束。会议通过了《国军编遣各部队裁留标准》《国军编遣委员会点验实施规章》《陆军编制原则》《点验组织条例》等,规定各编遣区军队数量压缩至七至九个师,每师一万一千人,比原规定少二至四个师。全国的军队编成的总数由原来规定的五十个师扩增到六十五个师,总人数由原来的五十万人增加到八十万人。这次会议完全按照蒋介石的意愿,所通过的决议条文也都是蒋介石在会前就已精心设计好了的。最后,会议发表了一份《国军编遣实施会议宣言》,把该次会议裁兵的决定都写了进去,强令各地照此执行。宣言称,按着会议决议实施编遣,是"现行改制最高之原则",是国民党的"唯一生命","把现有的部队大减,还不是求治缓急的问题,简直是我们救死问题"。按"宣言"的规定,全国每一编遣区中,应保留的军队数量一律压缩至七至九个师,只要求平均,不问素质。表面上看,编遣区内所应保留的军队数目似乎减少了,1月的全国编遣会议规定每个编遣区中应保留十至十二个师,这次规定比原来少编了二至四个师,但是全国应编成的总数则由原定的五十个师增加到六十八个师,人数也由五十万至六十万增加到八十万。这其中的秘密就在于,蒋介石用增加编遣区的办法,扩充私家军队。这样,就出现了越实施编遣,军队数量反而增加的咄咄怪事。为了保证削减别人军队扩充自己军队的编遣目标的实现，蒋介石在宣言中，把能否实施编遣定为"革命与反革命""革命与不革命""革命与假革命"的评判标准，"革命与非革命之界几稀，在于编遣大计能否实施"。

这次编遣实施会议，与1929年初召开的编遣会议不同。年初的会议，各地方实力派都怀揣着自己的编遣方案，且手中兵力雄厚，在会议上敢讲敢言，公开地与蒋介石唱对台戏。而这次编遣实施会议，各势力派在蒋介石的远交近攻之下，力量都受到了削弱。蒋介石在打败了桂系的余威之下，对自己所提出的裁兵编遣计划的实施，志在必得。他的编遣计划中，消灭异己之野心，比年初的会议更加露骨。但各地方实力派此时在编遣会议上都缄口少言，把不满和反抗隐于心中。会后，他们回到各自区域，乃公开抗拒会议上的编遣措施，并且各派意识到，只有联合起来，才能与蒋介石相对抗。由此演出了一场新的混战。

在形势紧张的情况下，胡汉民在立法院总理纪念周上抛出了"肃清党治下一切腐化分子"的讲话，大谈无自由和革命牺牲的论调。胡汉民说，自由确实是一件很难得到的东西，人既做了一件事，负了一种责任，环境上自然就有许多情形来限制他的自由。他由此得出结论，"处于现在的社会上每一种小小的自由，总是由许多事情凑合而成的，绝非个人一动心以后，自由就可以来的。又如有些地方，自以为是享着自由了，而其实略就环境一加思索，简直离自由远甚。""社会制度越改良，也终无大家可以绝对自由之日。"讲到革命，胡汉民说，"革命是牺牲自己去利他，凡是我们如果做的利了他，那我们自然就觉得心身交泰了。"

很明显，无自由论的提出，是针对各地方实力派军人而言的，让他们派抛弃自己的利益主张，牺牲自己的利益自由，服从国民党中央的利益和中央政府的利益，实际上就听从蒋介石裁兵编遣的摆布。胡汉民的如此言论，虽不能消弭蒋介石与各地方实力派的尖锐矛盾，也不可能阻止住武力相拼混战局面的出现。但作为一个曾经是国民党历史上的宣传活动家，在武力争斗之中，为蒋介石说些这样帮腔的话，也就够了。可是胡汉民万万没有想到，后来蒋介石就是以革命无自由之说，扣他于汤山，可谓"以其人之道还治其人之身"，这也是胡汉民的一个悲剧吧！

## 改组派反蒋，胡斥之为反党叛国

改组派的全称为"中国国民党改组同志会"，它是由汪派的骨干分子陈公博、顾孟余、甘乃光、王法勤、王乐平、朱霁青、白云梯、潘云超、郭春涛等人于1928年夏天发起成立的。他们主张以孙中山先生的全部遗教作为改组现行国民党的依据，把国民党改组成农工、小市民联盟的党。改组派反对除自己之外的其他一切党派，拥护汪精卫为领袖。改组派的组成人员虽然较为复杂，但大多数是大革命时期的国民党左派，以及出身于中小资产阶级的知识分子。由于改组派的主张比较激进，吸引了一部分青年人。改组派也利用国民党的各省市党部中改组派的成员，在全国各地秘密发展组织，反对蒋介石、胡汉民合作的国民政府。

蒋介石召开国民党的三全大会，把各反对派都排挤于他的蒋记中央之外，改组派受到的打击更大，在三全大会上，他们奉为精神领袖的汪精卫非但没有得到什么职位，反而被全会讨论给予处分，这更加刺激了他们的反蒋决心。他们决定乘蒋介石裁兵编遣、消灭异己、各地方实力派闹得不亦乐乎之际，成立国民党护党革命大同盟，扯起联络各方共同反蒋的大旗。

1929年5月，改组派的《护党》杂志上公布了中国国民党护党革命大同盟的宣言，号召："吾党同志，为党国前途计，为个人生活计，皆有团结一致，拥护党国，以推翻蒋中正统治，重建革命政府，完成先总理遗志之必要。"宣言中声明：否认南京的国民政府，决定组织护党政府。

陈公博

宣言公布后，对蒋介石独裁不满的各方都曾派人与改组派联系，地方实力派与之联系者尤多。如唐生智、张发奎、石友三、李宗仁、何键、刘文辉等都派代表参加这个大同盟。当时颇有登高振臂一呼，天下反蒋派云集影从之势。闻之如此形势，在法国的陈公博立即回国，接过改组派上海总部的口号，着手组织"护党救国军"，发动实力派武装反蒋。

喊出组织"护党救国军"容易，但在实际中各实力派真正能够打出"护党救国军"旗帜与蒋介石真刀真枪较量一番的很少。各实力派大多属于"狡兔三窟"一类，为了保存自己手中的军队，脚踏数只船，谁给他的利益多，就上哪一条船。改组派打出的口号虽响，旗帜虽鲜明，但对地方实力派来说，都是些"空头支票"。陈公博在组建"护党救国军"的过程中，觉得力不从心。遂电请在法国的汪精卫马上回国主持大计。于是，1929年10月，汪精卫回到了国内。

汪精卫回来后，立即打出"中国国民党第二届中央执监联席会议"的牌子，组建国民党第二中央。这犹如给改组派注入了兴奋剂，顿时精神大振，又加紧活动起来，与各地方实力派军人密切联系。

在南方，改组派主要联系广东的张发奎和广西的俞作柏。而蒋介石对张、俞二人与改组派的联系了如指掌，想把张、俞二人的军队分解掉，消灭在未起兵之前。在蒋介石阴谋计划实施过程中，9月17日，张发奎首先通电反蒋，宣布否认蒋介石一手包办、违法乱纪的国民党三大的决议，与蒋介石政府决裂。继之，9月27日，俞作柏在广西南宁发出反蒋通电，同时就任护党救国军总司令职。11月，李宗仁、白崇禧也从香港经越南回到广西，成立护党救国军。

在北方，改组派加紧联络唐生智、石友三，委任唐生智为护党救国军第四路总指挥、石友三为第五路总指挥。12月2日，石友三下令长江江北的数十门大炮一齐开火，隔江炮轰南京城，从而引起了南京城一片混乱。而后，石友三电称，将要率十万健卒攻取南京。几乎在同一时间，唐生智在郑州发表有七十五人联名签署的反蒋通电，呼吁铲除全国公敌——蒋介石，随后，唐生智又以个人名义发表对时局的讲话，把蒋介石劣政的原因归结为，有谭延闿、胡汉民、王正廷等一班人在蒋介石左右包围着他。

南北方各地实力派的联合，给蒋介石的压力很大。他连忙召集党政要员开会，商讨对策。最后商定，武力方面要争取阎锡山、张学良的支持；在舆论宣传方面由胡汉民负责。于是，蒋介石派吴铁城去东北，以劳军为名拉拢张学良；派内政部长赵戴文回山西劝说阎锡山反唐生智。

为了统一南京国民政府内对改组派的态度，胡汉民在立法院总理纪念周和中央总理纪念周上连续发表演说。10月21日，胡汉民在立法院总理纪念周上发表题为"怎样规律我们的支配欲"的演讲，说汪精卫的领袖欲、支配欲极强，希望他放弃个人的领袖欲、支配欲，勿忘当年孙中山的耳提面命，以恢复本有的革命精神。同一天胡汉民在国民党中央的总理纪念周上演讲，题目是"种种反革命与革命人生观"，其中分析了改组派及国内政治动荡不已的原因，把改组派的政客与所拉拢的军人同外国帝国主义并列，是致使中国政局动荡的三大原因。称改组派的主力人物陈公博、甘乃光等人"专门乘机造谣"，张发奎"头脑简单，性情暴躁，心地狭窄，功则归己，过则归人"。胡汉民在演讲中分析了改组派的成员组成，说其内部军阀政客腐化分子均有，"这样的集合，连造反都够不上，哪里还配说改组。""所谓改组派，除掉造谣生事，挑拨离间以外，别的什么也没有。它实在是买空卖空的。"按照胡汉民的分析，改组派纯是一群乌合之众，他们根本没有资格"改组"国民党，只会给国家、党造成灾难和损失。

汪精卫回国后，胡汉民把批判改组派的矛头直接指向汪精卫，并不断以汪精卫老朋友的身份劝诫他，要爱惜自己的历史，"凡自己出卖自己的历史，消灭自己历史的，旁人一定爱莫能助。历史的造成、保全与光大，完全在自己，如果自己甘心往坏的方向做去，别人虽想替他维护些，也无法办到。"

11月19日，南京国民政府五院院长谭延闿、胡汉民、王宠惠、戴季陶、蔡元培联合签署命令，"查改组派反动机关设在上海，破坏党国。影响颇巨"，"严令上海军政机关……严密侦查封禁，以遏乱萌。"遂封禁了改组派上海总部机关，

蔡元培

把改组派的老巢给端了。

胡汉民对汪精卫软硬兼施，劝告谩骂之后，汪精卫仍然"执迷不悟"。12月，胡汉民又发表讲话，说汪精卫"竟不惜以一身腐恶之大成，作腐恶之傀儡，想与其残余的反革命势力集团——改组派的力量，去断送一切国家民族的利益，而与革命为敌"。称改组派是"集团内一切腐化的反动势力之集大成，形成反革命的联合战线，甘心背弃主义，破坏革命"。胡汉民主张对改组派，必须"予以严正的制裁"。国民党的中常会在胡汉民的提议下，开除了汪精卫的国民党党籍，并通缉全国，送检察委员会。

南北方的实力派虽然扛起了"护党救国"的大旗，但他们犹豫不决、首鼠两端的态度，以及唯利是图的本性，决定他们必然要失败。张发奎起兵后，不是进兵武汉，反而进入湘西，静候陈公博发军饷；俞作柏的部下吕焕炎、杨腾辉、黄权被蒋介石收买过去；改组派在南京策动的军事行动没有取得什么进展；石友三炮轰南京之后，引起南京市秩序的大乱，如果乘机渡江，或有可图，可是炮轰南京之后，即在浦口大肆抢掠，尔后北撤；唐生智还没有采取什么军事行动，就被阎锡山拥护中央的通电，搅得内部四分五裂，成为孤家寡人。到1930年初，改组派在南北方拉起的"护党救国军"，不仅没能护党救国，而且自己倒成了"泥菩萨过河，自身难保"，纷纷各寻出路。喧嚣一时的"护党救国大同盟"便失败了。

## 蒋、阎电报大战，胡助蒋批阎

胡汉民帮助蒋介石度过了内战连绵的1929年，迎来了1930年。新年的钟声并未给蒋介石带来和平的福音，反而面临着更严重的危机。

1930年蒋介石所面临的危机，是以蒋介石与阎锡山之间的电报大战开始的。

阎锡山是个圆滑、狡诈的军阀，极善于投机钻营，能够在各派系的矛盾斗争之中如游蛇一样，回旋于各派之间，寻找自己的利益。曾被人形象地称为政治上的"不倒翁"。1929年，蒋介石战胜桂系、冯系、改组派，阎锡山是一个主要的帮凶。可是，阎锡山的狡猾就在于，他帮助蒋介石的同时，时刻没有忘记自己的利益。在蒋介石进攻桂系、冯系的过程中，阎锡山大耍两面派，阳为拥蒋，阴结为党，想从蒋介石那里得到更多的利益。这一次，阎锡山遭到的是比他更为狡猾的蒋介石，实则吃了大亏。蒋介石曾经许诺给他的河南省没有兑现，反而在消灭冯、桂、唐后，调兵北上，直压晋军防地。蒋介石的愿望是消灭一切地方实力派，桂、冯等兵败后，盘踞山西、河北、察哈尔、绥远等省的阎锡山，便成了他最强有力的对手。阎锡山此时方觉悟到，蒋介石的"大刀"已经向自己的头上砍来。阎锡山便再也不能沉默了。

1930年1月22日，阎锡山在太原补行国民革命军副总司令就职宣誓仪式上，发表了演说，提出要建立一个"统一的国，整个的党"。反对蒋介石把持中央大权，指责蒋介石造成了党的分裂、国家的分裂。蒋介石马上向阎发出警告，称武力平定两广，极有把握，暗含你若反叛，必武力征伐而灭之意。至此，蒋、阎之间的矛盾已经无法掩饰，开始了公开叫骂论战。

2月10日，阎锡山向蒋介石发出"蒸电"，指出造成内战不已的根源是蒋介石。认为蒋介石武力消灭异己的统一政策，不适合于"民主党治之下"的今天。提出解决国是的办法："为今之计，礼让为国，舍此莫由。山窃愿追随钧座，共息仔肩，党事决诸党员，完成整个的党。自此以往，党事国事，完全实行党的决议案"，要求蒋介石"在野负责"，并说："礼让为国，为黄胄民族固有之精神，在野负责，为今日救国唯一之途径"。

蒋介石接到阎锡山"蒸电"后，立即与胡汉民、谭延闿等人研究对策。胡汉民马上发表了《对于阎百川先生最近对党务国事主张的意见》的讲话，反驳阎锡山的主张，指出蒋介石不能下野，阎锡山主张的礼让为国实则害国，"放弃自己的责任和义务，致陷国家民族于万劫不复，则于党为不忠，于国为不义，不忠不义，便是党的罪人，国之蟊贼"。蒋介石也给阎锡山复电，称"革命救国本为义务，非为权利。权利自当牺牲，义务不容诿卸。此时国难正急，非我辈自鸣高蹈之时"。蒋介石反问阎，国家统一除武力外，更有何术？蒋介石还授意何应钦，向阎提出下野问题："百川果诚意下野，尽可径自出洋休息，以息谣诼。若欲为人民服务，则请拥护中央。"南京蒋介石方面与太原阎锡山方面的论战遂成白热化。

胡汉民在这场论战中，着力批判阎锡山，有着精彩的表现。

2月10日，胡汉民、谭延闿等国民政府五院长联名向全国发表《告全国军人文》，针对阎锡山的主张，对全国军人提出四点"劝告"。第一，须视军队为国家之武力，不应视军队为个人之私产；第二，须从保障国家生存之中，求本身之生存；第三，须不存利用别人之心，而后亦可不为别人利用；第四，只求问心无愧，不畏人之灭我。这四点"劝告"，最主要的是第一、第二两点。"我们乃要使军人们认识军队是为国家而存在的，军人的责任，在服从中央，以保障国家的安全，求民族的生存。如果这两点做到，第三、第四两点，自然就不成问题了。"这四点"劝告"集中到一点，就是要服从蒋介石的中央领导，任凭如何也不要起而反抗。

2月15日，胡汉民与谭延闿、王宠惠联名致电阎锡山，指责阎锡山目无国家纲纪，"国有纲维，党有纪律，个人进退，绝无自由"。试图为蒋介石掌握住手中的权力寻找"理论"根据。

2月17日，胡汉民在立法院发表演说，把目前中国纷乱的最大原因归结为"军阀的专横"，再次打出革命的旗号，"革命能成功，必先使一切军人，能先守牢自己的本分，走自己应走的道路"。那么，什么是军人应守的本分呢？什么是军人应走的道路呢？胡汉民认为："军人的责任，在服从中央，以保障国家的安全，求民族的生存"。胡汉民又举出近几年来各实力军人反对蒋介石中央所最终被消灭的下场。半是恐吓，半是警告地说道："好为反侧的军阀，断没有存在的可能。"这是胡汉民告诫各地军人，不要附阎锡山之后而反蒋反中央，否则就要被消灭。

当蒋介石等人声明要以武力对付"称兵作乱"者之后，阎锡山与冯玉祥、李宗仁等四十五人联名通电，提出要以全体党员总投票，来决定中央的权力问题，同时还反对编遣会议上的决定。

2月24日，胡汉民以《阎先生何以走上死路》为题，发表长篇演讲，他分析了阎锡山"反抗中央"的五点原因，其一是自信太过。在过去，阎锡山于各种环境下敷衍事宜，应付有方，"既有了过去十几年的镇定工夫，维持经验，八面玲珑的手段，他便以为自己无事不操胜算，也就无事不可以为所欲为了。"其二是他看人太轻。"阎先生目中看错政府，看轻中央，存心想来篡窃、挟持、玩弄中央,所以现在先对中央反动起来。"其三是他认错了人。别人"拥戴"他,他以为是"好人","倘阎先生定要负起护党的责任,也得自己先估量一下,自己在党内的分际究竟够不够?党的领袖,毕竟与其他的领袖不同,没有历史与人格,是断乎不行的。"其四是他上了别人当。其五是有帝国主义在背后支持、怂恿着他。在分析阎锡山"反抗中央"的原因之后,胡汉民还为蒋介石颂功摆好,说蒋介石"惟有为党国而服务",主席的位置是要为党国服务的,阎锡山提出以礼让为争夺,实是不革命。随着双方的文电大战其矛盾逐渐升级,阎锡山等人也加紧反蒋的军事联络和部署。蒋介石有胡汉民等元老们的撑腰,才敢大言不惭地以国民党中央自居,同时调兵遣将,部署兵力。用武器的批判来代替批判的武器,武力相斗一触即发。

## 中原大战,胡为反蒋派人物"画像"

经过两个多月蒋阎间的电报大战,拥蒋派和反蒋派两个阵营的分野逐渐明朗,对蒋介石不满的地方实力派纷纷发表反蒋的通电,反蒋派正在酝酿着一次空前的大联合。

改组派的上海总部被查封后,其主力人物北上天津,加紧与阎锡山进行联络。他们极力拥阎锡山主持反蒋的政治、军事局面,自己谦称只在党务方面发表意见。原来与改组派势同水火的西山会议派也开始向改组派靠拢,他们两派虽然在争国民党正统问题上暂时仍无法取得一致的意见,但在反蒋问题上却能够合作。阎锡山也把冯玉祥从建安村中请出,二人重归于好,共商反蒋之计。处在困境中的桂系,看到蒋阎关系紧张,很高兴,仿佛看到了自己的希望,便极力推崇阎、冯领导反蒋。李宗仁、白崇禧等五人通电拥阎、冯二人:"百川先生,公忠谋国,普海风从,定战止争,匪伊人任。宗仁等再思筹思,惟有请百公为全国陆海空军总司令,总揽军权。焕章、汉卿两先生,党国干城,勋犹凤著,敬推为副总司令,夹辅百公,借以促成整个的党,统一的国,早日实现。"3月15日,原第二、第三、第四集团军的将领五十七人,由鹿仲麟领衔发表通电，拥戴阎锡山为"中华民国陆海空军"总司令，冯玉祥、李宗仁、张学良为副总司令，刘骥为总参谋长。

1930年4月1日，阎锡山在太原宣誓就任总司令职，冯玉祥在潼关、李宗仁在桂平就任副总司令职。只要反蒋，阎锡山便不问青红皂白，悉数接纳。北洋军阀的旧人物，国民革命北伐的三大敌人之一的孙传芳，5月11日跑到太原，向阎表示愿以在野之身帮助他反蒋，阎锡山立即委任孙为江南招抚使。于是孙传芳去长江以南招抚被蒋介石收编的旧部，又去东北，利用老关系劝说张学良加入反蒋联盟。老军阀齐燮元也被委任为江北招抚使，新旧军阀联合在一起，共同上演着中国现代史上的闹剧。

在反蒋派磨刀霍霍的时候，蒋介石也采取措施，对付反蒋派。他利用中央的名义，下令免去阎锡山的本兼各职，通缉全国。同时加紧军事部署，移兵中原，准备与反蒋派决一死战。

反蒋联合阵线的七十万大军，分布在津浦、陇海与鲁西南、平汉、湖南四个地区。按他们的计划，北方反蒋军攻占济南，会师徐州，进兵南京；南方桂张军北进，与北方遥相呼应，会师武汉，一同推翻蒋介石政府。

1930年5月，双方开始接战交火，中原大战爆发了。

与武力反蒋同时，改组派、西山会议派等积极筹备成立新的国民党中央，与南京国民党中央相对抗，争党务方面的发言权，在几经吵闹之后，改组派与西山会议派总算达成协议：由各方代表召开非常会议，产生党部扩大会议；由扩大会议产生政治会议，对党务进行整理；然后由党部扩大会议召集三全大会与国民会议，解决一切问题。

7月13日，在北平召开了仅有

在中原大战中，任冯玉祥属下第二、第三、第四方面军前敌总指挥的鹿钟麟

国民党中央委员十人参加的国民党中央党部扩大会议预备会，通过了"联合宣言"，宣言中揭露了蒋介石的窃党窃国的罪行，宣布了即将召开的扩大会议的目的，"为本党去此败类（指蒋介石），为国民去一蟊贼，以整个的党，还

冯玉祥潼关誓师讨蒋

之同志；统一之国，还之国民。在最短期间，必须依法召集本党第三次代表大会，解除过去之纠纷，扫荡现在之障碍，……以树立中枢"。

8月7日，反蒋派的"中国国民党中央党部扩大会议"正式召开。会议通过了扩大会议宣言、组织大纲、中央政治会议规章等，还成立了扩大会议的组织机构。扩大会议之后，反蒋派立即筹建国民政府，拟制一份《国民政府组织大纲》，由中央党部推定七人至十一人组成国民政府委员会，下设十一个党部。国民政府委员由阎锡山、汪精卫、唐绍仪等七人组成，阎锡山任主席，并于9月9日9时9分宣誓就职。这样，反蒋派的国民党中央、国民政府便在吹吹打打之中成立了。

军事上的攻势，蒋介石尚能应付得了，而对于政治上的强大的攻势，胡汉民理所当然地挺身而出。反蒋派在北平召开扩大会议预备会议的第二天，胡汉民写了《革命与人格》的文章，发表在南京的《中央日报》上，反驳北平扩会议分子的攻击。7月21日，胡汉民又发表了《辟所谓扩大会议》一文，详细分析了北平扩大会议召集组织到预备召开的经过，把它的性质比作袁世凯时期的"筹安会"，对扩大会议分子中的主要反蒋人物——汪精卫、阎锡山、冯玉祥一一"画像"定性。

对汪精卫，胡汉民把他分为三个阶段进行评说。第一个阶段是1924年国民党改组之前，此时的汪精卫"为人很聪明，做文章也有条理，总理在时，他效忠主义，矢志不懈，不失为本党忠实的同志"。但他有致命的缺点，对

事情"没有研究性",往往随声附和,拿不出固定的主张,自信力太差,对自己的认识不清楚,"所以一离开总理和同志,便寸步难行"。第二个阶段是1924年以后的汪精卫,此时他以极"左"的面貌出现,高喊"党权高于一切""'反共'就是反革命"的口号,"左得要与共产党'通家'",特别是孙中山逝世后。第三个阶段是武汉"分共"后直到现在筹备扩大会议,此时的汪精卫从极左走向极右,"右到与西山会议派合作为阎冯筹安",与以前相比,汪精卫"真令人有判若天渊之感"。他愈走愈歧,甚至把革命事业牵扯到私人的名望上。对汪精卫的画像,可以得出他是个善于多变的野心家,更是孙中山总理的叛徒。

对阎锡山,胡汉民把他描绘为"貌似谨愿,心实阴险","是一把两面刀,动机是想反正都讨便宜,结果是反正都遭失败"。说阎锡山以"礼让为国""联合三届执监"为名,遭到一番批驳之后,便露出了庐山真面目,想"西山会议派可以变作山西派,两点水的冯玉祥和三点水的汪精卫,可归到山西的汾水去"。如此,阎锡山便"既有供他在前线牺牲的人,又有帮他办理所谓党务,以造成叛变的理论的人,于是志得意满决心作孤注之一掷了"。

1927年10月汪精卫、胡汉民、孙科的合影
（自左至右）

对冯玉祥,胡汉民认为,他是"最作伪,最阴险的军阀",经常三反四覆。他利用军人们头脑简单的特点,经常施以小恩小惠,大加笼络,以作为自己的工具。胡汉民借用王正廷的话,说冯玉祥有三不可,一不可做他的上官,做他的上官,他必反你;二不可与他共事,与他共事,他必定害你;三不可做他的部下,做他的部下,他必定以奴役视你。按此说法,谁还敢与冯玉祥接触呢?

胡汉民对汪、阎、冯三人的"画像",有贴切形象之处,也有夸张、不实之处。但其目的只有一个,攻击丑化他们,孤立他们,达到无人敢与他们合作的目的。

军事上,反蒋派开始时曾取得了一些胜利。在淮海、津浦战场上重创蒋军,打乱了蒋介石的作战计划;在两湖战场,桂张联军攻势凌厉,陷长沙,逼近武汉,蒋介石一度乱了手脚。可是,对反蒋派来说,好景不长,随着军事上的一些胜利,内部争权夺利的矛盾也日渐尖锐起来。东北王张学良倒向蒋介石之后,整个中原大战的形势发生了逆转,蒋介石调整了作战部署,在津浦线上,反击攻城,进展顺利,并配以"银弹""肉弹",屡屡击中西北军将领,削弱了反蒋派军队的战斗力,反蒋联合阵线上已经出现了严重的危机。军事上的失利,扩大会议也没有什么作为了,乃以四散逃亡而告终。

汪精卫不甘心没有得到任何好处的结局,在将失败之时,于9月19日提出:"当日最急之务在于除去内战原因",主张立即召开国民会议解决国是,开国民党的三全大会解决党事,颁订约法,"肃清"长江流域的共产党等,企图在赌注尚未全失之时,用呼唤和平来赢取民心,用取消反蒋的口号以在南京政府中获得一点实惠。胡汉民首先揭穿了汪精卫的阴谋,著《和平》一文公开发表,反对战败者谋取和平,认为已经作乱的人,不能与之讲和平,曾经煽乱的人,也不能与之讲和平,因为,作乱的人,因兵败而求和,其目的"是在等他因作战而丧失的力量恢复到相当的程度时,再行作乱"。而曾经煽乱的人,当看到所依赖生存的作乱者行将崩溃,便慌了手脚,高唱虚伪的和平论调,其目的是"渡过目前的难关,再慢慢地求达一己的欲望"。文中还称汪精卫等一班人,是最没有廉耻、最没有节操的。

胡汉民的言论,挡住了汪精卫等的和平攻势。

胡汉民、蒋介石二人的密切合作,"文攻武卫",瓦解了最大规模的反蒋阵线,因次,中原大战的结果,桂张军兵败而回广西老巢,阎、冯的西北军被蒋介石、张学良收编,改组派等扩大会议分子也纷纷逃匿,声势浩大的反蒋大联盟终于以失败而写入史册。

蒋介石之所以能够赢得这场战争,保住自己的独裁统治地位,其中一个重要原因是有胡汉民的支持,有胡汉民为他撑腰。胡汉民在后方,坐镇中枢,缓急相济，维护了南京政局的安定，使蒋介石能够得以专注于军事、专注于前方，取得"讨平变乱"之功。胡汉民后来在回忆这个时期的经历时毫不隐讳地说："前方的形势愈紧急，后方的地位愈危，整个南京城，跑来跑去在党部、政府开会的，几乎只有我一个人。"的确，没有胡汉民的支持，蒋介石无法在对付异己过程中得心应手，所以说，胡汉民是蒋介石的一个不可或缺的重要合作者。在蒋、胡再度合作期间，对地方势力的征战中，胡汉民始终站在蒋介石一边，即使对一直支持自己的广东势力，为了二人合作的中央政府，也不惜拆散粤桂的联合。吴稚晖概括胡汉民在蒋介石对地方实力派斗争中的作用，写了一副对联，十分贴切："在于征桂，则功超言论之外；对待阎冯，则功居后防之先。"

## 蒋以武力奠基，胡以法制反对独裁

蒋胡第二次合作，胡汉民除了帮助蒋介石消灭异己之外，还主持制定了法制，为南京国民政府一系列统治制度的建立做出了重大贡献。

胡汉民与蒋介石的第二次合作之所以能够实现，也正是由于他所提出的一套法制、一套党治理论。而这些法制、党治理论对蒋介石建立独裁统治、消灭异己有用。

胡汉民把进行建设看成是军政时期过后的一项最重要的工作，尤其是制度建设。当蒋介石北伐刚刚完成，在国外的胡汉民便为蒋介石提出了训政时期党与民、政府与民的关系问题，提出了政府治权问题及治权如何行使等问题。他到南京后，立即主持制定了《中国国民党训政纲领》《国民政府组织法》，奠定了以党治国的框架轮廓。同时，胡汉民也因"建国的工程中，重大的规模已具"，为此而感到"庆幸"。所以当训政时期的国民政府组成后，人望颇高的胡汉民没有担任国民政府主席或行政院院长，而是当上了厘定法制的立法院院长。对胡汉民的如此选择，当时许多人都颇为不解，胡汉民却认为"立法院所负责任非常重大"，它要完成立法的大事业。

任立法院院长伊始，胡汉民以极其认真负责的态度工作。他首先提出了极其严格的担任立法院立法委员的标准：

> 立法院立法委员人选标准，当首重其在党历史，必其人曾为党国效忠，在革命过程中，未尝有违背党义之言行，而又有相当学识经验始为合格，由院长提请国民政府任命，并须经政治会议决定，以符党治精神。

按照这一标准，胡汉民提议王用宾、王世杰、朱和中、吴铁城、宋美龄等四十九人为立法院立法委员人选。在用人问题上，胡汉民严格掌握标准。当时，蒋介石的谋士杨永泰想在立法院谋个职位，被他坚决拒绝，并说："杨某昔曾反对孙总理及陷害同志，吾焉能用之。"胡汉民办事认真的态度，曾得罪了国民政府中的一些人，从而在政治上树敌颇多。

而后，胡汉民选定南京城内中正街的候府为立法院办公之址，复又在立法院内设法制、经济、财政、军事、外交五委员会。1928年12月5日，立法院开始办公，在宣誓就职的仪式上，胡汉民要求全体立法院工作人员，"唯有一德一心，不容任何派别的分歧，以求立法效能的增进，不负党和政府的期望。"

王世杰

胡汉民担任立法院院长时并非是一个法律专家，可是，他自主持立法院以来，对立法的精神及立法的理论有其独特的见地。胡汉民非常重视法律工作，认为革命的最终目的是为了建设，而建设中一项重要内容就是法律建设，他曾经说过："法律不能变自然所赋予的男或女，却能变人为非人，或变非人为人。"这里所说的"人"，是指有公民权者；"非人"是指被剥夺公民权者。胡汉民的立法理论核心是把三民主义糅合入各法之中，他还认为，立法不仅不能离开三民三义，同时在立法时要根据时间度、空间度和事实度这三个条件，这样所立的法才能成为具有特色的中国之法。他分析了古今中外的立法原则，得出"中国向来的立法是家族的，欧美向来的立法是个人的"，这些立法原则都是片面的，而我们所要立的法是社会的，"凡社会公共利害有关的事情，都是法律所及的"。因此，胡汉民制定的立法方针是，社会安定为立法之第一方针，经济事业之保养发展为第二方针，社会各种现实利益之调节平衡为第三方针，根据这一原则方针立法，胡汉民满有信心地认为，能够避免以前立法中所出现的偏颇现象，解决中国的实际问题。

胡汉民

把三民主义糅合进各法之中，这是胡汉民立法思想的出发点，这也给他的立法增添了一层"革命的"光辉，增加了蒋胡合作政府的国民党中央的"纯度"。

胡汉民任立法院院长后，制订了六年的工作计划，期望以立法来奠定国家长治久安。在六年中，按照他的设想，要把训政时期的整套民法、刑法等全部制定完成。

为了实现自己任立法院院长期间的立法规划设想，尽早地建立一套完备的法律，胡汉民把主要精力都放到了立法工作上，提出了"严"与"速"的立法工作口号，要求全体立法委员以革命建设的精神，从事立法工作。到1930年12月5日，立法院成立两周年时，立法院总共召开一百二十一次院会，这还不算临时会议，完成的重要法典有民法、民事诉讼法、公司法、海商法、保险法、刑法、刑事诉讼法、土地法、自治法、工厂法、工会法、工商法、商会法、劳动法、出版法等近二十种法律。这样的工作量，对仅有四十九人的立法院来说，效率是很高的，立法院有时一天通过的法律最多时达二百五十余条，通常一天也在百条左右。

这些法律的制定，奠定了国民党统治下的国民政府法律的基础，为稳固蒋介石的独裁统治，提供了法律保证。

在严格要求别人的同时，胡汉民对自己的要求更严格。他一贯工作认真，生活简朴，在立法院院长任上，为奠定训政的基础，花了不少心血，真可说是呕心沥血、殚精竭虑了。他常常早上四点半起床，晚上十时或十一时才睡下。在审议法律条文的日子里，他晚上做梦也在修正条文。胡汉民对工作的态度，他自己曾有过叙述：

> 我的性情，不大愿意管不当管的事，因而对于当管的事，便不敢放松，凡关于党务，目前有在我职分以内的，我不能不负责任，所以无论大小总勉力去做。……同志来专门讨论党务的，我不但愿意多谈，而且谈得非常认真，且一个字也不轻易放过。有许多人以为我这样太认真，而且讲话时的态度，对同志好像对学生一样，未免太过。……但是遇事不敷衍，尤其不说假话，无论如何总是应该的。

胡汉民的这段叙述，比较切合实际。他为了勉励自己，在五十岁生日时曾请人刻了两枚图章："民生在勤""先劳勿倦"。立法院两年所取得的成就，与胡汉民的这种勤恳的作风是分不开的。

蒋胡第二次合作期间，胡汉民除了任立法院院长职和国民政府委员外，还担任了国民党中央执行委员会常务委员、中央政治会议委员、国民政府外交委员会委员、中央民众训练委员会常务委员、中央财务委员会委员、党史编纂委员会常务委员以及国立中山大学董事、北平民国学院董事等。各种兼职，多得令胡汉民感到痛苦，以他认真一丝不苟的态度，各种活动真让他应接不暇，"往往勤了这里，便怠了那里"。

在生活上，胡汉民对自己的要求也很严格，一直保持着俭朴的作风。他的居室不大，衣食不奢，每天食用的仅是八九个鸡蛋，若干青菜咸鱼。胡汉民的俭朴生活，与当时南京政府内众官员广置房产、寻欢作乐、工作敷衍相比，犹如鹤立鸡群，"出乎其类，拔出其萃"。斯时，每逢周末，南京政府中的官员们便驱车赴沪，逍遥去了。在二年又六个月的南京政府任职中，胡汉民从未去过上海。他所信奉的格言是："人的历史，自己创造，自己毁坏。一个人有好的历史自己不毁坏，没有人可以代替毁坏；自己破坏了，没有人可以代替补好。"多年来，胡汉民实践着自己的这一诺言。邹韬奋在《生活》月刊上撰写评论，对胡汉民的作风有过一番称颂：胡汉民较有风骨，同满口大言实际却一团乌糟的大官不同。他在上海租界"无丝毫产业之购置"，"任职新职之后，从未踏到上海租界一步"。

胡汉民工作上呕心沥血，为南京国民政府添置基石，生活上俭朴不奢，以为官之风范。他与蒋介石同是在建构着国民党党治统治制度，虽然他们二人的分工不同，但维护和巩固蒋胡合掌的国民党统治的目的是一样的。

## 七 蒋胡斗法,胡汤山被囚

## 胡想当"伊斯墨",蒋不做"基马尔"

蒋介石、胡汉民实现第二次合作,源于他们共同的利益,但他们二人又都怀揣着个人的目的,胡汉民醉心于土耳其革命之后的政治格局,幻想着入南京后做中国的"伊斯墨",期望蒋介石在功成名就之后隐退,做名义上的领袖"基马尔"。可是,胡汉民的如意算盘打错了。蒋介石不甘心做中国的"基马尔",而要做大权独揽的袁世凯,胡汉民自然也就做不成中国的"伊斯墨"。当二人各自的利益发生撞击的时候,矛盾就会爆发,合作就会破裂。

蒋介石、胡汉民二人之间的矛盾冲突首先表现在一些具体问题上。

胡汉民是中国传统型的知识分子,有正义感。但他言语尖刻,固执己见,气量狭窄,恃才傲物,"弹谬纠邪,更是随时随地,绝无避忌。"从个人品德来说,值得称道。可是,在政治上需要的是圆滑而通达,既要工于心计,又要八面玲珑,这正是胡汉民所缺少的,也是他所反感和反对的。蒋介石曾混迹于上海的十里洋场,在政治上他能够利用各方矛盾,纵横捭阖,大耍政治魔术,打拉结合,疏亲相济,把权术应用得潇洒自如,表演得淋漓尽致。胡汉民主张用国民党所谓的"大义"去说服人,蒋介石则用权位来诱惑人。

1929年3月,武汉事起,蒋桂战争爆发。为了拉找冯玉祥,孤立桂系,蒋介石给了冯玉祥几个部长委员的席位,胡汉民当时即表示反对。后来蒋冯矛盾爆发,冯玉祥开始反蒋介石。蒋介石又想用同样的手段拉拢阎锡山,任命他为国民政府陆海空军副司令,任命他的部下赵戴文做监察院院长、赵丕廉做内政部长。在尚未公布之前,国民政府主席谭延闿向胡汉民透露了蒋介石的想法,并叹气道:

"从前给冯焕章的,现在又可以给阎百川,这种做法,怕不对吧!"

胡汉民马上接着说:"何止不对,而且不该。"

不几日,蒋介石为此事特来征求胡汉民的意见。胡汉民详陈利害,极力反对。但是,蒋介石征求胡汉民的意见只不过走走过场罢了,胡汉民极力反对也是无济于事的,况且,决定政府的人选,本是行政院分内之事。

后来，中原大战爆发，阎锡山果然又反对南京政府。蒋介石又把陆海空军副司令的职衔给了张学良。1930年冬，张学良来到南京，蒋介石怕胡汉民再公开反对给张学良等人的职位，便约戴季陶、吴稚晖一同去胡汉民处疏通，并异口同声地说："现在要与汉卿合作，非这样办不可，胡先生以为如何？"

孙中山与吴稚晖父子1909年摄于伦敦

胡汉民仍然反对道："在一个政府立场，不应该用这种拉拢凑合的卑劣手段，我们不能自己做郑庄公，把人家当公叔段。在过去，把这种手段施之于阎冯，我已经反对，现在施之于汉卿，我也当然反对。我以为合作并不在分配官职，国家的名器也不应该这么滥给人，而且既然是一个中央政府，在'中央'的意义之下，对于国内的任何个人都谈不到什么'合作'。"

这番话，是在反驳蒋介石任命张学良为陆海空军副司令员的意见，蒋介石面露愠色，站起身来，说："胡先生向来看功名权力之事，不是很平淡的吗？何以对于几个国府委员和部长之类，竟这么隆重起来？"

胡汉民认真起来，立即反驳道："把功名权力之事看得平淡，这是我对于我自己。把国府委员和部长之类看得隆重，这是我对于国家的名器，前者是个人的立场，后者是国家的立场，这其间显然不同。我不是无政府主义的标榜者，因此，看重国家，看重政府，不肯随个人好恶，把名器滥给人。尤其不能把国家名器做拉拢私人的手段。我最痛恨的，是自己标榜无政府主义，而实际则热衷利禄，无所不至，标榜无政府，却滥窃政府名器，这类人，其心尤可诛！"

尖刻的言语，得理不饶人的咄咄之势，让蒋介石下不了台。这场谈话，只好不欢而散。

过了几天，王宠惠来告诉胡汉民：

"为了胡先生反对把几个委员部长给汉卿，蒋介石发愤要辞职了。"

胡汉民毫不介意，很认真地对王宠惠说：

介石要辞职，何必告诉我，我只问道理对不对，政府像不像政府，其余的，我都不管。他们闹这些，全没体统，这些冒牌的无政府主义者，尤其虚伪得可恶。……我怕介石辞职，便不讲话了吗？……我也请你告诉他们：第一，我们爱护汉卿不在给他做副司令，或分他几个委员部长。汉卿年纪还轻，前程很远大，我们要好好地训导他，使他明白革命大义，将来能为党为国出一番力，这是爱人以德，不是啗之以名利。第二，这些把戏，过去施之于阎冯，现在施之于汉卿，汉卿若聪明，他何尝不会知道这是我们虚伪的羁縻手段，他知道了，将以我们为如何人？汉卿若不懂，我们用这种手段去欺骗人，我们居心如此，又自以为如何人？总之，无论论事论理，我对于这种办法，绝没有可以苟同的地方。

胡汉民终没有同意蒋介石的做法，蒋介石也终没有辞职不干。可是，二人之间的矛盾冲突却不断地爆发出来。

对蒋介石插手党务，胡汉民也公开表示了不满。有一次，在中央党部的会议上，已经通过了一项议案。陈立夫却说："还得问问介石的意思。"胡汉民听后，不以为然，站起来转身而去。过后，胡汉民在中央党部对陈立夫抱怨说："其实机关都可以不要，只存一个陆海空军总司令部便可以了。既简捷，又经济，这样一实行，对于减少目前的财政恐慌，大概也不无小补！"

胡汉民以为，党有中央党部，国有国民政府，军有陆海空军总司令部，应有专司，军不能干政，否则，蒋介石事事都过问插手，这岂不是在政府党外，有一个太上政府和太上党部了吗？

在某些外交问题上，蒋介石与胡汉民也有分歧。1929年，蒋介石为了讨好日本帝国主义，与之签订了《关税协定》，把有关税利拱手让

陈立夫

与日本。这个"协定"是在没有通过立法院的情况下签订的。胡汉民知晓后，以立法院的名义提出质询，认为签订法律，不经立法院的认可，就是违法。况且《关税协定》出卖了中国的利益，这与中国关税自主的政策是相矛盾的，并主张对签约者按照国家的法律，给予撤职查办的处分。"协定"的签订是按照蒋介石的意见，对签约者法办，等于问责蒋介石。蒋介石此时正在前线指挥军事，看到立法院的质询后，立即打电报，不满地问胡汉民："军情紧张，胡先生这样干，是不是想推翻政府？"

胡汉民据理反驳："提出质问，是立法院职责所在，我职责范围内，我不能不问，不能因为提出质询，就说想推翻政府。"

胡汉民毫不隐瞒、直率地对待事情的态度，经常给蒋介石难堪，蒋胡间的摩擦时有发生，经日积月累后，势必要酿成一个大矛盾的爆发。

另外，蒋胡二人怀着不同的目的进行合作，二人合作是有保留的。1928年的合作，对于蒋介石来说，是想利用胡汉民这面国民党历史上元老的旗帜，对付反对派，最终实现建立独裁政治的目的。蒋介石是既要胡汉民等政客来为自己撑门面，稳定后方，在敌手的攻击面前充当"挡箭牌"和"冲锋者"；又不要胡汉民成为自己最终攫取掌管一切大权的障碍。胡汉民打着"训政"的旗帜，高喊着"以党治国"的口号，而走入南京再次与蒋介石合作的。其实"训政"和"以党治国"是国民党专制统治的两个代名词。胡汉民把自己看成是孙中山的真正唯一的信徒，是国民党的真正化身，利用"以党治国"来实现自己对国民政府政权的掌握。所以胡汉民到处宣传土耳其革命后的政治格局，在合作之前，胡汉民就曾多次对人说过，所希望帮助的人是基马尔

而不是袁世凯,如果所帮助的人要做袁世凯,"我将绝不犹豫地反对他",任何牺牲也在所不辞。

胡汉民想当伊斯墨,蒋介石却不做基马尔,一心想当大权独揽的袁世凯,如此各怀己愿,二人合作终会破裂。

## 胡公开反对蒋当总统

中原大战后,握有兵权的地方实力人物冯玉祥、阎锡山相继下野,李宗仁也因兵败寓于西南一隅,改组派汪精卫等也因北平扩大会议的夭折而有所沉寂。蒋介石战胜了众敌手,好不春风得意,他自以为,"此次讨逆战事后,深信本党统一中国之局势已经形成,叛党乱国之徒,今后决无能再起。"他环顾中华大地,主宰九州者,舍我其谁?于是,他便做起总统之梦来了。蒋胡斗法也因之开始。

1930年10月3日,蒋介石从前线向南京发回两封电报。一封给南京国民政府,主张有条件地进行"大赦",以造成一种统一安定的和平之象。另一封给国民党中央执行委员会,其中云:"中正以为目前第一要务,为提前召集第四次全国代表大会,确定召集国民会议之议案,颁布宪法之日期,及制定在宪法颁布前训政时期适用之约法。"

10月3日的电报韵母为"江",蒋介石的电报又称"江电"。"江电"成为蒋胡斗法的导火线。

蒋介石这时发出"江电",还有另外两点原因。第一,抢先提出召集国民会议,制定约法,是想在政治上争取主动,为日后当上总统创造条件。第二,汪精卫在北平召开扩大会议时,冠冕堂皇地提出按照孙中山总理的建国学说,召开国民会议的时机已经成熟,并制定了共有八章211条的约法草案。汪精卫打着孙中山的旗号,利用人们普遍反对专制独裁的心理,因此得到了一些人士的赞许。蒋介石在赶跑了汪精卫之后,便提出了上面的主张,不但能迎合部分人的心理,还能实现当上总统的愿望。

当时在南京主持国民党中央常委会的胡汉民,接到"江电"后,不以为然，曾告诉中央通讯社长萧同兹不要把"江电"原文向外发表。胡汉民说："要等到中央常委会讨论决定后，才可公开。"因为，胡汉民正准备着在立法院总理纪念周上批驳汪精卫的召集国民会议时机成熟论。所以他不同意蒋介石提出召开国民会议制定约法的"江电"主张，同时他也并不因为蒋介石的主张而改变对汪精卫的批驳。10月6日，"江电"发出的第三天，胡汉民在立法院总理纪念周上，发表了"国家统一与国民会议之召集"的演讲。

在演讲中，胡汉民以汪精卫主张召开国民会议，制定约法为靶子，进行了批驳，指出孙中山总理提出了召开国民会议，"其目的就是要将对内对外的方针征求全国国民的公意。对内就是不但要消灭军阀，尤在军阀覆灭之后，使永无同样继起之人。"孙中山逝世后，我们在粤的同志，在不停地做促成国民会议召开的工作，可是条件一直未具备，军阀一直在作乱。胡汉民说："我们要开国民会议必须有先决的条件，申言之，即须各地方脱离了军阀的淫威和压追，社会已暂趋安静，然后各地人民团体才能安全的推派代表，组织国民会议，使国民得尽量发挥自己的意见，供政府采择，而为人民谋切身的利益。"胡汉民认为，在新旧军阀称兵作乱的情况下，召开国民会议的时机并没有成熟，如果现在召开国民会议，那就是"痴人说梦""来开国民的玩笑"。至于制订约法，胡汉民认为："更是胡闹，因为总理临终的遗嘱，明白要我们大家'务须依照予所著建国方略建国大纲三民主及第一次全国代表大会宣言'。我们在第三次全国代表大会中且已决议将总理所著的这种主要遗教定为效力等于约法的根本大法，如果于此之外再要有所谓约法，那岂不是要把总理的遗教，一齐搁开，另寻一个所谓约法出来吗？"言之据理，掷地有声。

胡汉民的讲话虽然表面上是驳斥汪精卫召开国民会议的主张，但是在蒋介石发出"江电"之后，仍然有此论调，这不能不让人深思，实际上这也是对蒋介石召开国民会议制定约法建议的明确表态。

蒋介石没有把南京国民党中央的其他人放在眼里，更没有料到胡汉民会发表与自己建议相悖的讲话，他很气恼，便不待南京国民党中央通过，自己把这个通电交给上海各报刊发表。一向认真的胡汉民对蒋介石目无中央极为不满。

11月12日，国民党三届四中全会上，蒋介石和胡汉民的矛盾冲突再次表现出来。

三届四中全会主要是讨论召集国民会议及制定约法问题。而胡汉民所致的《四中全会的几个重要任务》开幕词中，对国民会议及约法一事只字不提，反而说四中全会的任务是"须严正检查过去，策励将来"，此次大会是继往开来的一大关键，并且还对蒋介石插手党务、兼职过多进行了旁敲侧击。胡汉民举了一个例子，说有一位很高明的飞行员自恃驾驶飞机的技术精湛娴熟，便去开他根本不熟悉的汽车，结果，撞死了许多人。他用此例联系国民党的实际状况，说道："若干负党务政治责任的人，一定有很多犯了以飞行家开汽车的毛病。"这种毛病具体表现为："军事刚刚结束，一切党务、政治人员精神上也一时不易回转到和平与建设上来，仍旧是用他们在前方处理战事的办法来执行事务。"对于国民党内的兼职之风，胡汉民也进行了讽刺批评，说"兼职的结果，一定注重了空间，忽视了时间，换言之，要做的事太多，而所谓的时间不多"，"这在党政前途，是何等的危机！"胡汉民在讲话中虽没有点名是谁犯了这样的错误，但谁都清楚胡汉民指的是谁，因为指挥前方军事的就是蒋介石。这实际上是在告诫蒋介石，不要把手伸得过长，去管那些不属于自己的分内之事。

对胡汉民的攻击讽刺，蒋介石并不甘心，他主张召集国民会议制定约法的主意未变，指使人向会议提出了《请速召开国民会议制定约法案》。这项提案洋洋洒洒万余言，除了强调要召开国民会议制定约法外，为了驳斥胡汉民的主张，还提出了五点理由。第一，召开国民会议制定约法，均属总理遗教，虽然被倡乱者所利用，但政府仍要遵守。第二，为了使国民党与人民关系日臻密切计，除召开国民会议外，别无他途。第三，国民会议与孙中山建国大纲上的国民大会根本不同，国民会议的目的是让人民认同党的主义政纲，增进党与国民的团结。第四，训政时期应有约法一说虽不见于总理遗嘱，但在以前，总理有过此种主张，孙中山的主张，不能仅限于遗嘱及建国大纲。第五，三全大会虽然确定了孙中山的遗著为训政时期最高之根本法，但是根本之法的目的，是为了实行，必须确切明朗，才能够易于共习共守。因此需要制定约法。

这个提案，胡汉民认为很烦冗，且第五点所云已由三全大会议决，因此主张不必讨论。胡汉民的意见激怒了支持蒋介石的李石曾、吴稚晖等人。李石曾说提案不予讨论，等于剥夺了他人言论自由权。吴稚晖大谈总理主张，把召开国民会议，制定约法看成是实现党义治国的最佳途径。胡汉民看到这个提案不讨论是不行的，便发言反驳这个提案。说孙中山提到的约法，在同盟会四纲宣言中说得已经很清楚，其中有"凡军政府对于人民之权利义务，及人民对于政府之权利义务，悉规定于约法"。如果现在还要约法，岂不是现在还应该有军政府吗？

如果有人要在孙中山总理遗著主张中与胡汉民辨是非，那可真是小巫见大巫了。以胡汉民对孙中山先生遗著的"精通"程度，在国民党内很少有人能与之匹敌。主张召开国民会议制定约法者最后只好让步，国民党三届四中全会在吵了六天之后才闭幕。会议只决定于1931年5月5日召开国民会议，至于制定约法一事，没有通过，只得缓议。

国民党三届四中全会后，蒋介石与胡汉民二人的矛盾更加表面化了，似乎已无法调和，二人公开唱对台戏。

1931年元旦，胡汉民发表了《我们今后的任务》一文，称今后唯一的任务是协助人民筹备地方自治。而在同一天蒋介石发表的新年文告中，提出新一年最重要的两件事：一为敬教，一为劝农，二人意见相左甚远。

1931年1月5日，胡汉民在立法院总理纪念周上发表题为《遵依总理遗教开国民会议》的演讲。指出，关于国民会议的一切，无论是会议前的召集，还是会议中的讨论，必须完全遵循总理遗教。这就是说，孙中山主张国民会议是以

蒋介石与张群1960年在台湾

全国已有职业团体的代表组织的,它根本不同于国民大会。因此国民会议无权制定约法。同日蒋介石在国民政府总理纪念周上,报告了本年度政府最重要的两件工作是:召开民会议,废除不平等条约。

1月11日,胡汉民召集国民会议方案起草委员开会,审查《国民会议组织法》,他又一次讲到了国民会议的目的在于"谋中国之统一与建设""对内解决民生问题,对外打倒列强政治经济的侵略""博采国民对今后政治的意见"。胡汉民虽然同意召开国民会议,但与蒋介石主张的国民会议不同,而是坚决不主张在国民会议上产生约法。

为了说服胡汉民同意在即将召开的国民会议上制定约法并争取到胡汉民更多的支持,弥合二人之间关于召开国民会议制定约法一事上的意见分歧,2月24日,蒋介石约胡汉民、戴季陶、吴稚晖、张群等人去谈约法问题。从所邀约的人来看,只有胡汉民一人反对制定约法,其余的人皆附和蒋介石,不免要有场舌战了。张群先鸿篇大论地阐述他的"立宪救国论",胡汉民听得不耐烦了,便驳斥他说:

> 我并不是不主张约法和宪法,我自信是真的为约法宪法而奋斗者。实在说一句,当开始反对清,提倡民权主义的时候,我还不知道你们何在?而且也无处去认识你们。我维护民权的意思并不会比你们减少,而且还比你们热烈。……我在立法院未尝不可大出风头,立出一个约法宪法来,但立出一个约法或宪法来,是不是算实行了民权主义呢?……现在各项法律案还没有完备。已有的,又因为军权高于一切,无从发挥其效用。徒然定出根本大法来,有而不行,或政与法违,不但益发减低了人民对党的信用,法的本身也连带丧失了价值。所以我不主张马上有约法或宪法,不但是为党计,为法的本身计,甚至也为了目无法纪者的军阀自身计……

胡汉民批驳得张群哑口无言。戴、吴也自知敌不过胡汉民,说服变成了被说服,戴、吴二人只好敷衍着赞成,蒋介石也说:"很是,我们只有照胡先生的话去做。"

蒋介石约胡汉民谈制定约法的第二天，胡汉民以为蒋介石等人已被自己说服，遂把反对国民会议制定约法的理由公布于大众，对《中央日报》的记者说："我追随总理数十年，总理之重要著作，我亦曾参加若干意见，从未闻总理提及'国民会议讨论约法'一语。总之大家应该明了国民会议是国民政府根据总理遗教召集，其讨论范围，曾经总理手定：（一）谋中国之统一；（二）谋中国之建设；（三）废除一切不平等条约。假使对总理遗教全部有深刻之认识，断不致对国民会议之召集发生误会。"

时至此，蒋胡斗法已到了白热化的程度，二人之间的分裂已经无法挽回了。

## 为总统梦翻脸，胡成为蒋的阶下囚

随着召开国民会议日期的迫近，胡汉民反对制定约法的主张也越来越坚定，如果再任凭胡汉民自由地发表意见，蒋介石的一切计划和愿望就会泡汤。况且，根据陈果夫、陈立夫两兄弟掌握的情况，参加国民会议的各地代表的选举情况对蒋介石非常不利。多数人将倾向于胡汉民，据估计，如果投票选举，蒋介石只能得百分之三十二的选票，胡汉民能得百分之六十八的选票。

面对这种情况，蒋介石非常着急，忙召集左右亲信开会商讨对策。最后采纳吴稚晖的意见，由他出面劝说胡汉民让步，不要再与蒋介石唱对台戏。当吴稚晖登门劝说时，胡汉民不但不听，反而痛斥他是无耻之徒。蒋介石见此计不成，又向众亲信问计。蒋介石的盟弟戴季陶献上一计，把胡汉民扣起来，强行让他闭嘴。无可奈何，蒋介石搬不掉胡汉民，他就无法当上总统。为了当上总统，他已顾不了那么多了，只好采用此计。

1931年2月26日，蒋介石向胡汉民发出请柬，邀请胡汉民于28日晚到总司令部参加晚宴。蒋介石已经设计摆下了"鸿门宴"。

胡汉民接到了蒋介石的请柬，没有考虑太多，万没有想到这是一场"鸿门宴"，决定赴宴。2月28日，是立法院例会的日子，讨论银行法案，这一天，胡汉民很忙，从早到晚一直主持会议，到了晚上八点钟，还没有讨论完，胡汉民想到有蒋介石的邀约，便宣布休会，然后驱车前往总司令部赴宴。

总司令部与蒋介石的住所相邻，一般总司令部请客，宴会在总司令部内，而款客却在蒋介石的住宅。胡汉民像平时一样，先去蒋介石的住处，大约八时四十五分，到了蒋住处门口，胡汉民的座车刚刚停下，蒋介石荷枪实弹的卫队就围了上来，先引走了他的八名警卫。胡汉民自己拿着呢帽、手杖走进客厅。看见戴季陶、朱培德、吴稚晖、何应钦、王宠惠、叶楚伧、刘芦隐、陈果夫、陈立夫等人都聚在客厅中。叶楚伧看见胡汉民到了，大声说："好了，胡先生到了。"算是打了招呼。这时，国民政府秘书高凌百迎了出来，接过呢帽、手杖，把胡汉民领入另一个会客室。

在这个会客室中，只有首都警察厅厅长吴思豫在静静地坐着，见到胡汉民进来，忙起身让座。这时，门口又来了两个卫兵守住。胡汉民看到情况有异，脸色骤变，进门后一声不吭，在室内背着手踱来踱去，过了一会儿，才到室内正中位置坐下。待胡汉民坐定后，高凌百、吴思豫一同站到胡的身后，二人忸怩了半天，方由吴思豫递给胡汉民一封很厚的信，胡汉民也不言语，接过信后，撕开便看，信中说蒋介石如何崇拜胡汉民，说除了孙中山总理之外，胡汉民是第一个为蒋介石所尊重崇拜的人。信中还说，胡汉民近来反对政府，反对蒋介石，无论在党务政治方面都处处与蒋介石为难。并罗列了胡汉民的几大罪状，如勾结许崇智、运动军队、包庇陈群和温建刚、反对约法、破坏行政等，此信不是蒋介石所写。但蒋介石在胡汉民的罪状之下都写有许多注，其中有："先生（指胡汉民）每以史丹林（即斯大林）自命，但我不敢自称为托罗斯基（即托洛茨基），中正欲努力革命，必须竭我能力，断不敢放弃自身责任也。"信的最后，有蒋介石的亲笔署名。

看罢信，胡汉民又气又笑，马上对高凌百嚷道："找介石来，我有话说。"

高、吴二人搪塞说，蒋介石正开会，没有时间，请胡先生先吃饭吧。一边说，一边传人开饭。胡汉民正色而认真地说，我不想吃饭，要等介石来。僵持中，邵元冲马上过来打圆场，在胡汉民的一再逼问下，邵元冲只好说出蒋介石的意思："蒋先生想胡先生辞立法院院长。"胡汉民一听更是气愤，"何止辞立法院院长，我什么都可以不干，组庵未死时，我已经说过辞职了。但必须找介石来，这样便可以了事了吗？"

蒋介石用这种流氓手段逼迫胡汉民就范，他也自知不光彩，心里发虚，更不敢面对胡汉民，所以他迟迟不露面。胡汉民再三强烈要求见蒋介石，蒋介石一看挨不过去，才在深夜十二点带着侍卫长及十几个卫士来见手无缚鸡之力的胡汉民。

胡汉民劈头便问蒋介石："你近来有病吗？"

蒋介石不知何意，答道："没有病。"

"那很好，我以为你发了神经病了，"胡汉民开始滔滔不绝，"你给我的信，我已经看了，但你何所据而云然？你应该明白告诉我，你说我勾结汝为，这是什么根据。……汝为在党是一个同志，在私人是数十年共患难的朋友。就党的历史来说，你配说我勾结他吗？退一步说，从十七年到今天，我没出过南京，汝为也没到过南京，我何从同他见面？你拿证据来，证明我有和汝为通信通电，甚至勾结了搅些什么事出来，这才算事实。做一个人，想说话，不能这样不负责任。"

蒋介石想分辩："撤销汝为通缉令，不是胡先生也赞同了吗？"

胡汉民一连串的反问之后，并没有给蒋介石分辩的余地，不容他说话，"原来你这么幼稚！下一个通缉令，于汝为何损？撤销一个通缉令，于汝为何恩？我觉得你们之所谓通缉与否，狐掘狐埋，根本不值得重视。且就事实来说，撤销汝为通缉令，是谁提议的？溥泉（张继，字溥泉）提出，静江、雪竹（何成濬，字雪竹）附和，你是会议主席，同意通过了的，与我何干？我看这类案简直小孩玩的把戏。既不值得我赞同，也不值得我反对，即使我赞成或反对，也不过是相当的罢了。你何以不去问问溥泉、静江和雪竹，是不是为了勾结汝为，才主张撤销他的通缉呢？"

"再说到运动军队，那在你心目中，一定有你的军队和我的军队了。你的军队是些什么人？你发电或找他们来问一下，问我对他们说的是些什么

邵元冲

七 蒋胡斗法，胡汤山被囚

话？我从不同人密谈，我的事无有不可公开。如果敬之（何应钦，字敬之）、益之（朱培德，字益之）、经扶（刘峙，字经扶）、雪竹……算你的军队中人，那我告诉他们的话，不但可以公之于天下，而且可以刻之为'军人格言'，如果你以为真如（陈铭枢，字真如）、伯南（陈济棠，字伯南）是我的军队中人，那我对他们又说了些什么话？你可以派人到立法院搜检我的文电，讯问我的办理文件者，否则，你也拿出证据来。"

说到勾结陈群、温建刚，胡汉民驳辩说，他根本不认识温建刚，陈群任党史编纂委员会编纂，也是陈果夫、陈立夫介绍并与之商量好的。

蒋介石给胡汉民加的勾结许崇智、运动军队、包庇陈、温二人罪状，一一被胡汉民驳倒。蒋介石无话可说，迟疑了一会儿，才说："胡先生，你反对我的约法呢？"

胡汉民一听到"约法"两个字，更是动了气，"你的约法吗？你有你的约法给我反对吗？开国民会议是一回事，订约法又是一回事。我在立法院纪念周上公开演讲'遵依总理遗教召开国民会议'，这有错误吗？不依总理遗教来召开国民会议，可以冒牌算总理主张的国民会议吗？我在《中央日报》发表的谈话，有谁敢说我不合总理的遗教吗？关于约法并不是我个人反对。稚晖、季陶、亮畴（王宠惠，字亮畴）和你，……又何尝赞同了？国民会议不讨论约法，是中央党部的决议，即使我首倡，但你也附和了，既经成为党的决议，便不是我个人的主张。再退一步说，你前四天不还是赞同不要约法吗？何以你今日又变卦了？到底是今是而昨非呢？还是昨是而今非呢？"

连珠炮似的诘问，蒋介石回答不上，便说："胡先生讲话，向来那么严正，我既不会说话，自然只有赞同。"

"你这个人竟这么奇怪。这样的大事，既已赞同，不久便可以算我反对。你究竟是什么居心呢？即使你可以操纵一个国民会议，定出一个约法来，这个约法的价值，又究竟何在呢？"

约法制定出来，当然对蒋介石有很大的价值，他可以根据钦定的约法登上总统的宝座，既可以大权独揽，又可以名正言顺。这话不便说出来，蒋介石抛却这一点，再言胡汉民的其他"罪状"，与行政院为难，交通部的邮政储金法交到立法院至今还没有拟定等。

胡汉民觉得这更不值得一驳。因为邮政储金法未通过前已经设立了邮政储金局，不责备交通部违法，反倒说立法院与行政院为难，"你不懂立法与行政的道理及其相互间的关系，便不配责人。"

所列"罪状"——被胡汉民驳得蒋介石哑口无言。蒋介石岔开信中的内容，强词道："不过胡先生常常严责党务政治工作人员也太过。这些人都不自安，对于胡先生，恐怕印象也不好。"

胡汉民说："我严责这些人，正是我看重他们。任情胡为，擅离职责，国家体统何在？这批人还不该受我的教导吗？"

"胡先生责备他们，还不如责备我吧！"

蒋介石此话一出，又引出了胡汉民长篇大论："他们且不能责备，何况你？我亦未尝不责备过你，但可惜你不能听受，转而发生其他感想罢了。"胡汉民从1927年合作谈起，如何尽瘁为公，又如何视权位为粪土，帮助蒋介石成为中国的基马尔。最后忠告蒋介石："你现在不是想做袁世凯，何至于怕我反对！而且你如果想做袁世凯，那就反对的人多得很，不仅是我。"

这正揭露出蒋介石的野心，但做袁世凯是千万不能说出的，他连忙辩道："胡先生反对我，但我只想革命，何尝要做袁世凯。不过胡先生何以反对汉卿（张学良）呢？"

"反对汉卿什么呢？"

"胡先生不赞成给汉卿做陆海空军副

张学良就任国民政府陆海空军副总司令典礼，右为张群，左为吴铁城

司令。"

"不错，我的确不赞成。但这是行政院的事，我无从干预。我虽然反对，你们还是那样做了。我不赞成，为的是顾惜国家名器。做一个政府，不应该常常以自己为郑庄公，把人家当公叔段。你这一套把戏，施之于冯焕章，施之于阎百川，又施之于汉卿，我以为不对。……我不是反对汉卿，是爱惜汉卿，尤其是爱惜国家名器。我更以为行政治军，用不得这种卑鄙的手段。其次，假如我真要运动军队，有所企图，我正该交好汉卿，做一套'远交近攻'的政治策略。但天下人都会知道我并不是这类人。"长时间的讲话，使胡汉民感到心力交瘁。蒋介石又如此强词夺理，紧紧缠住自己不放，胡汉民也知道在蒋介石的控制下，身不由己，任何抗辩都无济于事。便赌气说："去年组庵在世时，我已经说过'不干'了。从今天起，我什么都可以不问。"

蒋介石盼的就是胡汉民的这句话，他摆下"鸿门宴"，就是逼迫胡汉民辞职，把他软禁起来，不让他再发表反对国民会议制定约法的言论。蒋介石便立即接着说："胡先生能辞职，很好。"这句话太露骨了，蒋介石也觉得过于直率，又马上虚掩道："但不能不问事，我除总理以外，最尊敬的便是胡先生，今后遇事，还是要向胡先生请教。今晚胡先生火气太盛，我又不会说话，讲什么事，向来辩不过胡先生。不过我蒋中正断不肯冤枉胡先生。如果冤枉了胡先生，我蒋中正不姓蒋。"

谈话到此，应该结束了，因为结局已经定下了。这时，胡汉民那种文人之特性又显露出来，不服输地对蒋介石说："你不对，只有我教训你。除我以外，怕没有人再能教训你了。你不当以为我不敢教训你。如果我畏死，也不至今日才畏死，早就不出来革命了。我现在已经五十余岁，妻子老了，也能自立，女儿大了，也已出嫁。我更脱然无累。除党国以外，更有什么值得我置念的？"话中有硬有软，既表示出对蒋介石的淫威不畏惧，又表示出仍要为党为国而"置念"。

蒋介石目的达到之后，不管胡汉民如何说，他都不再理会，只道了声"休息"，便与卫士离去。

持续两个多小时的辩论，大部分时间都是胡汉民在说话，他已经唇焦口燥。这样的结局，对他的精神打击太大了。在蒋胡第二次合作之前，胡汉民虽然预想到自己所帮助的人或成基马尔，或变为袁世凯。但果真成了袁世凯这样的事实，是如何也不好接受的。况且，竟来得这样快，军事统一方刚刚完成。因此，蒋介石一离去，他像泄了气的皮球一样，无力地坐在椅子上，他的精神垮了，整夜都没有吃睡。

3月1日早上，胡汉民写了辞职书和一封给蒋介石的信。辞职书的内容很简单，只写道："因身体衰弱，所有党部政府职务，概行辞去。"给蒋介石的信中说："我平生昭然揭日月而行，你必有明白的时候，……今后必将以数年之时间，度我诗人之生活也。"信末还附有："留居此间，室小人杂，诸多不便，能往汤山亦好。"

被软禁在南京郊外汤山的胡汉民

这一天上午九时多，吴思豫、邵元冲率十几名兵警押送胡汉民来到了汤山，软禁在汤山街165号总司令部俱乐部内。后来由于胡汉民身体状况急转直下，向蒋介石报告了病情，蒋介石才特许胡汉民于3月8日回到南京鼓楼附近的双龙巷住宅内，但仍被软禁。

胡汉民遭软禁一事，史称"汤山事件"。汤山事件，标志着蒋胡的第二次合作彻底破裂。

## 八　宁粤对立，蒋被迫下野

## 汤山事件使蒋极为被动

扣押立法院院长胡汉民的汤山事件，若只按照胡汉民的辞职书的寥寥数语对外公布，会引起社会上种种猜测，实在无法向社会各界交代。怎么办呢？需做一些掩饰。1931年3月1日，蒋介石控制的各报纸，纷纷登出了经修改后的立法院院长胡汉民请求辞职的"辞职书"，在胡汉民自己写的辞职书上加上"况国民会议开会在即，尤不胜繁剧"等语，称胡汉民因在2月28日会议上与蒋政见不一，争论之下，气愤不已而提出辞职，避居汤山。

3月1日，蒋介石又派戴季陶、吴稚晖二人再来探一探胡汉民的底，看他是否已经屈服了。戴季陶先对胡先生开口说话，劝他以后学佛。胡汉民对戴季陶等人与蒋介石沆瀣一气本已十分不满。听了戴的话，便硬邦邦地回敬道："我已经成了神，为什么要学佛？《左传》说：'神者，聪明正直而一者也。'像我这个人，不是聪明正直而一者吗？"看到胡汉民真要动怒，吴稚晖婉然劝道："胡先生，不必动怒，这种事应该看破些。我有一个朋友，胸襟潇洒，从不想做事，在部当一个挂名差事，每月拿几百块钱，东走西宕，他说'中国的政治还搅不好，有什么事可以做的。让他们在台上做戏，我们在台下看戏，不很舒服吗？'我也是抱这个主张。中国的事，无论如何是弄不好的。"吴稚晖的话，更加激怒了胡汉民，他认为戴季陶的话可笑，吴稚晖的话简直就是无耻，便怒斥他道："你不应该这样无耻。这些话，不是革命党人应该说的。你存心在看戏，便不必同我谈这些。不过我劝你们要识些廉耻，有些气节，才配做一个人。党一天一天糟下去，政治一天一天腐败下去，这是看戏的时候吗？你们尽力纠正些，还怕人砍了你的头吗？"戴季陶、吴稚晖二人虽然碰了一鼻子灰，讨个没趣儿，可是试探出了胡汉民不甘心"引退"，仍闻党事国事的意向。

听到胡汉民仍没有屈服，仍要与蒋介石对抗到底，蒋介石乃对胡汉民着手进行批判。

3月2日，蒋介石在国民政府总理纪念周上发表讲话，指责胡汉民犯了四大错误：第一，曲解总理遗教，"今胡汉民同志不顾本党与国民全体之公意，徒凭个人私见，坚不欲有约法"，并说他一贯不听孙中山的话，"总理在时，尝言彼之主张，十分之九迁就胡汉民意见。"第二，想以立法院之名总揽大权，"欲以立法院院长总揽大法，以启任意毁法造法之端。"第三，反对制定约法，"将引起以后有约法无约法之纠纷，重贻党国无穷之祸患。"第四，"越位失言，淆惑人心。"列了四大罪状后，蒋介石诡称，胡汉民既知引咎辞职，"中央当念其追随总理曾著劳绩，故本爱护同志之心，虽勿忍坐视姑息，但亦勿忍其毁弃既往革命历史。"国府准其称病辞职，以求"公私两全"。这个讲话，自相矛盾，漏洞百出，说胡汉民一向不听孙中山的话，又称胡汉民追随总理曾著劳绩，根本无法自圆其说。

在蒋介石的授意下，3月2日这一天，国民党中常会又召开了临时会议，蒋介石、戴季陶、孙科、于右任、丁惟汾、叶楚伧、朱培德等中常委员及在南京的国民党中央委员均列席了会议。蒋介石把事先早已准备好的提议，召开国民会议制定约法的提案交由会议讨论。会议顺利地通过了这项由蒋介石等几人署名的提案，会议推举吴稚晖、于右任、李石曾、丁惟汾、王宠惠、叶楚伧、邵元冲、刘芦隐、孔祥熙、邵力子、蔡元培共十一人为约法起草委员。会议以胡汉民反对在国民会议上制定约法为由，决议免去胡汉民的国民政府委员、立法院院长等本兼各职，选任原立法院副院长林森为立法院院长，邵元冲为国民政府委员兼立法院副院长。然而，林森此时身在海外"慰问侨胞并视察党务"，其院长一职只好暂由邵元冲代理。

为了弥合因扣胡引起的与立法院的裂隙，蒋介石于3月4日宴请了立法院的全体委员。在宴会上蒋介石解释了胡汉民"辞职"的经过，称约法问题为本党与中国生死存亡之最大关键，胡汉民主张国民会议不当议及约法之见，引起了"中央各同志对此甚为不满"，"余对汉民之主张，事事皆可迁就，但对于主义与大政方针有关者，则决不迁就。"并把胡汉民因政见不同而称病辞职一事，说成本来就是"政治家应有之态度"，蒋介石希望全体立法委员对此事要"谅解"，"不致以个人感情，而牵涉整个政治。"

胡汉民从汤山回到南京市的双龙巷后，南京卫戍司令即下令各大报刊，不得随意登载胡汉民发表的任何文字，压制胡汉民的言论。3月8日，国民党中央执行委员会通电中外,解释胡汉民辞职的原因有二,一是"积劳多病,不胜繁剧",二是"因关于国民会议之约法的起草问题,胡同志之讨论与中央同志相殊,愤而辞职"。同时,国民党中执委的通电中,再次声明召开国民会议与制定约法同等重要,准胡汉民的辞职,表明了"中央对制定约法之决心"。

蒋介石对扣押胡汉民的种种解释,漏洞百出,根本无法平息所引起的风波。胡汉民被扣的消息一传出,全国各地反响极大,"举国哗然",甚至国际上对此事也很重视。邹韬奋当时评论说,"社会人士多数对胡去职表示惋惜","社会上对此事之注意,与对事实真相之猜度纷纭,可谓近今所仅见。"就连蒋介石的御用秘书陈布雷也不得不承认,"此事几引起政潮,党外人士尤为讥刺口实。"

首先,汤山事件在国民政府中央大员中反响强烈。胡汉民的亲信、国民党中央监委、南京国民政府文官长古应芬率先不辞而别,南下广州。3月7日,他辞去南京国民政府文官长之职,以示对蒋介石扣囚胡汉民的抗议。随后,粤籍国民党中央委员纷纷效法古应芬而南下,铁道部长孙科、南京市长刘纪文也离开南京。就连被蒋介石任命接替胡汉民为立法院长的林森归国后也来到了广州,孙科离开南京后,给蒋介石打电报,要求释放胡汉民,"展公两年来夙夜匪懈,戮力党国,辅公以完成总理未竟之业,凡在同志咸同闻见,时有所见互异,展公抗爽直陈,或多逆耳,亦缘爱党爱公而出。"在南京的国民党某些官员也消极抗议,监察院长于右任"郁郁称病",司法院长王宠惠说蒋介石"目无国法,目无党纪"。

其次,两广地方军政要员也受此震动极大,且"大惑不解"。虽然蒋介石早已料到广州会因扣胡而起风波,故在汤山事件后,即向广州发来一则解释电文称,"胡展堂先生对国民会议,坚持主张不得议及约法,恐因引起党内无穷纠纷,俭(28日)晚特与详细讨论,胡先生以政见不合,欲辞本兼各职,并欲择地静居,谢见宾客,故于本日往汤山

古应芬

暂住。乃闻谣传扣留，殊觉失实。"然而，此电非但没有消除误会，反而证实了胡汉民与一年前李济深的遭遇相同，两广人士都对蒋介石表示愤慨，故广纳反蒋人士。广西桂系首领李宗仁也认为，汤山事件的发生，证明了蒋介石的独裁，暴露了蒋介石目无纲纪，"胡氏在党中允为元老，地位高于蒋氏，在政府中，胡氏也位居立法院院长。蒋先生竟因一言不合，即加以幽禁，则蒋氏对付他人的手段为如何，更可想见了。"正因两广人士对汤山事件的强烈不满和愤慨，两广后来便成为反蒋派的大本营。

此外，海外的国民党党部和各华侨团体也纷纷打电报给南京国民政府，询问汤山事件的真相，并表示出不满和忧虑。英、美等国的舆论也指责蒋介石"独裁妄为"。

蒋介石对各方的质疑，仍然虚为应付。3月9日，蒋介石在国民政府总理纪念周上发表演讲，说胡汉民因政见不合而引退辞职，"乃是一件极普通平常的事，用不着奇异。"至于胡汉民的行动是否自由，蒋介石认为"不是什么重大的问题"，接着，蒋介石说道："党员个人的行动，谁也不能自由。"胡汉民曾在蒋胡合作期间高唱过"党员无自由"的论调，为蒋介石以国民党中央的名义大肆讨伐异己制造舆论，而这次蒋介石用胡汉民的话，来解释汤山事件，可谓以其人之道还治其人之身。在演讲中，蒋介石还透露出要打算长期扣押胡汉民，说胡汉民"因避嫌止谤，打算此后长住南京，不赴别处，中央各同志也希望他如此"。说胡汉民"病源"由来甚久，"故亦非短时间所能痊愈"。实际上，蒋介石惧怕胡汉民的言论文章，其为文演讲句句以总理遗著为据，既具有很强的煽动性，亦有所谓国民党正统的理论性，更重要的是，蒋介石惧怕胡汉民在外造起他的反来，会有一批军人政客影从，对其统治不利。

然而，蒋介石始料不及，他担心的事情终于发生了。

## 胡在被囚中掀起反蒋派第二次大联合

胡汉民被扣囚后，身体状况每况愈下，血压升高，心动变速，颈项疼痛，加上精神上突受打击，每天的睡眠仅有一两个小时。蒋介石曾派卫生署署长刘瑞恒为胡汉民诊病保健，胡汉民恐遭不测，坚决拒绝刘瑞恒的诊视，要求自己的熟人铁道部主任医官邓真德来护理治疗。

邓真德也是广东人，他与孙科的关系最为密切，可以说是孙科的心腹之人。邓真德与胡汉民的私交也很深。在孙科的帮助下，蒋介石勉强同意邓真德去给胡汉民护理治病。胡汉民被扣后，蒋介石对他的活动范围实行了严格的控制。他回到南京双龙巷之后，门前道路被堵塞起来，交通断绝，出入者须经受极严格的检查。胡汉民的门上还被贴上"遵医嘱须静养，凡来访宾客概不接见"的启事，因此，胡汉民所能见到的人极其有限。除了女儿胡木兰及帮他办理家务的立法院秘书李晓生、王养冲外，只有与政界无关的胡汉民的诗友冒广生、易大厂等人，就连当时政界的显要人物孙科、王宠惠、孔祥熙也是被挡驾在外的。邓真德的到来，为胡汉民与孙科等外界之间沟通联系提供了方便条件。

孙科曾让邓真德传话，询问胡汉民下一步应该怎样办？胡汉民正求之不得，急于与外边联系，乃让邓真德传话给孙科和王宠惠，一定要利用两广地方实力为后盾，建立反蒋阵线，形成反蒋局面，这样才能救他。并一再叮嘱孙科、王宠惠二人，只要反蒋就可以与之联合，甚至汪派亦不可错过。

孙科听到胡汉民的指示后，乃召集"再造派"的骨干人物马超俊、梁寒操、王昆仑、钟天心、陈剑如、麦超枢、周一志七个人秘密商议反蒋救胡的办法。最后七个人决定，由马超俊以孙科的名义写几封密信，四处活动联络。王昆仑去上海，钟天心到广州，麦超枢和周一志赴沈阳、天津，拉张学良及扩大会议派分子反蒋。

经过1930年的中原大战，国内的反蒋派的力量受到蒋介石的沉重打击，军事实力上受挫。然而，各反蒋派对蒋介石的怨恨反对之心丝毫未减，他们都在暗候时机。汤山事件一起，他们都感觉到反蒋的时机再一次降临。因此，孙科等人反蒋大旗一扯，他们纷纷影从。

先看一看汪派的态度。北平扩大会议破产之后，汪精卫等人正走投无路，暂在香港避居。孙科派梁寒超赴香港与汪精卫接洽，并转达了胡汉民、孙科二人欲联合反蒋之意。汪精卫此时忘却了不久前胡汉民对自己犀利的讽刺和透骨的批判，只要能反蒋，便能东山再起。于是心中大喜，暗自说道："此乃天助我也。"遂同意联合，同去广州反蒋。为了表示自己的反蒋态度，答应合作的诚意，汪精卫当即发表了《为胡汉民被囚重要宣言》，斥责蒋介石道："一面摆酒请客，一面拔枪捉人，以国民政府主席，而出于强盗绑票之行径，较之青锋剑中之狗官，有过之而无不及。"

广西的桂系历来与广东有渊源关系，尤其是李济深在其中起着一种黏合的作用。可是1929年以来，粤桂对立冲突，不断发生。1930年夏季以后，广东的陈济棠依靠蒋介石的支持，率粤军深入桂境，在梧州设立总指挥部，占领了广西大片领土，使李宗仁、白崇禧率领的桂军只得退守南宁，固守广西一隅之地。而陈济棠每月即可从广西占领地得税捐一项达八十万元，进一步加深了粤桂间的怨仇。汤山事件后，粤方主动表示要与桂系言归于好，并撤销了梧州总部，从广西撤军。同时还派马晓军、吴锡祺到南宁，同李、白等人联络。李、白二人得此重整桂系的大好时机，遂欣然同意，积极呼应，派王公度、吴奇伟去广州，洽商真诚合作之事。

1930年7月31日，汪精卫（中坐者）在北平铁狮子胡同中山行馆主持北平反蒋"扩大会议"谈话会

广东方面历来都与胡汉民联系密切，在关键时刻，胡汉民对广东也常有"指教"，特别是陈济棠执掌广东军权之后，更是唯胡首是瞻。这里除了有

历史的渊源之外，陈济棠与胡汉民的心腹大将古应芬的关系尤为密切，陈济棠是古应芬一手扶植起来的。有人曾把古扶持陈比成张静江扶持蒋介石一样。胡汉民被扣后，古应芬即离开南京到广州，到处活动，点起反蒋之火。可是，古应芬只与陈济棠商议反蒋一事，对广东省政府主席陈铭枢颇冷淡。陈铭枢为人善于投机取巧，他所率领的十九路军在打桂、打张、打阎、打冯诸战役中，都为蒋介石出了不少力。陈铭枢看到自己在广州已被架空，乃离开广州赴香港，后又出国，以静观局势。广东遂完全置于陈济棠的控制之下，胡派可以"大有所为"了。

蒋介石见到各派活动频繁，乃想拉拢孙科，以缓冲与各派系之间的矛盾，他先设宴拉拢孙科无效。因孙科为了免遭胡汉民被囚之险，离宁去沪。蒋介石又派国民党的四位元老蔡元培、吴稚晖、张静江、李石曾去上海劝说孙科返宁，遭到孙科拒绝，孙科反而在上海招纳各反蒋势力。

暗中联络准备就绪之后，古应芬起草了《弹劾蒋中正提案》，以国民党中央四位监委古应芬、林森、邓泽如、萧佛成的名义，于1931年4月30日公开发表。提案中列举了蒋介石三大罪名：

> 其一，起用政学系杨永泰之流。"政学会员，昔虽曾隶党籍，自袁氏窃国，即已叛离，"杨永泰等曾反对过孙中山，而今却时刻在蒋之左右。
>
> 其二，陷害许崇智及其他革命同志。"许崇智同志献身革命，无有宁息，驰驱闽赣，功业彪炳，蒋氏间其不备，夺其兵柄，迫其离粤，取而代之，革命粤军，多予消亡。"
>
> 其三，扣押胡汉民。"胡汉民同志以国民会议不应议及约法，与蒋主张不合，被其监视。蒋犹出席纪念周演讲党员自由问题，且公然指胡同志不能出京，其非法捕禁已为中外人士所共知，而蒋氏犹复扰乱是非，颠倒事实，欲以一手掩尽天下耳目。蒋氏与胡同志为同列，究有何职权而得迁怒监禁中央重要人员耶？"

提案的最后指出："蒋氏之罪，至今已暴露无余，同志等夙昔之休容，冀其幡然悔悟，戮力国事者，至今亦成绝望。循此以往，则总理艰难缔造之事业，人民为革命无数之牺牲，以及我武装同志积年之奋斗，其结果只造成个人之地位……天下痛心之事，熟有甚于此者！默察今日中央已为蒋氏所支配，政府被其一系所割据，政治日益腐败，为人民所厌恶，泽如等诚不忍党国与之偕亡，职责所在，更难缄默，古人有言，心所谓危，不敢不告，用函列其罪端，提出弹劾。以候公决。惟爱护党国诸同志，急起图之。"

邓泽如

四监委提案发表后，反蒋派人士纷纷响应。5月1日，汪精卫发表"东"电，主张召集临时全国会议，以解决一切问题。号召一切"革命同志，共济艰难，只求精神团结，区区形式，不可器重"。同一天，古应芬又致电吴铁城，让他转告蒋介石，扣胡事件"凡党人悉愤慨"。只有释放胡汉民"南方即可安定"，劝告蒋介石以民命为重。

5月3日，两广将领陈济棠、李宗仁、白崇禧、张发奎等数十人联名发表通电，拥护四监委的弹劾案，誓为他们的军事后盾。要求立即释放胡汉民，蒋介石下野。并声言"不达目的誓不罢休"。同时宣布欢迎国民党中央执监委员来粤协商团结反蒋大计。

5月5日，孙科在上海致电蒋介石，谓邓泽如等四监委之联名通电，"诚不无过当，然动机完全为展公抱不平而起"，如果立即释放胡汉民，"恢复展公之完全自由，则此后各事自易解决"。

这样，反蒋各派的国民党第一、第二、第三各届中央执监委员，纷纷南下来粤，汪派、再造派、胡汉民派、桂系、西山会议派等，都为了反对蒋介石尽弃前嫌，组成了继1930年之后反蒋派的第二次大联合。

## 反蒋拥蒋，双方对抗升级

扣押胡汉民，蒋介石搬掉了制定约法的主要障碍，于是便开始紧锣密鼓准备召开国民会议，制定约法。

1931年3月初，蒋介石便召集戴季陶、丁惟芬、叶楚伧、蔡元培等人，要求他们下"坚卓不移之决心，并应排除一切困难与谬见"，以制定约法，确立法治。为了确保国民会议的顺利召开，国民会议的代表能够顺从蒋介石的意愿，3月19日，国民党中常会又决定，由戴季陶负责起草国民会议组织法。3月27日，国民会议代表选举总事务所电各省解释出席国民会议代表的选举程序，国民党代表的选举不用造送册籍，不必经过审定公告之手续，只由党部在党内办理，各省代表，则必须按中央提出的候选人选出半数或过半数，余下的名额方能由自由选举产生，凡由国民党中央指名的，即使选票不够半数，也必须当选，从这个解释中，看出所谓选举产生的代表，完全是圈定的代表。

4月24日，国民政府公布了《国民会议组织法》，该组织法共二十八条，规定国民会议由各省市的职业团体、中国国民党及海外华侨所选出的代表参加。国民党中央执、监委员及国民政府委员为当然之代表。

眼看召开国民会议的日期日渐迫近，而反蒋的浪潮有增无减，要求恢复胡汉民自由的声浪也一天高似一天。蒋介石坚持召开国民会议、制定约法的主张依然没有变，继续我行我素。可是，各省党部、海外的一些党部对召开国民会议的兴趣淡薄了，把注意力转至关注胡汉民事件上来，蒋介石感到苦心策划的国民会议有流产的危险。他也不得不做出一些有限的姿态。

3月22日，蒋介石发表题为"总统产生与革命环境关系"的谈话，明确表示，国民会议只应制定约法，"总统问题不必提，亦不应提。"谈话中还对外界传言自己欲当总统一说进行了解释："外界传说本人要在国民会议里面提出总统问题，自己要做总统，实行独裁，这种谣言实在太没有意义。"

4月10日，南京国民党中央执委会以貌似发扬民主的姿态，电令各级党部，让他们对约法尽量发表意见。

在国民会议召开之前的5月初，蒋介石想软化胡汉民，诱他出席国民会议。5月1日，蒋介石派孔祥熙去当说客。5月4日，国民党中央常务委员会决定，敦劝胡汉民出席国民会议。同一天，蒋介石又亲自屈尊探望胡汉民。蒋胡二人有简短的对话。

蒋介石见到胡汉民后，问道："胡先生身体好吗？"

"不过如此，只是血压高些。……"胡汉民冷冷地答道。

"日常看些书吧？"蒋介石无话找话。

胡汉民一边指着室内的五六个书架，一边抱怨道："是的，我的日常生活，全部改过了。报纸没得看，信札当然没有，从前常看的书，都收了起来，现在看的，都是这些线装书。"

谈不到一起，蒋介石只好硬着头皮说明了来意："大家的意思，想请胡先生明天出席国民会议，胡先生可以允许吧？"

胡汉民理直气壮地拒绝："我身体不大好，怕不能出席。而且军警监视着，也不便出席，即使出席，怕也不大好看吧！"

蒋介石讨个没趣，只好讪讪地离去。

5月5日，蒋介石一手操纵的国民会议在南京举行。会议共开了十二天，最后通过了《中华民国训政时期的约法》。这部约法共八章八十九条。约法首先规定了国民党中央对全国的绝对统治权，规定训政时期由中国国民党全国代表大会代表国民大会行使中央统治权，中国国民党全国代表大会闭会时，其职权由中国国民党中央执行委员会行使。从而确定了国民党一党专政的体制。其次，约法中提高了国民政府的行政权力，规定国民政府总揽中华民国之治权，"选举、罢免、创制、复决四种政权之行使，由政府训导之"，"行政、立法、司法、考试、监察五种权由国民政府行使之"。国民政府统率陆海空军。另外，约法虽然打出了中央与地方均权的旗号，但实际上剥夺了地方的一切权限。约法规定："中央与地方之权限，依建国大纲第十七条之规定，采均权制度"。可是，约法中又有这样一条："各地方于其事权范围内，得制定地方法规，但与中央法规抵触者无效"。

蒋介石虽然没有当上总统，但是，蒋介石依然是国民政府主席，在"约法"里，国民政府主席的权力非常大，他不仅统率五院，而且五院院长及各部部长的人选也得由国民政府主席提名。实际上，蒋介石当了不是总统的"总统"。

国民会议召开，制定了约法之后，蒋介石立刻把约法视为其消灭异己之工具。5月14日，国民会议向广东的陈济棠发出警告。5月15日，国民会议通过了《昭告全国拥护和平统一电》，声称自此以后，凡个人或团体，无论消极或积极谋破坏和平统一者，"即为违背国家根本大法之民贼。国民政府苟不幸而见此种事态之发生，当行使全体国民所授予之权力，用最迅捷妥善之方法，执严厉之制裁，以保障国家之利益。"同一天，蒋介石在国民会议上大骂陈济棠是陈炯明第二，并授意国民会议向广东陈济棠等人发电，称陈济棠等人5月3日发表的拥护四监委通电，是"对于党政措施，肆意攻讦"，"对国家政治，任意发言。"警告他们，以兵权反对中央者，李、白、张、阎、冯等均接踵覆亡，劝他们要"懔悬崖之危，勿贻噬脐之悔，何去何择，唯执事为国自省"。

广东方面的军政要人当然不理会蒋介石的文电攻讦，依然接纳各方反蒋人士。5月24日，孙科、陈友仁、许崇智、汪精卫、白崇禧、张发奎等一行六人来到广州。六人抵粤后即到陈济棠处，与聚集在广州的反蒋各派共谋反蒋大计。乃决定另立中央，与南京对抗。经过一番协商，他们决定效法孙中山在1917年南下广东召开非常会议护法的做法，发起国民党中央执监委员非常会议，作为这次反蒋联盟的最高组织形式。凡属国民党第一、第二、第三届中央执监委员，只要反蒋者，一律为非常会议当然委员。并决定由非常会议产生广州国民政府，与南京国民会议产生的国民政府相对抗。

5月27日，反蒋派的中央执监委员组成的非常会议正式召开。会议通过了汪精卫起草的中央执监委员非常会议宣言，阐明了非常会议的目的是推倒蒋介石的独裁统治，完成国民革命。同时选举邓泽如、邹鲁、汪精卫、孙科、李文范为非常会议常务委员。会议决定以非常会议的名义发起召开国民党第四次全国代表大会，完全否定蒋记国民党中央的合法性。另外，会议公布了广州国民政府组织大纲，推选唐绍仪、汪精卫、萧佛成、邓泽如、孙科、邹鲁、许崇智、林森、古应芬、李宗仁、

唐绍仪

陈济棠、陈友仁、李烈钧、熊克武、唐生智、蒋良篦共十六人为国民政府委员。陈友仁兼任外交部长，邓召荫为财政部长，陈融为国民政府秘书长，李郎如为参军长。唐绍仪、汪精卫、古应芬、孙科、许崇智为国民政府常务会员。广州国民政府不专设主席，由常委轮流担任。

5月28日，由唐绍仪领衔，发表了广州国民政府成立宣言，宣告广州国民政府正式成立。宣言中指出：因为蒋介石犯有非法扣押胡汉民，违法召开国民会议，任用陈果夫、陈立夫等宵小把持党政等罪行，限令蒋介石四十八小时之内下野。

5月30日，广州国民政府委员联名通电就职。通电中又进一步申明了他们的政治主张，认为民国成立至今二十余年，内乱之所以仍频不止，原因是迷信武力、迷信中央集权二端。广州国民政府反对武力统一，反对中央集权，主张以建设求统一，以均权求共治。

除了成立国民政府外，广州方面还做了武装上进攻蒋介石的部署和准备。6月2日，成立了军事委员会，由李宗仁、陈济棠、唐生智三人为常委，将陈济棠的原第八路军改为第一集团军，陈济棠任总司令；桂军编为第二集团军，李宗仁为总司令。许崇智、唐生智也提出要收编旧部，颇有一番积极行动的决心。

蒋介石亲率他的文武大员向粤方发起了电报攻击战。蒋介石斥责汪精卫一贯反对孙中山，此次广州发难，是汪精卫联合"一切反动分子"的胡闹行为，称汪精卫"反对政府，破坏和平，诚罪大恶极"。对粤方提出要他下野的要求，蒋介石以总理所托为名声称："中正尽瘁革命，系受总理所托。所任本兼各职，均奉党国命令"，自己的职位，"攘夺固所不许，放弃亦所不甘"。何应钦等人还对孙科进行了人身攻击，称孙科"如货利而昧大义，翻云覆雨胸无主宰"，称孙科赴粤并非出于政治原因，而是因为他贪污了铁道部两千万元公款，企图一走了事。吴稚晖嘲讽非常会议派分子是"一堆垃圾"，"因为是一堆垃圾，固发出恶气冲天。"

此外，蒋介石还企图分化粤派。在国民党三届五中全会上，恢复了李济深的党籍，允许他自由活动，希望用他来影响广东方面一些人士放弃敌对行动。对胡汉民虽未解除软禁，却推举他为中央政治委员会委员、南京政府委员，派张静江劝胡汉民"打消辞职意"，软禁胡汉民的双龙巷口的堵塞也撤除了。蒋介石还公开表示，胡汉民可以出南京，"大江东南，山明水秀，处处可由胡自择。"并让胡汉民搬至孔祥熙之寓香铺营居住，给他稍多一点的自由。同时还让胡汉民的亲信刘芦隐继续留任国民党中央宣传部部长。对广东，蒋介石利用陈铭枢、陈济棠二人的矛盾，分化粤军，又拉拢桂系黄绍竑离开广西。

宁粤双方，虽然最终并没有诉诸武力，但双方对峙，谁也没有把对方马上吞掉，共同表演着民国史上两个国民政府并存的滑稽戏。

## "九·一八"事变，胡获得了自由

正当宁粤双方冷战、热战交互发生，争得不可开交之际，日本军国主义在东北蓄意制造发动了侵略中国的"九·一八"事变。事变震惊了国内各界人士，在民族危亡这样紧迫的形势之下，宁粤双方谁也不敢冒天下之大不韪，都唱起了和平解决争端的论调。宁粤之争进入了一个新阶段，为改善胡汉民的处境也提供了新的契机。

1931年9月21日，事变爆发后的第三天，蒋介石从江西的"剿共"前线返回南京，召开会议讨论时局及应付日本侵略的办法，决定采取军事上不抵抗、在外交上则决不能屈服、与粤方停止军事行动等办法，并"敦促胡汉民即日视事"。为此，南京方面致电粤方各位，称"此时此际，国家民族之利害，实超出一切利害之上。今日惟有'剿共'、救灾、御外之事"，要求粤方俯纳调停，杯酒言欢，化干戈为玉帛。南京方面又以国民党中央的名义致电广州的非常委员会，劝其捐除成见。同时，南京方面决定派陈铭枢、张继、蔡元培三人赴粤，商议合作一事。

广州方面在外敌当前之际，更不甘示弱。除了发表通电主张谋国内和平之外，还致电张继等人邀其到粤会商。9月21日，广州政府发出"马电"，提出解决时局的三个办法：第一，蒋中正下野；第二，取消广州国民政府；第三，由统一会议产生统一政府。蒋介石针对粤方"马电"亦提出解决问题的三个原则：第一，如果粤方中委能负全责，则南京中央同志尽可以退让一切，请在粤同志整个地迁来首都，改组政府，至于中正个人下野只要粤方能切实负责，前来接代，已不成问题。第二，如粤方中委不能负责，则应归南京中央主持，粤府自当取消。第三，如各方要合作，欢迎来京协商，以同舟共济。

尚在软禁中的胡汉民，对"九·一八"事变也极为关注。事变的第二天，他找来各种报纸，仔细研究事变的经过，探寻解决的途径。9月21日，戴季陶、吴稚晖、邵元冲等奉蒋介石之命，去胡汉民处询问对事变的处理意见。胡汉民当即提出四条建议：由中央政府马上派若干有胆识的人员，到沈阳收复领土，维持地方治安；正式同日本办交涉；召开驻中国各国领事会议；撤换、惩办丧权失职的外交部长王正廷及东北边防司令张学良。第二天，戴季陶又访胡汉民，劝其复职视事。

日军炮击沈阳北大营

劝胡汉民复职，这是蒋介石的一个策略。蒋介石想利用"九·一八"事变国难当头为幌子，乘机拉拢胡汉民、汪精卫，以摆脱目前的困境。因此，他通过各种途径，千方百计拉胡汉民出山。蒋介石除了派国民党大员不断敦促外，还利用记者采访、各方代表的名义去敦请胡汉民。9月23日，在蒋介石的指使下，刚刚开完南京市"全体党员抗日救国大会"和"首都反日救国大会"的代表，齐赴香铺营，请胡汉民"销假视事"。胡汉民对代表们表示，

"此次日本暴行,诚为国家大难,余身为中委,有一分力量即当贡献一分于国家,毫无推诿之可言"。但胡汉民又话锋一转,说自己血压仍在一百七十以上,夜间颇难入睡,"惟健康既未恢复,未能久坐,殊难出席各种会议,好在余随时可以贡献意见于中央,出席与否,无甚关系。"胡汉民的态度软中有硬,硬中有软,既表示了对仍被软禁的不满,又表示了对国事的关心。此后,又有记者来访,胡汉民仍然表示"病体未愈,难任艰巨"。

与此同时,宁粤双方的直接接触和谈开始了。9月28日,南京方面的陈铭枢、蔡元培、张继抵达香港。粤方也派汪精卫、孙科、李文范同日到港。双方经过多次的会谈磋商,初步达成这样一个协议:蒋介石下野,广州国民政府取消,在上海召开统一的和平会议,产生统一政府。但粤方又提出两个条件:一是先要释放胡汉民、李济深,让他们参与政事;二是更换陈铭枢为宁沪警备区司令,十九路军驻沪担任警卫任务,以确保粤方代表的人身安全。

10月7日,宁方谈判代表陈铭枢携带粤方给胡汉民的信返回南京,待与蒋介石会商后,10月12日,陈铭枢到胡汉民住处,转交了粤方的信件,详述了粤方的情况,建议胡汉民捐弃前嫌,以国事为重,并对胡汉民说:"介石因粤方坚持须先恢复先生自由到上海,然后再肯和议,所以已有意送先生到上海了。我看先生要快些走,一迟怕又要变卦了。"胡汉民首肯同意。

孙中山灵柩奉安南京中山陵时的情形

10月13日,胡汉民在陈铭枢、吴铁城的陪同下,去南京中山陵园与蒋介石见面。蒋胡见面过程中，除了一些寒暄外，就是胡汉民发表对外交方面的意见，最后又敲定14日早晨，由吴稚晖、李石曾、张静江、吴铁城、陈铭枢陪同胡汉民一同离京赴沪。蒋胡此次见面，仅有十分钟左右的短暂时间。

10月14日一早，胡汉民离开软禁之地前，蒋介石同侍卫长王世和前来为胡汉民送行，同来的还有张静江等人。一见面，蒋介石便装出了谦恭友好的样子，笑着对胡汉民说：

"过去的一切，我都错了，请胡先生原谅。以后遇事，还得请胡先生指教。"

蒋介石向胡汉民认错，只不过装装而已，给胡汉民个面子，缓和一下蒋胡之间的紧张气氛。胡汉民则神气十足，极为认真起来：

"不然。你说过去的一切都错，这又错了。你应该检查出在过去的一切中，哪几样是错的，然后痛自改正。错而能改，并不算错。如果说统统错了，便无从改起，这却是大错。"

话已至此，蒋介石只好搭讪道：

"据胡先生看，错些什么呢？"

"过去最大的错，是大家并没有为党、为国、为中国革命去奋斗，只是努力于私人权力的斗争，把共产党'扼''吓''拆'的三字诀，整套学了来。人人将所有的心思才力，用以对付党内同志，党以此不能团结，党的力量，以此不能表显，整个中国革命，也以此完全失败。这种错误，谁都有份，不过我个人要比你们少些，先生（指孙中山）逝世以后的一切，你都是很清楚的，从今以后……"

胡汉民正要滔滔不绝地说下去，在一旁的张静江害怕这样下去会给蒋介石难堪，激化二人的矛盾。便顾左右而言他，故意高声说道："今日天气倒凉爽，胡先生到上海去，长途中也舒服些。"打断了胡汉民的长篇大论。

蒋介石早就对胡汉民的话听得不耐烦了，经张静江这么一解围，乘机说："八点钟我本要开会，现在迟了，我先走了。到上海再见，我一定要来上海的。"蒋介石与胡汉民握手言别，结束了这场并不愉快的送别。

九点五十分，胡汉民偕女儿木兰及李玮等到火车站，随即登上了平时蒋介石乘坐的专用列车，离开南京去上海。随车同往的还有陈铭枢、张静江等人。同天下午，胡汉民一行抵达上海，受到张群、杨虎、刘芦隐等人的欢迎。在车站，胡汉民接受了记者的采访，而后乘车到莫里爱路孙科住宅暂住，各界前往拜访之人络绎不绝。

胡汉民离开南京到达上海，终于结束了八个月零十四天的幽禁生活，重新获得了自由。此次离京，也是他1928年9月入京后的首次离京。三年时间里，胡汉民忙于党政事务，帮助蒋介石定制度，订法律，奠定了国民党政府的政治法律的基础。他还支持蒋介石讨平冯、桂、阎系军阀及唐生智、石友三等部反叛，强化了蒋介石的统治。而后又遭到兔死狗烹的命运。在这种情况下离开南京，自然令胡汉民感慨不已。

## 宁粤对立转为宁沪粤争权，胡公开反蒋

按宁粤双方和谈代表原来的约定，胡汉民被释和宁沪警备军撤换后，要召开和平会议。因此，胡汉民抵沪后的第二天，即10月15日，致电广州的唐绍仪、汪精卫、古应芬、萧佛成、邓泽如、陈济棠、李宗仁等人，称他们"备尝艰苦，不惜牺牲"，并请他们派代表来上海参加和会。致电中胡汉民在谈到国民党内以往出现的错误纠纷时说："人每欲挟党内一部分力量为己有，党即失其团结之本体；人每欲自私，即互相排他，排他纠纷愈多，而各人遂忙于对人，忽于对事。此其错误，皆不容吾辈各自推诿责任，弟亦容或为过错中之一人。然平日自检，担负既往之错误则较轻，则今日盼望吾辈纠正过去错误之心则最切。今日正为吾党同志彻底觉悟，力图团结之紧要时机。"电文中，可以看出，胡汉民欲以宁粤之外的第三者自居。

胡电到粤后，汪精卫、陈济棠等人即举行会议。决定派汪精卫、古应芬、孙科、邓泽如、李文范等为代表。随后粤方一百多人登程，浩浩荡荡，于10月21日到达上海。胡汉民的妻子陈淑子亦同船到达。

汪精卫等一抵上海，就去胡汉民的寓所，两个人多年来的隔阂似乎已经消失，显得非常融洽。

1931年10月22日，蒋介石也从南京来到上海，蒋、胡、汪三巨头在

莫利爱路见面，三人握手言欢，谈笑风生，表面看来似亲密无间。蒋介石装出尊敬胡、汪二人的样子，并请二人主持召开和平会议。说："凡胡汪两先生同意之事，我无不同意照行，若我不行，尽可严责"，进而还说："胡先生可代表本人。"胡汉民当然忘不了刚刚被囚八个多月之仇，断然拒绝了蒋介石的拉拢，声明："本人既不代表粤方也不代表京方，今以党员资格对同志发言。现在既谋精诚团结，一致对外，则从前之薄物细故，悉当捐弃。外交紧迫，急谋办法，刻不容缓，请先于外交方面，细加研究。"三巨头会谈正式达成两点共识，一是彼此须求得外交一致，共赴国难；二是关于党政军问题，由京派代表与粤方代表在沪详商办法，俟将草案拟定，再入京开正式会议，谋彻底办法。谈毕，蒋介石又飞回南京。

蒋、胡、汪三巨头的这次上海会晤，乃是自1925年"廖案"后的第一次，也是他们三人毕生的最后一次见面。孙中山逝世后，这三个人都自称为孙中山的最忠实的信徒，而这三个忠实信徒之间的分分合合，权力之争的恩恩怨怨却一直未断。在政坛上，蒋胡合作则无汪，蒋汪合作则无胡，汪胡间互相排斥，而这次胡汪间的联合也是松散的。本次国民党三巨头会晤的时间是短暂的，仅有三个小时。

10月27日，宁粤双方代表各六名在上海召开和平会议，会议地点是在二十年前南北议和之地伍朝枢的住宅。双方共召开了七次会议，经过十天的争吵，达成三项协议：

（一）宁粤双方各自召开国民党第四次全国代表大会，依照比例分配名额（预定粤方执委五人、监委三人）选出新的中央委员，然后在南京合并召开四届一中全会，产生新的中央政府。

（二）国民政府主席，不得以军人充任，由一中全会推选年高德劭的同志承之。

（三）撤销陆海空军总司令部，改设军事委员会统率全国部队。

这次和会，没有对蒋介石下野问题作出具体规定。宁方代表坚持说："考虑到中央政府一时无人负责，故不应规定蒋介石在统一政府成立前辞职。"

粤方代表觉得他们说得有理，也就同意了。

虽最后达成和平的协议，但并不是很顺利的。胡汉民、蒋介石都没有参加和会，协议决定分别召开国民党第四次全国代表大会，这本身说明和平会议并不和平。另外，此间广州内部支持胡汉民的主力干将古应芬因牙疾而逝，这对胡汉民的打击也很大。广州之所以能够召开非常会议，成立国民政府，与古应芬的积极活动分不开。胡汉民能够获释，古应芬应记头功。胡汉民写诗哭古应芬，其中有："拯我于危知甚若，迹君行事概难能。"

胡汉民虽然表面上宣称，在上海和会中持超然的中间立场，可实际上他是站在粤方立场上的，粤方代表在会议前后都向他请示汇报。他又常常发表对时局的意见，显得十分活跃。在会议前后，他都极力主张坚持宁粤双方的原定方案，实际上等于宣布，他仍要求蒋介石下野。蒋介石获悉胡汉民对自己的态度后，公开发表谈话，称胡汉民曾对人说，"不仅要蒋下野，还要蒋到外国去，永远不许蒋回中国来。"蒋介石之意是把胡汉民推出去，给人以报私怨之印象，以在各种矛盾的旋涡中争取主动。

胡汉民针对蒋介石的谈话，立即反驳，说："今又有一事骇怪者，即西报载蒋在纪念周报告，谓余曾语粤代表，今日之蒋不仅当使下野，且当流之外国，若俄之杜洛斯基，使永不归故土。蒋是否作此言，余不能知，余非史丹林，从无一兵一卒，不知将如何流放之。余对人毫无问题，对事则不随声附和。"

蒋胡二人公开谈话，给宁粤之间刚刚出现的和解蒙上了一层浓浓的阴影。

上海和平会议后，南京、广州中央党部分别召开了国民党第四次全国代表大会。南京方面国民党第四次全国代表大会开得比较顺利，从11月12日至23日仅十余天就闭幕了。蒋介石在会上致开幕词和闭幕词，大谈党内团结、革命道德、革命的精神之论。目的是要大家都团结在他的麾下。

而广州方面的国民党第四次全国代表大会却艰难曲折，困难重重。汪精卫的改组派、孙科的再造派、西山会议派、胡汉民派以及李宗仁的桂系，再加上陈济棠派等派系庞杂，虽为了反蒋走到一起，但又各怀私利。汪精卫派想以此作为与蒋介石争权的资本，西山会议派欲捞个一官半职，桂系则为了扩大声势，从局促的西南一隅中解放出来……凡此种种各自利益目的的存在，于广州召开的国民党第四次全国代表大会上就表现出来了。加上刚开始胡汉民、汪精卫都没有回广州参加这次大会，大会缺乏一个能掌握全局的核心人物。在大会召开的第一天的11月18日，与会各派就吵得不可开交，没有办法开下去。非常会议决定派马超俊、覃振迎请胡、汪二人入粤，胡汉民没有答应，只电复广州，称"宿病未愈，难遽离沪"，并表示"汉民虽未到会，然精神意志，无时不与诸同志一致"。

粤国民党第四次全国代表大会内讧愈演愈烈，致使孙科、李文范等人负气出走。在粤方的坚决邀请之下，胡汉民答应调解，但声明只去香港，不去广州，如果两派不能一致，他就要赴欧洲养病。到香港后，胡汉民与孙科、陈济棠的代表林翼中等商讨调解的办法，众人再次怂恿他回广州，一方面可进行调解各派之间的矛盾，另一方面可处理古应芬之丧事。无奈，胡汉民只得放弃离沪前"不去广州"的诺言，于11月29日回到广州，提出四项方案，交由粤四全大会讨论。胡汉民的主要主张是：修正沪和平会议的各项提案；粤方选出二十四名中央委员；蒋介石如不解除兵权及下野，即在广州组织国民党中央党部。而后，胡汉民即于当日返回香港。

11月30日、12月1日两天，国民党第四次全国代表大会连续召开会议，接受了胡汉民的方案。胡汉民见到还有回旋的余地，于12月2日回广州，参加大会。在胡汉民的苦撑之下，会议勉勉强强地进行下去。12月5日，广州国民党四全大会闭幕。闭幕式由胡汉民主持，并致闭幕词。他强调"精诚团结，共赴国难"外，又特别强调了反独裁，"今人以为求统一必集权，但集权结果，遂形成独裁，然而独裁之结果，清朝因此而亡，袁世凯因此而死，殷鉴不远，宁可复蹈"。

广州国民党第四次全国代表大会选胡汉民、孙科、伍朝枢等九人为中央临时常务执委，唐绍仪等人为临时监委，并成立广州"中央执监委临时办事处"。大会闭幕这一天，粤方所选出的国民党中央执监委由胡汉民领衔，通电促蒋介石下野，声明如果蒋介石不下野解除兵权，坚决不到南京参加国民党四届一中全会。

至此，广州的国民党第四次全国代表大会总算开完了。但是，胡汉民回粤并没有完全阻止住粤方的分裂，汪派、再造派、西山会议派的代表二百余人，先后离开广州，到上海投奔汪精卫。汪精卫则把他们召集在一起，决定单立门户，在上海著名的游艺场——大世界也召开了国民党第四次全国代表大会，选出十名中央委员。这样，便出现了南京、上海、广州同时召开国民党第四次全国代表大会的闹剧，从中看出国民党在国难当头之际并没有团结起来，仍然四分五裂，已不成其为政党了。

蒋介石第二次下野（1931年12月15日）前与于右任等人合影

林森（前排左三）与汪精卫（前排左二）等人会见意大利驻华大使时合影

胡汉民等人的通电发表后，蒋介石仍想拖延时间，保住自己的权位。胡汉民等又发出最后通牒，如蒋介石到 12 月 20 日还不下野，就在上海召开四届一中全会。在粤方的压力下，蒋介石做了种种卷土重来的准备后，于 12 月 15 日发表下野通电，称他下野是由于"胡汉民微日（五日）通电，且有必须中正下野，解除兵柄，始赴京出席等语。是必使中正解职在先，和平统一方得实现"。并标榜自己下野之举是为了"从速实现团结，完成统一"。蒋介石辞去了国民政府本兼备职，国民党中常会批准了蒋的辞呈，决定由林森代理国民政府主席，陈铭枢代理行政院院长。

蒋介石扣胡汉民于先，胡汉民又逼蒋介石下野于后，真可谓现代史上极富戏剧性的一幕。

汤山事件所引起的政局动荡波澜，其后果及影响是深远的，不仅使南京国民政府重新改组，再次加剧了国民党四分五裂，进一步暴露出国民党内部矛盾裂痕的严重程度。

# 九　胡拒绝合作，
　　蒋汪合组政府

## 胡不满四届一中全会的各部人选

蒋介石下野之后，沪、粤双方各自召开国民党四大所产生的中央委员，大部分纷纷入京，准备召开国民党四届一中全会。蒋介石、胡汉民、汪精卫三人是合作召开四届一中全会、产生新的统一政府的始作俑者，可是三人对四届一中全会的态度却大不相同。

蒋介石对逼迫自己下野的粤方恨之入骨，表面上对四届一中全会不闻不问，一副漠不关心的样子，实际上则暗中作梗。

汪精卫看到蒋介石下野，非常高兴，以为乘此机会可以捞一要职，尤其垂涎于行政院长一职。但他的手下人劝他切勿着急，不要在蒋介石下野之后马上入阁。于是，汪精卫便以糖尿病为由，躲进了上海医院，静观时局。

胡汉民对四届一中全会比较热心，时常发表些意见。如在蒋介石下野之后，他曾转致冯玉祥、阎锡山一电，称四届一中全会"使命至重且大，所以赖于两公主持者亦至多，盼克日命驾入京"，敦请他们二人出席此会。而胡汉民自己则对请其入京主持开会之邀，一律拒绝。1931年12月20日，他在复国民政府代主席林森的电报中说："出席大会，义不容辞，惟日来血压转高，尚在百七十六度以上，思虑固所不宜，旅行尤为戒忌。至对党政改革大计，日前曾电精卫、哲生（孙科）两兄，藉贡所见，今后仍当以在野之身献摅一切。"

而实际上，胡汉民并非是"思虑固所不宜"，他经常发表意见，对国事指手画脚。就在他复林森电后第二天，还致电林森、陈铭枢，要求恢复人们的言论自由，称这是当今的唯一急务，主张一切电报邮政报馆之检查，应立即废止。

胡汉民经常发表言论，又不赴京主持工作，令人不解。蒋介石下野，对胡汉民重返政界来说是个极好的机会，且他的名声较好，众皆称颂，此时进入南京，定能有一番作为。胡汉民总以身体原因为借口，究竟出于何意，人们无法得知。但有一点是明确的，他对时局不甘寂寞，极为热心，又常在幕后对粤方代表进行指挥。正是由于胡汉民的言论与表现相互矛盾，所以有人分析说，胡汉民的言行，使人们原来由对其处境的同情而产生的信任感渐渐丧失，他在同蒋介石斗争中的一点优势也随着时间流逝而逐渐消失了。后来事态的发展证明，胡汉民犹豫不决，不入主南京，是一个重大的失误。

在南京的各方中委，因苦等汪胡等要人，不得不把四届一中全会的会期推迟了两天，但胡、汪二人仍是千呼万唤不出来。12月24日，全会只好在胡汉民和汪精卫缺席的情况下开幕了，出席会议的中央委员九十余人。蒋介石参加完开幕式后，留一函于何应钦、于右任、孙科等，函曰："全会即开，弟责即完，故须还乡归田，还我自由。此去须入山静养，请勿有函电来往，即有函电，弟亦不拆阅也。"带着夫人宋美龄偷偷地乘飞机离开南京，经宁波回老家奉化去了。

蒋介石一走，会议上的争吵谩骂就开始了。蒋介石的心腹吴稚晖大骂粤方，为蒋介石讨功，把东北失陷的责任诿于粤方，含沙射影攻击孙科是头等卖国贼。于是会场大乱，孙科会后愤而离京赴沪，随即发表谈话，斥吴稚晖极尽挑拔离间之能事，"含血喷人，蓄意中伤。"并表示只有胡、汪、蒋三人才能排除一切，如三人不入京，自己"只有暂不问党事"。

蒋、胡、汪三人本不在京，孙科已成为南京国民党四届一中全会的唯一重心人物，而今又被"气走"，会议无法开下去。全会只好派邹鲁、陈铭枢、于右任等人去沪劝驾，又特请在上海的汪精卫、李宗仁、李济深等人共同劝解孙科，同时，李济深、李宗仁也表示一同入京，孙科才又返回南京。

这样吵吵闹闹勉强开了六天的国民党四届一中全会，至29日总算闭幕。大会选举产生了国民党中央组织机构和国民政府组织机构，推选胡汉民、汪精卫、蒋介石、于右任、叶楚伧、顾孟余、居正、孙科、陈果夫共九人为国民党中央执委会常委，叶楚伧为秘书长，蒋介石、汪精卫、胡汉民三人为国民党中央政治会议常务委员。规定中央政治会议不专设主席，由三常委轮流担任。关于国民政府组织的人选，议决如下：蒋介石、汪精卫、胡汉民等三十三人为国民政府委员，林森为国民政府主席，孙科为行政院院长，陈铭枢为副院长；张继为立法院院长，覃振为副院长；伍朝枢为司法院院长，居正为副院长；戴季陶为考试院院长，刘芦隐为副院长；于右任为监察院院长，丁惟汾为副院长。除此而外，会议还对国难会议、国民会议及国民代表大会等问题进行了讨论，决定国难会议由国民政府于半个月内召集，国民会议的组织及召集由中常会筹议办理，应从速限期完成地方自治、筹备召集国民代表会议，交中常会遵照建国大纲妥速议定办法。

出席国民党四届一中全会的代表合影留念，标志着宁、粤、沪三方"统一"

国民党四届一中全会的结果是蒋、胡、汪三派政治力量均衡的体现。为了照顾胡汉民等在西南的特殊利益，会议决定，在广州成立国民党中央党部西南执行部和国民政府西南政务委员会，胡汉民、邹鲁、邓泽如、萧佛成等为两机构成员，由胡汉民主持一切。1932年1月1日，胡汉民、唐绍仪等六十余人联名通电，取消广州的非常会议和国民政府，遵国民党四全大会决议设立西南执行部、西南政务委员会和西南军分会三个机关，"负均权共治之责"。西南执行部与西南政务委员会的设立，只不过使广州的非常会议和国民政府换个名称罢了，西南半独立的状况依然存在，而且还合法化了。这种西南偏安的局面一直维持到胡汉民去世。

尽管如此，胡汉民对国民党四届一中全会仍然不满。四届一中全会闭幕后，胡汉民致电南京，对各部人选表示不满，而对要召开国难会议更是反对。

## 蒋暗中掣肘，胡坚不赴京，孙科政府夭折

1932年元旦，林森、孙科、陈铭枢等新任的国民政府主席及五院院长、副院长发表通电，宣誓就职。同一天，又公布了行政院和各部人选：内政部

长李文范、外交部长陈友仁、教育部长朱家骅、军政部长何应钦、海军部长陈绍宽、署理财政部长黄汉梁、交通部长陈铭枢兼、铁道部长叶恭绰、实业部长陈公博、司法部长罗文干、蒙藏委员会委员长石青阳、禁烟委员会委员长刘瑞恒、总参谋长朱培德、训练总监李济深、军事参议院长唐生智。这就是号称"开始民国新生命"的孙科政府。

孙科为行政院长的新政府，虽号称是合作政府，实际上是作而不合。蒋介石、胡汉民、汪精卫虽然同被选

*蒋介石的亲信之一顾祝同*

入中枢，但蒋介石隐居奉化，胡汉民躲在香港，汪精卫"卧病"上海。蒋、胡、汪三人天各一方，虽然谁也没有公开反对新政府，但却都暗中钩心斗角，各操纵自己的势力，孙科政府只能是一个短命的政府。

蒋介石下野之前，就做好了卷土重来的种种准备，设下了重重陷阱，让后来者难以为继。

首先，安插亲信，控制中枢。蒋介石在宣布下野的那一天，主持召开了第49次国务会议，决议改组苏、浙、赣、甘四省省政府。任命自己的亲信顾祝同为江苏省政府主席，鲁涤平为浙江省政府主席，熊式辉为江西省政府主席，邵力子为甘肃省政府主席，贺耀祖为甘宁青宣慰使。南京国民党四全大会选出的中央委员，基本上都是倾向蒋介石的，从而保证了宁、粤、沪三方中委合炉时，蒋派委员仍能占较大的比例。

*熊式辉*

其次，给新政府制造财政危机。连年的内战，本已使国民政府的国库空虚，早已入不敷出，仅以发行公债度日。蒋介石下野前，授意宋子

文辞去财政部长一职。宋子文也十分会意，在蒋介石宣布下野的当天，提出辞呈，声明只负责到国民党四届一中全会开会时止。宋子文离开财政部时，国库中未留有分文，仅留下一千万元的债务。另外，宋子文还把财政部的重要档案随身带走，部内科长以上人员发薪三个月，同时总辞职，各署长也不到机关办公。财政部成为无人敢接的乱摊子。

蒋介石对新政府暗中掣肘，胡汉民则坚不赴京，对新政府也取不支持态度。

胡汉民在新政府中被选为国民党中央政治会议三常委之一、中央执委会常委、中央执行委员会及国民政府委员，可是他一直不赴京就任。新政府成立后，担任主席一职的林森，极其诚恳地致电胡汉民，劝他于公于私两方面都应来京就职，帮助孙科政府，电云："哲生（孙科）为总理单传之子，素为公所爱护者，今既然不避艰险，肯牺牲一切，公而忘私，我辈深嘉其志。尤表同情，似不忍袖手旁观，任其焦头烂额，而不加以援助。"

时在宁粤谈判合作过程中立下大功的陈铭枢，也分别致电蒋介石、胡汉民、汪精卫，"政府虽告成立，而我重要领袖，犹天各一方，未能荟萃，致使党政最高机关，提挈无人，失其重心，一切安攘大计，何所秉承。"促他们三位入京。电文中既有对当时新政府困难的诉苦，也露出了对三人不赴京的不满。此外，陈铭枢还单独给胡汉民致电，请其离港前来。孙科也曾给胡汉民去信，言辞恳切地敦促他入京。孙科同时致电唐绍仪、萧佛成等人，请其协助促胡入京。

从1932年1月1日到蒋汪合作的实现，几乎每隔一两天就有劝促胡汉民入京就职的电报打来，甚至还有政府要人如刘芦隐、萧佛成、林翼中、李晓生等，亲自到香港登门拜请，胡汉民仍纹丝不动。

在蒋介石多方掣肘、胡汉民坚不赴京的情况下，孙科政府真可谓"焦头烂额"，困难重重。

新政府面临的第一大难题是财政危机。当时，国民政府每年的收入仅有四亿元，但其中四分之一要还债，入不敷出，政府只好发债券。新政府成立后，中央政府的收入锐减，财政税收等各项收入每月才六百万元，而支出方面，仅军费一项，照前月财委会核减之数，每月仍需一千八百万元，其他费用还没有计算在内。如果加上政府行政费每月四百万元，收支相抵月赤字达一千六百万元之巨。这样的财政形势，无人敢接宋子文辞职后的财政部长之位。孙科只好请他在美国读书时的同学、上海和丰银行荷兰买办黄汉梁来担此重任。黄汉梁的名气、声望都不足以当此大任，许多人不知道黄汉梁是何许人也。上海的财政界更是与宋子文串通一气，不买黄的账。黄汉梁上任后第一次到上海筹款，原计划要筹一千万元，但想尽各种办法，只得到三百万元，尚不到计划的三分之一。三百万元这个数目，照每月中央军政费二千二百万元来计算的话，仅够四天的开销。当时各地向中央政府上交的税款寥寥无几，且广东扣留税收不交；东北失陷后，东北军的经费完全取之于华北，尚且每月不敷甚巨；湖北何成浚截用江汉关税；山东韩复榘截用国税；福建地方截用统税，等等，税收情况极为混乱。在财政困顿之际，蒋介石又指使何应钦催要军费，无异于雪上加霜。

守卫在山海关的中国守军阵地

新政府面临的第二大难题是外交问题。"九·一八"事变之后，蒋介石采取的是对日本不抵抗政策，丧失了东北大片国土。蒋介石的外交政策很不得人心。孙科任命陈友仁为新政府的外交部长。陈友仁在北伐前任过广东国民政府外交部长，办理过沙基惨案的外交，在收回汉口、九江英租界的交涉中，取得了一定的外交胜利，被时人视为革命外交家。故陈友仁一上任，就放弃了不抵抗政策，主张对日积极抵抗，命令张学良率领的东北军无论作何牺牲，必须坚守锦州。后来锦州终于失陷，陈友仁又建议政府采取对日绝交的方针。由于张学良遵从于蒋介石，不得不对日采取不抵抗的策略，因此陈友仁对日积极抵抗的政策无法实施。在对日绝交政策的实施方面，又遭到蒋、汪二人的强烈反对，因为此时，蒋、汪已密谋共同复职。新政府的外交真是到了欲战、欲和都不能的地步。陈友仁在与孙科辞职时发表的声明，对蒋介石在外交方面的掣肘表示了强烈的不满："过去蒋介石对东三省事件，原是一贯主张其消极不抵抗政策之故，以致锦州失陷，而中国军队且全部撤退于关内，外交问题至是乃愈陷于困难。……余经两星期之考虑，以为贯彻全会所决定之政策，则对于绝交之事，实为必要而不可避免之方法。惟此外交政策，为蒋历来所反对，其最近发表对日问题之讲演，以对日绝交为中国之绝路，其论断之坚决，且无磋商之余地，使余对外方针之进行，受严重之打击。"最后，陈友仁只好声明："蒋氏至今实力犹存，而其反对余之外交主张，又若是其坚决，此余所以不能不辞职以谢国人也。"

处理新政府所面临的内政外交的困难，需要一个刚毅果敢的铁腕人物。孙科此人，能力不足以担此大任。孙科执掌新政府，只是各种矛盾斗争相妥协的结果。孙科"向来没有肩膀"，早年在广东时，就有人称其为"阿斗官"。当国民党四届一中全会决议孙科执掌行政院时，南京市市长石瑛就强烈地反对，并向陈铭枢抱怨说："孙科是总理不肖之子，其为人好色好货，且不负责任，怎能担任非常时期的大事，这岂不是儿戏吗？"另外与孙科在政治上时有合作的胡汉民，曾有一段这样的话形容他："因为他是中山先生之子，所以有革命脾气；因为他在外国长大，所以有洋人脾气；因为他是独子，所以有

孙科

大少爷脾气；他有时只发一种脾气，有时两种一同发，有时三种一起发。"此种评价近似于挖苦，但也着实贴切。

这种混乱局面，孙科实在支撑不住了，于 1932 年 1 月 9 日跑到上海，呼吁蒋、胡、汪三人入京主持一切。13 日，孙科在上海开会又成立了中政会特务委员会，在蒋、胡、汪三人入京前负责处理中央一切事务。蒋、胡、汪三人在各方的吁请声中，态度不一。胡汉民坚不赴京，蒋、汪二人则密谋联袂迫孙科下台。汪、蒋二人于 1 月 21 日、22 日抵京后，不言如何度过新政府的危机，不言抵抗日本的侵略挑衅，而是攻击陈友仁的外交政策，责难孙科政府。孙科、陈友仁、黄汉梁被迫离宁赴沪。1 月 25 日，孙科在给林森的电报中说："一月以来，奔走呼号，心力交瘁，幸蒙蒋、汪两公鉴谅，毅然入都，中枢大计，乃得主持。科再四思维，当此时局险危……另选贤能，免误国事。"同时，陈友仁、黄汉梁也在上海宣布辞职。1 月 27 日、28 日，国民党中政会和中常会召开会议，改组了孙科的新政府。至此，仅存在一个月的孙科政府便夭折了。

## 胡冷嘲热讽，反促成蒋汪合作

孙科的新政府实在支撑不下去了，便四处奔走，恳请蒋、胡、汪三巨头入京。这种结局，正是蒋介石所希望的，他不再"入山静养"，觉得复职的时机成熟了，1932 年 1 月 13 日，从奉化走出，来到杭州密谋。

蒋介石住在杭州澄庐寓所后，各派人物蜂拥而至。其中既有蒋介石的亲信，如俞飞鹏、贺耀祖、张群、王柏群、朱家骅等人；也有汪派人物顾孟余等人；还有孙科政府内的陈铭枢等人；其他各方面人物如杨杏佛也如约而来。看到孙科政府一筹莫展，又有各方面人物前来晤面，蒋介石决定采取拉汪排胡的方针，准备与汪精卫共谋入京，执掌政权。

早在宁粤对立过程中，蒋介石就曾派人与汪派人物秘密联系过。当时，古应芬、陈济棠等人对汪派采取"去皮存骨"的方针，不与汪精卫的手下人合作，只留汪精卫这个"骨头"合作。"去皮存骨"的方针引起了汪精卫及汪派人物的不满。蒋介石乘他们之间出现裂痕，曾想瓦解拆散广州反蒋联盟。派宋子文向汪精卫转达蒋介石的合作意向，只要汪精卫肯脱离广州反蒋阵营，南京方面对汪派人物"连皮带骨"一起接纳。迫于当时的形势，汪精卫没有马上答应，而是等待时机。蒋介石下野后，再次向汪精卫暗送秋波，他向顾孟余、陈公博、王法勤三人表示："当此大敌当前之际，本人甚盼汪先生能不顾一切任此艰巨。前在沪时，曾向汪先生面述此意，汪先生太客气，希望三位再代转达，中兴本党非汪先生莫属。"

1月15日，蒋介石特邀陈铭枢、顾孟余二人到杭州澄庐离所，请他们二人代转面交给汪精卫一封亲笔信，希望能与汪精卫在杭州会面。汪精卫正在上海称病而闭门谢客不出，接到蒋介石的亲笔信后，大喜过望，立即决定往杭州，与蒋介石商谈一切。行前，他发出两电，一电致胡汉民，邀其同赴杭州与蒋晤谈，另一电致孙科和陈铭枢，告知已应蒋之邀赴杭。

胡汉民接到汪精卫电报后，马上回电给汪精卫，称"弟以为时局既经更新，则必使政府负实行政策之全责，而不宜陷之于无所适从之环境。此时国家民族最大问题，莫过于抗日'剿共'，只须中央行责任内阁之职权，贯彻吾党数月来共同确定之政策，而吾辈以在野之身，竭诚为政府之助，则对内对外，自能发展，开一新局势"。胡汉民不仅回绝了汪精卫的邀请，而且还企图阻止蒋汪晤面，主张以在野之身辅佐孙科政府。

1月16日晚，汪精卫夫妇连夜赶到杭州，蒋介石特派宋子文、陈布雷、鲁涤平迎接。蒋汪二人连夜密谈。第二天，又继续会谈。二人会谈的内容不得而知，报纸上则宣称"蒋汪相见甚欢，晤谈甚融洽"。蒋汪二人会谈后，又联名致电胡汉民，邀其北上一同入南京，"共支危局"。孙科也在收到蒋汪合作的电报之后，电促胡入京。

胡汉民收到蒋汪联名电后，很是气愤。因为，他曾与汪精卫有约，谁也不单独与蒋介石妥协，而今汪精卫却违约而行。他即致电蒋介石、汪精卫，"所希望各矢忠诚，俾哲生等兄行使责任内阁之职权，贯彻其政策，而我人以在野之身，竭诚赞助，则对内对外，必立有生机，慰国人之期望。尊电所谓共支危局者，当亦无逾于此也。"胡汉民仍然坚持以在野之身辅助政局的主张。同时，胡汉民又向报界发表声明称："余信今日政府最迫切之事为剿匪及对日作战,今日在南京负责之领袖,仍有多人,予及蒋汪三人不赴京,与政府事务之进行,并无妨碍。"

蒋介石、汪精卫联名电邀胡汉民,并非出于本意,只不过给国人看看而已,他们也知胡汉民看到蒋汪合作,必不肯前来。所以,当胡汉民连续发表反对入京、主张以在野之身辅助孙科政府的意见后,蒋、汪二人没有理会,仍继续他们已经商定的合作议程。

孙科收到蒋汪合电后,于1月18日与何应钦、吴铁城同赴杭州。当天,张继、张静江在杭州的烟霞洞设宴款待来杭州的国民党中央委员。宴毕,蒋介石、汪精卫、张静江、孙科、张继五人便入别室密谈,史称"烟霞洞会议"。会议的内容秘而不宣,有记者问孙科会谈结果,孙科只答曰:"圆满,圆满。"又问及蒋汪何时入京,孙科则答:"就去。"可见,"烟霞洞会议"完成了蒋汪的政治谈判,确定了合作的大计。而后,蒋、汪二人分别发表谈话,一唱一和,互为推崇。蒋介石称此次入京,"完全以私人资格赞助政府当局,绝不担任何职务""完全以汪先生主张为主张"。汪精卫发表谈话称:"今入京当以中委资格参加政会,凡中委所能尽力者当竭力从事。"实际上,蒋、汪二人已经约定好,第一步,先把汪精卫推上行政院院长的职位,蒋介石仍保持在野身份。第二步,由汪精卫出面,把军权交给蒋介石,形成蒋主军、汪主政的分治局面,最终实现蒋汪的全面合作。

"烟霞洞会议"之后,蒋、汪二人先后进入南京,共同搞垮了孙科政府。1月23日,国民党中央召开会议,蒋介石率先发言,"关于对日问题,无论和与战两办法,惟须国内真正实现团结一致。"1月27日、28日两天,中政会、中常会开会,分别由汪精卫和蒋介石主持,会议决定改组孙科的南京国民政府,汪精卫继任行政院院长,宋子文任行政院副院长兼财政部长,罗文干继任外交部长;决定成立军事委员会,指定蒋介石、冯玉祥、何应钦、朱培德、李宗仁为常委。

正当蒋汪合流之际,上海爆发了十九路军武装抵抗日军侵略的"一·二八"抗战。慌乱之中,蒋介石准备迁移政府于洛阳,以作长期战争的准备。3月1日在洛阳西宫东花园召开的国民党四届二中全会上,正式推举蒋介石为军事委员会委员长,兼军事参谋部参谋长。至此,南京国民党政府的大权多为蒋汪两派人物所分享,军事系统几乎完全被蒋系占据,行政系统多是汪派当权,党的系统则蒋汪共掌。如蒋系的何应钦任军政部长,陈绍宽任海军部长,陈立夫、谷正纲分任国民党中央的组织部正、副部长,邵元冲任民众运动宣传指导委员会主任委员。汪系的顾孟余任铁道部长,陈公博任实业部长,陈公博还兼任民众运动指导委员会主任委员。蒋汪合掌军政大权的愿望终于实现。

十九路军军长兼副总指挥蔡廷锴在淞沪抗战期间亲临前线、昼夜督战

胡汉民对蒋汪合作十分愤慨,对汪精卫在政治上的不守信用更是愤怒。但除了言语抨击、与之决裂之外,已无能为力了。当他听到孙科政府辞职的消息后,一方面表示出惋惜:"在此内忧方殷,外患紧迫之时,而发生此种不幸事件,实堪惋惜。"另一方面公开表示与蒋汪决裂,"今蒋汪两先生之主张如此,是凿枘不相容,已可概见,故病不能成行,固为事实,而主张之不同,尤为明显之事,实也。"同时,他又提出自己对时局抗日的四点主张:(一)必须充分接济为国御侮为民干城的上海抗战部队;(二)主张对日行强硬态度,不屈从暴力,必须彻底打破不抵抗及依赖他人之迷梦;(三)必须切实组织民众,对抗日的民众团体要加意扶植;(四)必须调集精锐之军队,切实分区"剿共"。他还强调说,这四项主张"为维护国家之紧要途径","苟政府一有违反,我人当认为革命之敌,而谋所以对付之。"

用在野之身辅佐孙科政府的主张未被蒋、汪接纳,蒋、汪合作实现之后,胡汉民真正成为南京国民政府的在野派了。由于胡汉民心胸狭窄，缺少政治上的变通之术，再一次失去了入主中枢重掌大权的机会。胡汉民原想以自己的不合作，抵制蒋汪合作，却适得其反，不但未能阻止成功，倒促使孙科政府的短命和垮台，促成了蒋汪合作的实现。这次所得到的教训与1927年下野后的教训相同。孙中山逝世后，胡汉民在政治上屡不适意，都是犯了同样的错误，这不能不令人深思而唏嘘。

## 十　胡办报组党，与蒋对抗

## 对蒋的内政外交，胡大加挞伐

"九·一八事变"后，针对蒋介石的不抵抗政策，胡汉民提出了抗日、"剿共"、反对军阀统治的三项主张。其中反对军阀统治，就是反对蒋介石的统治，实际上就是反蒋，蒋汪合组政府之后，他的三项政治主张仍然没有改变，因此对蒋汪联合的国民政府的内政、外交均进行抨击。

蒋介石当上委员长职后，在内政方针上，主要是"剿共"、实行法西斯统治、开展新生活运动等。对这些政策，胡汉民都一一进行了批评。

胡汉民也主张"剿共"，在这一点上，就其消灭共产党这个目标来说，蒋、胡二人并没有什么不同。但在寇急祸深、民族矛盾日渐激化的形势下，胡汉民所发表的主张、言论，关于"剿共"的文字量最少，对于蒋介石的"攘外必先安内"的政策，着力更多。

蒋介石在南昌宣讲"新生活运动"

胡汉民把抗日、"剿共"视为治标，把摧毁反动之军权统治、重建革命中心视为治本，认为国民党不能实现抗日、"剿共"的原因，在于军阀统治的存在。所以，胡汉民明确提出"必以推倒军阀统治为第一要义"。在《什么是我们的生路》一文中，胡汉民开宗明义地指出："我们的出路只有一条，就是对日抗战。"并批驳了蒋介石提出的"攘外必先安内"的论调，指出，抗战只是求生自卫的最低限度的举措，"因此内部而安固须抗，内而不安也要抗"，否则"不会成了亡国的天经地义吗？"胡汉民把先安内而后攘外，比喻为先吃饭而后工作，认为先吃饭而后工作，诚然是真理，但这只是半面真理，不是全面真理。因为未吃饭，也可以工作，甚至由于工作，方可以吃到饭。胡汉民指出："同样，未安内也可以攘外，甚至由于攘外，便做到了安内。"胡汉民指责南京国民政府："先安内而后攘外，只是南京当局规避国难，推卸责任的遁词。"胡汉民认为，中国目前的最大问题，从根本上说："只有攘外的问题，没有安内的问题，……以'剿共'为安内，这是一种错误。"在该文中，胡汉民进而提出了抗日重于"剿共"的观点，"抗日'剿共'，是我二年来（1931年以来）所抱持的主张。可是权衡轻重，则在今日的情势之下，抗日实尤重于'剿共'，四年以来，共产党军队在江西……南京政府，'清剿'三年绝无寸效。可知'剿'亦然，不'剿'亦然。""则抗日与'剿共'，且可同时并进，更不必有所轻重。"文章中，胡汉民还主张推翻不抗日的政府，称南京政府对日是"不抗、不和、不守、不走"的"四不"主义。正是在这"四不"主义支配之下，东北全然失去。胡汉民主张，"为求国家的独立，民族的生存，我们必须督促南京政府去抗日，南京政府不抗日，我们必须撇开南京政府，联合抗日的同志，抗日的国民，共同负起向日本抗战的责任。"

胡汉民"反共"思想萌发要比蒋介石早得多，并且还与蒋介石合作过进行清党"反共"。可是，在民族矛盾尖锐、外寇入侵日渐紧迫之际，胡汉民竟能以民族生死存亡的大义为重，提出抗日重于"剿共"的口号，这不能不说是胡汉民的一个进步。值得一提的是，胡汉民还在1934年4月共产党为反对日本独占中国的"天羽声明"所发表的《抗日救国六大纲领》上签名响应。

蒋介石重又上台之后，为了实现其独裁的目的，乃不断强化法西斯主义统治。二十世纪二三十年代，法西斯主义盛行于德、意两国，成为实行独裁特务统治纷纷崇拜的理论。蒋介石为了学得法西斯主义的"真谛"，曾派人到德、意两国去"取经"，还亲自聘请德国的军官作为"剿共"的顾问。蒋介石在全国到处建立特务组织，大肆宣扬全国人民对他的忠与孝。胡汉民不仅对法西斯主义理论进行了猛烈的抨击，而且还对蒋介石的法西斯主义统治进行了揭露。

胡汉民从政治、经济、社会、文化等方面分析了法西斯主义的反动性，认为"法西斯运动，实在是现代最反动的运动，它是时代转变的产儿，同时也必会以时代的转变而转趋没落"。并断言："它的没落，不是理论的问题，而只是时间的问题。"胡汉民指出，三民主义与法西斯主义是格格不入的，而法西斯主义这种反动势力的孕育，"无疑是征示着三民主义前途的又一劫运"，因为三民主义的革命运动，绝不能与法西斯主义的反动运动并存，"三民主义的民族主义，要摧毁法西斯的国家至上主义；三民主义的民权主义，要摧毁法西斯的独裁专断主义；三民主义的民生主义，要摧毁法西斯的资本主文的统治主义。"胡汉民称蒋介石热衷于宣传法西斯主义只不过是继承了北洋军阀的衣钵，是军阀主义一类的反动东西。分析了中国的情况后，胡汉民断定：中国产生不出法西斯蒂来，尤其目前做着法西斯蒂迷梦者，建立不起法西斯蒂的组织来。蒋介石虽然效仿法西斯主义而组织了蓝衣社、救亡社等，胡汉民认为，只能是"做到流氓式的侦探或暗杀为止"。

除了理论上对法西斯主义的进行批驳之外，胡汉民对蒋介石利用法西斯组织和手段独揽大权、剥夺人民的民主权利、镇压青年运动等罪行，也进行了揭露和批判。1933年2月9日，胡汉民为镇江《江声报》经理刘煜生、上海《时事新报》记者王慰三被杀事件，致电南京国民政府主席林森、立法院院长孙科，要求"为死者求昭雪，为生者求保障"。为此，1934年10月胡汉民曾警告过蒋介石的南京政府："数年以来，中央对于人民言论之压迫摧残，无所不至，故于民间舆论，有所谓舆论指导员者，遍布各地，出版刊物之检查，密如网罗，时政记载，动辄得咎，报纸封闭，

蒋介石的德国军事顾问塞克特

记者之被囚被杀,尤日有所闻,甚或记载偶涉私人,此私人者,并往往借政治机关之动力,横肆干预,防民之口,甚于防川。"

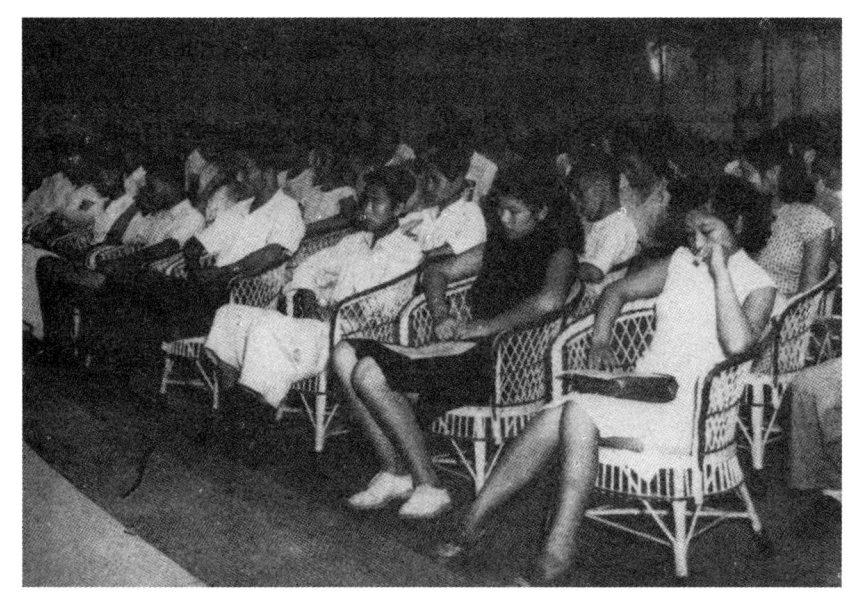

*"新生活运动"中的南京青年*

为了全面贯彻他的内政外交方针,蒋介石发动了一个自称为"精神方面的重大战争",即"新生活运动"。按照蒋介石1934年2月19日在南昌行营总理纪念周上"新生活运动之要义"的讲演,认为,"国家民族之复兴不在武力之强大,而在国民知识道德之高超","提高国民知识道德,在于一般国民衣食住行能整齐、清洁、简单、朴素,过一种合乎礼义廉耻的新生活。"为了开展新生活运动,南昌成立了"新生活运动促进会",蒋介石亲自担任会长。南京也成立了"新生活运动促进会",各省各县也相继成立了分支会。实际上,是换一个新名词,仍用传统的道德与文化来麻醉人民群众,做蒋介石法西斯统治下的顺民。

蒋介石的"新生活运动"刚刚发动,胡汉民就写了一篇文章批判它,认为中华民族,确实需要新的生活,但要有前提,一要能维持民族的生存,二是安定人民的生活,然后才能谈到更新人民的生活。可是,现实却是中国人民简直无生活可过,经济衰落、农村崩溃,东北人民更在日寇铁蹄之下,生既不能,死又未可,"在万恶的军阀政治之下,哪里有所谓生活。"胡汉民又揭露道:"所以所谓新生活运动,只是军阀官僚,在剥削民命、住大厦、食膏粱、衣锦绸、拥美妾之余想出来的玩意。干脆说一句:无非向无处求生、无法求活的老百姓开玩笑而已。"胡汉民同时还认为,新生活运动要提倡,但不是蒋介石提出的内容,而是"推倒军阀统治"六个字。

白蒋胡约法之争蒋介石获胜后,就开始着手制定一部"宪法",以实行所谓的"宪政",蒋介石好当上大总统。经过两年多的酝酿,1934年3月1日,国民政府立法院公布了《中华民国宪法草案初稿》。公布之后,胡汉民就发表全面否定"宪法草案初稿"的谈话,认为"军权统治一日不消灭,则宪法之治,徒为梦想,纵宪法之编订如何完善,亦徒供法律学者之玩赏探索,或备为中国宪政史上多留若干陈迹而已"。胡汉民还提出了评定宪法的三条标准:一是顺应人民及国家的要求;二是法能实现,在于人民与政府守法,尤以政府守法为要;三是编订宪法之权应操于全民,不应操于政府或专家。用这三个标准来衡量南京政府的《宪法草案初稿》,胡汉民称,它只不过是军阀钦定之宪法而已。

抗日战争全面爆发之前的蒋介石外交政策,基本上是不抵抗的外交。虽然有时迫于形势也曾说过一两句抵抗的词句,但并没有认真执行过,为了压制民众的抗日,蒋介石则以抗日速亡论、依赖国联、攘外必先安内论调来为自己的行为寻找借口。胡汉民对蒋介石的外交政策也进行了批驳。

1933年4月15日,胡汉民在《三民主义月刊》上发表了《从日本现势说到对日抗战》一文,分析了日中两国的情况,认为虽然中日两国相比,强弱异势,优劣悬殊。但中国不能因此而对日妥协屈辱,相反,中国应该抗战,抗战的前途也未必悲观。日本不足惧。因为,近代国家要保持其良好的地位,必须具备两个条件,一个是优良的外交形势,另一个是丰裕的财政状况,而强大的军备"并不算得主要的因素"。日本恰恰在那两个必备的条件上处于劣势。一方面,日本入侵东北,打破了列强们在远东的均势,"为太平洋争霸而使日美的冲突,益形尖锐","为权力的斗争,而使日英关系日渐疏懈,日俄更不相容。"日本外交已"绝对陷于孤立的地位"。另一方面,日本的财政状况也很糟,"九·一八"之后,日本财政支出剧增,物价飞涨,对外贸易衰颓和亏损,日币在国际上价值低落。而日本又是天然资源甚少的小国,无力从经济困境中解脱出来，"日本财政和经济的情形，其日趋崩溃的倾局，已日益显明。"由之，胡汉民得出："到底是抗战亡国呢？还是不抗战亡国呢？这应该很明白清楚了吧！"在另一篇文章中，胡汉民鲜明地提出："惟有用赤铁与热血的对日抗战，是我们的惟一出路。"

胡汉民对日本的分析并非完全科学正确，但他的主张却驳斥了抗日速亡论的悲观论调，能够激发、鼓舞人民的抗日斗志。

"九·一八"事变后，蒋介石不作积极的抵抗准备，而是把东北的问题诉诸国联。胡汉民开始亦同意用外交途径，求得国际社会的解决。可是随着时间的推移，国联不仅未能解决东北问题，而且未能阻止日本继续侵略。事实使胡汉民警醒，提出了"东北问题之最终解决，不在国联，不在所谓公约，而在我国人民最后之自决"。

蒋介石在依赖国联的同时，还幻想由英美出面制止日本的侵略行径。胡汉民也反对依赖英美。他分析了日本与英美等国具体情况之后，指出他们虽然有利益冲突，但他们各有"苦衷"，还不至于对日本采取强有力的行动。因为帝国主义以侵略弱小民族为能事，绝不会对中国有善意，"在国际帝国主义者重分世界的前提之下，无论任何国际协调，中国只有被宰割的资格。"胡汉民还把这种拉英美制日的方式，比为以夷制夷，认为"假如抱着所谓'以夷制夷'的谬见，真有使中国变成国际殖民地的危险"，结果只能是前门驱虎，后门入狼，中国不亡于日本，则亡于其他帝国主义国家"。

蒋介石的外交政策，带来的是国土大面积丧失和一系列屈辱的协定。日本侵占东北后，又得寸进尺，向华北进兵。在蒋介石同意之后，1933年5月，北平政务委员会委员长黄郛派人与日本签订了《塘沽协定》，协定不仅承认了日本占领东北三省、热河一带的"合法"性，并把察北、冀东的大片国土拱手送给日本。这样，华北门户洞开，完全处在日军的监视与控制之下，因而日军可以随时进占冀察，直取平津。如此丧权辱国的协定，蒋介石却夸签约者，"好！好！你们处理得对。"几乎同一时期，宋子文与美国达成了《美棉麦借款合同》，用借款的形式购买美国的棉和麦，用中国烟卷、棉纱、火柴等五项统税作抵押。

《塘沽协定》和《棉麦借款合同》公布后，国人齐起反对，胡汉民也强烈地反对。他就美棉麦借款一事，曾两次发电报质问立法院院长孙科及各委员，称对此违法、祸国殃民的借款，"弟以党员立场，不能不严重反对。兄等素非恋栈权位，甘为傀儡之徒，立法机关，尤为职权所在，内疚神明，外顾舆论，当亦不能安于缄默。"1933年7月15日，胡汉民又发表《塘沽协定与棉麦借款》一文，分析了"塘沽协定"的内容，指出其实质是卖国。对棉麦借款，胡汉民列举了大量数字，批驳南京政府谎称棉荒、麦荒是不可信的。指出借款的目的纯属对内，"南京政府为什么要签订塘沽协定？为的是对外不抵抗。为什么要签订棉麦借款？为的是对内不妥协。"文章中，他号召人们"打倒这个反动的南京统治，探寻国家的新生命"。"不是革命，就是反革命，不是南京军阀的臣仆，便是革命阵前的斗士。"

南京国民政府北平政务委员会与日本签订《塘沽协定》

在蒋介石对日外交政策没有改变之前，胡汉民对之的批判也没有一刻停止过，称南京政府的对日外交"是投降的屈辱"，是"纯粹采取送礼之方式"。1935年4月15日，胡汉民发表了《南京的外交绝路》一文，详细列举了南京政府依赖国联和降日政策带来的恶果，"这三年间的所谓外交，都是出卖民族利益的鬼把戏。从东北之沦陷到华北之破败，再到整个中国之被钳制，这是所谓南京外交的总成绩。"认为如此走下去，只能是绝路一条。

鉴于蒋介石南京政府的内政外交政策和措施，胡汉民多次提出"负有全责的南京政府应尽早下野"。

胡汉民不仅持抗日的主张，还多次拒绝了日本的拉拢和诱惑。日本政府看到蒋胡之间有矛盾，就想利用这个矛盾，唆使胡汉民建立一个与蒋介石对立的政府。早在约法之争后不久的1931年12月，日本人土肥原贤二就向胡汉民表示，"甚愿胡先生出面组织健全政府，如需敝国帮助，亦愿视敝国能力所及，以帮助胡先生"。胡汉民严词予以拒绝，称他与蒋之间的矛盾，实为中国内政，"不容他国干涉"。日本不甘，此后亦曾多次派人与胡汉民联络，每次都遭到了胡汉民的痛斥。

## 组党办报，胡与蒋对抗

胡汉民对国民党有着深厚的感情，他在与蒋介石的分合离疏过程中，从没有反对过国民党。他以国民党的正统自居，这也是他与蒋介石斗争的一张王牌。可是自1928年蒋胡第二次合作以来，胡汉民帮助蒋介石制定了训政纲领，奠定了国民党训政的基础。蒋胡约法之争，二人合作关系破裂之后，蒋介石也打着党治训政的旗号，召开国民会议，颁布约法，俨然已遵循总理建国大纲，继承总理遗志。胡汉民不能放弃自己与蒋介石斗争的政治优势，党治的主张不能变更，但国民党的中央掌握在蒋介石手中，胡汉民只好抨击蒋介石篡夺国民党党权，蒋介石的党治是军治，并成立新的国民党与南京的蒋记国民党相对抗。

1932年2月，蒋汪合作刚刚开始，一向主张"党外无党，党内无派"的胡汉民，对报界发表谈话，除了重申他的党治主张外，还强调他的"党治"是以孙中山的三民主义救国。指出，能以三民主义为帜志，党外可以有派，"故党外苟尚有所谓党派，如其政治主张，能绝对不违反三民主义者，本党可本自由结社之意，容许其存在。"

胡汉民认为，蒋介石不能与国民党并列同称，反对蒋介石不是反对国民党，蒋介石不能代表国民党。蒋介石只是"窃党治之名，行独裁之实"，南京的"以党训政"，只是"窃以党训政之名，行以军治政之实"。胡汉民指出：今日中国之大患，在中国国民党党治之不能行使，过去数年中，虽号称党治，然国家政权，尽操于军事当局一人之手。怎样解决党治不能实现的问题呢？胡汉民在《党权与军权之消长及今后之补救》一文中提出四个方案，第一，"必须重新建立党的组织，使党成为真的革命的组织"；第二，"必须在军队中彻底厉行主义的训练和党的统制"；第三，"必须注意军队的本身和兵士的素质"，"随时为实际的改进"；第四，"必须依据总理权能分别的说法，使党有权，军队有能，并使军令、军需离军队而独立"。

"淞沪停战协定"签订后，胡汉民就与邹鲁商议组党事宜。1932年上半年，一个区别于南京国民党的"新国民党"诞生了。胡汉民自视为国民党的正统，不能放弃曾为之奋斗的"国民党"这个名称，故新组织仍用"中国国民党"之名，但为了与南京之国民党区别开，一般都称胡汉民组织的国民党为"新国民党"。

"新国民党"以西南执行部为中央机关，总部设在广州。奉胡汉民为党的领袖，邹鲁为书记长，西南执行部其他成员如萧佛成、邓泽如等都是负责人。凡加入"新国民党"者，均须宣誓，以示隆重。"新国民党"的各级机构皆称"干部"，相当于其他党团组织的"委员会"或"支部"。"干部"之意取自"干事的部门"的简称。胡汉民认为，当时的南京国民党机关官僚习气严重，"新国民党"要摒弃这样的习气，成为一个"干事的部门"。"新国民党"以胡汉民提出的抗日、倒蒋、"剿共"三大主张为政治纲领，它在组织方面的活动，主要是联络登记，着重调查西南地区以外的反对蒋介石的国民党人士，然后派人接洽联系，为此，还成立了由邹鲁负责的专门委员会。因此，他还在两广以外发展地方组织，程潜等人在上海组织了"新国民党"长江支部，胡汉民曾亲自授意杨思义去湖南发展组织。"新国民党"在上海、天津设常驻的地方"总干部"，分别负责长江流域各省和东北华北省份的党务；西北地区增设"西北执行部"，各省再设"分部"，不设分部的省则委任"特派员"。同时，还在加拿大、美国、古巴、南洋等地区，组建海外的"总干部"或"分部"。据"胡汉民往来函电稿"透露的有关数据统计，截至1934年10月，"新国民党"登记在册的党员已达两千七百余人。

虽然"新国民党"有胡汉民的着力打造、深情投入，但不少地方"组织空洞，效率不彰"。胡汉民也曾进行党务改革，可是收效甚微。

为了宣传自己的政治主张，抨击蒋介石的统治，胡汉民于1933年1月在广州创办了《三民主义月刊》，作为自己的宣传阵地。胡汉民在发刊词中，宣布了创刊的目的，是对社会上种种怀疑和败坏"三民主义"的理论和行为进行批评，"我们办这一个刊物，径直标这一个'三民主义'的名词，……来洗刷一般因现实之败坏而加于他的误解，我们要揭露三民主义的真实面目，归还他固有的伟大永久的价值。在这个刊物中，我们要根据三民主义，批判时事，无论是中国的抑或世界的。我们要根据三民主义平衡学术，无论是社会科学抑或自然科学。我们确信唯有三民主义是我们一切的中心，是我们信仰的归宿，是中国革命的道路。因此我们确信三民主义必定实现，中国革命必定成功"。

邹鲁

《三民主义月刊》由胡汉民亲任主编，刘芦隐专门管理刊物的出版发行。可以说《三民主义月刊》是西南反蒋人士的喉舌，是"新国民党"的党刊，也是外界了解胡汉民等人政治主张的一个窗口。胡汉民是该刊的主要撰稿人，"九·一八"之后胡汉民的政治主张大都在《三民主义月刊》上发表。《三民主义月刊》共出了五卷三十期，几乎每期都有胡汉民的文章、谈话、通电，其内容主要是揭露和批判蒋介石的"攘外必先安内"政策，抨击蒋介石的法西斯独裁统治。此外，西南方面的邹鲁、刘芦隐、萧佛成、刘纪文、朗醒石、王养冲等也时有文章登此刊上。由于《三民主义月刊》宣传抗日反蒋，故南京方面对之采取严禁政策。但《三民主义月刊》的言论符合当时一部分抗日反蒋民主人士的主张，因此它的影响较大。不仅由"新国民党"人士带往各地，而且当时许多人如胡适等都与之有邮购关系。从一定意义上说，它对当时的抗日反蒋运动起了某些积极的作用。

另外，胡汉民在组织行动上的另一个反蒋活动，是1935年创办的政治骨干训练班——广州市仲元中学政治经济讲习班。

仲元，是邓铿的字。仲元中学是胡汉民为了纪念邓铿而创办的。1933年底，胡汉民派他以前的秘书任仲敏去广州筹办仲元中学，并亲自审定了该校的组织章程，仲元中学的校长由刘芦隐担任。1935年初，胡汉民为了培养基础干部，扩大自己的势力和政治影响，在仲元中学开办了"广州市仲元中学政治经济讲习班"。讲习班以"抗日救国"为宗旨，胡汉民当董事长，刘芦隐任校长，傅启学任教育长，曹霁青任训育长，周子寅为军事总教官。此外，还聘请了黎东方、钱实甫等十多位教授来校讲课。讲习班的学员由西南各省及上海、江苏、山东、安徽等省的有关人士秘密保送，然后经考试录取。招生时规定，学员须是大学毕业或具同等学力，并具有"革命意志"的青壮年。

讲习班于1935年2月开学，第一期招收一百人，学期一年。同年12月，第一期学员结业，之后，学员被派回各地，主要任务是鼓动罢课，宣传抗日，以反对不抵抗主义作为公开反蒋的突破口。有的地方还每月从西南领取活动经费。

讲习班与"新国民党"一样，后来随着胡汉民出国、去世，日渐式微，到最后便成为历史名词了。

## 福建事变：胡既拒闽又拒蒋

在日本帝国主义侵略日甚、民族矛盾日深的形势下，许多富有民族精神的国民党军事将领也纷纷起来，公开举起抗日反蒋的大旗。其中福建事变影响最大，与胡汉民的关系也最为密切。

"一·二八"上海抗战之后，十九路军被调往福建进行"围剿"，在与红军作战中曾多次遭到挫折。十九路军的将领蒋光鼐、蔡廷锴意识到，民族大敌当前，内战是没有出路的。本来上海淞沪抗战，蒋介石的不积极支援的做法已令十九路军将士大为不满，将士们的抗日之情尤炽，同时又受到红军团结共同抗战的政策影响，蒋光鼐、蔡廷锴决定联合李济深、陈铭枢发动福建事变。

福建事变的主要领导人与两广都有密切的关系，十九路军又是陈铭枢从广东带出来发展而成的，况且从地理位置而言，福建与广东相连，如能闽粤桂三省结盟，可免福建的后顾之忧。因此，十九路军在准备筹划反蒋事变中，就把实行粤桂闽大联合共同倒蒋、推胡汉民出面组织独立政府，定为上策。本此方针，十九路军对两广及胡汉民做了大量的工作。

1933年1月，蒋光鼐派李章达带着《粤桂闽三省联盟约章草案》赴粤，征求陈济棠、李宗仁等的意见。李章达还顺便在路过香港时，把这一草案送给胡汉民、李济深看。广州的陈济棠、李宗仁略事修改后，即签字成约。"联盟约章"全文共十五条，主要规定三省合作问题，其中任何一省受到侵犯时，其他两省应全力援助，最后达到"抗日、反蒋、实现三民主义的建设"之目的。可以说，"联盟约章"基本上符合胡汉民的政治主张。

5月，陈铭枢从国外回来，他一到香港就与胡汉民就福建问题进行了晤谈。6月，陈铭枢同蔡廷锴回来香港，再次与胡汉民秘谈，决定："粤桂闽切实联络，从实干去，不尚空言；对中央行为均表反对，实行'剿共'以排除北上障碍。"密谈中，陈铭枢提出了由胡汉民出面组织独立政府的问题。正当十九路军与两广及胡汉民加紧联络商议时，广东的实力人物陈济棠首先动摇了，他惧怕在武力反蒋中失掉广东的地盘，同时也不愿意十九路军兵败后进入广东境内。胡汉民因此便不敢贸然答应福建方面，而广西桂系的李宗仁、白崇禧也感到粤桂不能自行其是，劝福建方面仍要做广东的工作，并表示"只要广东同意，广西绝无问题"。

十九路军将领发动反蒋事变的决心已下，并不因为广东陈济棠的反对而动摇，仍然按原计划进行。同时，他们也不放弃与广东及胡汉民的联系。所以说，胡汉民对福建事变酝酿的整个过程都是清楚的。11月5日，当李宗仁、白崇禧得知福建即将采取非常行动，在福建成立人民政府的确切消息之后，便一边致电李济深、陈铭枢、蒋光鼐、蔡廷锴，劝他们"切勿采取任何过激措施，给叛党卖国者以口实"；一边致电胡汉民、陈济棠，建议："任潮、真如等被迫愤而出此，欲劝息之，不如合粤桂闽在粤成立革命政府，彼既有路而行，或不致铤而走险。"李济深已决定赴闽，参与领导福建事件，在赴闽前曾劝胡汉民，希望"老师"能同行。

尽管胡汉民对十九路军酝酿发动事变采取冷漠的态度，陈铭枢、李济深等还是在发动事变的前一天，即11月19日，联名致电粤桂方面的胡汉民等人，促合作讨蒋，电中云："惟救国必先讨贼，而讨贼必先西南一致实力行动。……今民族危亡，迫在眉睫，弟等为形势所迫，不得不先期发动，嬴秦无道，陈涉发难于先；安邦定国，沛公继起于后，今望吾兄本历来之主张，为一致之行动。不特西南之福，亦中国再造之机也。"

"中国全国人民临时代表大会"在福州召开，图为会议参加者合影。

11月20日，齐集在福建的李济深、陈铭枢、黄琪翔等及十九路军代表在福州市南校场隆重召开了"中国人民临时代表大会"，参加会议者达数万人，宣布"中华共和国"的诞生，并成立"中华共和国人民革命政府"，由李济深、陈铭枢、陈友仁、冯玉祥（余心清代）、黄琪翔、戴戟、蒋光鼐、蔡廷锴、徐谦、何公敢、李章达11人组成人民革命政府委员，由李济深任主席，废除南京国民政府年号，改民国二十二年（1933年）为"中华共和国元年"，福州为中华共和国首都；废除中华民国的青天白日旗，另以上红下蓝、中间染上黄色的五角星旗为国旗。福建的"人民革命政府"向全国宣布自己的使命：一、求中华民族之解放，形成真正独立自由之国家；二、消灭反革命之卖国政府，建立生产人民之政权；三、实现国内各民族之平等权利；四、保障一切生产人民之绝对自由平等权；五、排除帝国主义在华势力，打倒军阀，铲除封建残余制度，发展国民经济，解放工农劳苦群众。他们又成立了生产人民党，由陈铭枢任总书记，以示与国民党对抗，并由李章达领衔，宣布参加闽变的国民党员一律脱离国民党，加入生产人民党，十九路军中级以上军官，都加入了生产人民党。是为福建事变。

福建事变的爆发，最令南京蒋介石政府担心的是两广与福建联合起来。所以自福建事变开始酝酿，南京方面就派人试探胡汉民的态度，再次掀起一个拉胡汉民入京的小高潮。事变前，南京政府曾派黄绍竑、黄复生、陆文澜等人赴香港，进行拉拢探底。事变发生的第二天，吴稚晖就致电胡汉民，再次试探胡汉民的真正态度，吴稚晖曾用外有胡"与闻其事"之谣，告诫胡道："谣传先生亦与有连，弟想事之荒谬，必不至此，务宜严绝，且加声讨，才不愧为总理信徒也。"胡汉民当即回敬一电："弟生平行事，予天下人以共见，无劳注及。虽然，惟无瑕者可以责人，使今日无扶同卖国殃民之辈，尽情肆恶，则十九路军亦何至挺而生险，……故公等亦宜自省，而先有以谢国人也。"电中虽对吴稚晖反唇相讥，骂他为虎作伥，但也表露了胡汉民不参与闽变之态度。

11月22日，胡汉民、萧佛成、陈济棠、李宗仁等又公开致电福建方面，表示自己的立场。对他们"揭橥讨贼，期申正义于天下，至所同情"，但对他们宣言中打倒国民党、废除青天白日旗等认为是"背叛主义，招致外寇，'煽扬'赤焰，为患无穷"。

胡汉民公开了对闽变态度之后，南京政府决定一方面继续拉胡入宁，另一方面着手消灭十九路军。南京国民党中央开会除开除陈铭枢、李济深、陈友仁的国民党党籍外，还训令南京政府下令通缉以上三人。同时，国民党中常会决定："迎胡汉民入京，共负艰巨。"何应钦还在一电中称赞胡汉民是"党国硕彦，群流敬仰"。国民党中央派张继等人去广州、香港活动，讨论共同对付福建事变的具体方案，张继还携带着蒋介石给胡汉民的亲笔信。胡汉民再次严词拒绝张继的劝说，并对张继说："你们不自省识，还为军阀统治做说客，未免太可惜了。"

胡汉民不为宁方及闽方的邀请所动，而对双方都持批判态度。"福建是不要党，南京是篡窃党，不要党和篡窃党，厥罪惟均"。"真如、任潮等可责可罪，而南京政府则非其人。"胡汉民把闽方与宁方视为同等罪人，"背弃国家民族之立场，无间宁、闽，初无二致。……"所以，胡汉民对宁闽双方各打五十大板,"宁方不能放弃其独裁卖国之政策,闽方不能'痛改'其叛党联共……则无间宁闽,不仅为本党之叛徒,亦且为国人之公敌,叛徒公敌,人人得而诛之。"

12月15日,胡汉民以超然于闽宁双方之外第三者的身份宣布了他对时局的八大政治主张:

(一)遵依本党总理孙先生之遗教,力行三民主义之治,务使民族独立,民权普遍,民生发展;

(二)独裁卖国的南京军阀统治与叛党联共之福建乱党统治同时取消,重新组织一真能代表国家人民利益之政府;

(三)新政府之建立,其目的在维护国权,解放民权,故对外必须抵抗帝国主义侵略,以保障国家之独立,对内则首先确定保护人民言论出版集会结社一切自由,同时遵依建国大纲,实行地方自治,使人民有参与政事之机缘及能力;

(四)为防止军阀统治之复活,故凡带兵者绝对不能干预政事。军需军令,离军队而独立,务使军队有能,而指挥军队之权,则操于政府;

(五)为达到前项之目的,对于全国军队,宜为统一编制,划定区域,别其性宜,付以专责,使之分负抗日、"剿共"、捍边之责任,撤废所谓军事委员会,使全国军队,直接受军政部之指挥及监管,军需之支给,则统一于财政部;

(六)中央与地方,实行均权制度,凡事务有全国一致之性质者,划归中央,有因地制宜之性质者,划归地方,不偏于中央集权,或地方分权;

(七)为求民生之发展,故必须扶植农村,开发交通,扩展工商业,力行关税自主,绝对公开财政,废止苛捐杂税。南京统治之公债政策,病国害民,尤当彻底纠正之;

(八)政府之组织,依据于本党总理孙先生之遗教,政府之用人,以选贤任能为原则,而要求以能奉行本党之主义为标准。

南京政府为了拉住胡汉民，表示对其八项政治主张"可以酌量容纳"，提交国民党四届四中全会讨论，并促胡汉民到南京说明一切。

在对胡汉民极尽拉拢的同时，南京政府已经对福建用兵，分派三路大军向闽进发，同时海、空军辅以进攻。蒋介石指使飞机轰炸了漳州和福州，引起了福建内部的慌乱，也造成了许多市民的无辜伤亡。胡汉民看到这种情形，派胡文灿去南宁，鼓动李宗仁、白崇禧反蒋。但李、白二人以陈济棠不肯行动为由而拒绝。胡汉民又发表通电，指责蒋介石派飞机轰炸闽民："连日宁机轰炸，人民焦头烂额，趋避无路……所望各方奋起制止此种行动，以安民命，而维国本。"一纸空文，既不会对福建方面起任何帮助作用，也不会对南京方面起到限制作用，蒋介石用兵轰炸如故。1934年初，福建方面已经支持不住，十九路军退守漳州，蒋介石仍穷追不舍，胡汉民致电南京政府，请其停止追击十九路军，"以备为将来党国之效用"，但蒋介石还是把十九路军肢解拆散了。福建事变的主要人物李济深、陈铭枢、蒋光鼐、蔡廷锴等纷纷逃匿香港。福建"人民革命政府"只存在一个月二十六天，终于在孤立无援的情况下，走到了末路。

胡汉民之所以没有支持福建方面，一是因为福建方面有不要国民党、擅定年号、改易国旗的举动，这对于有国民党顽固党性和深厚感情的老国民党员胡汉民来说，是无法接受的。胡汉民曾一再强调，"反蒋中正不能说反党，党不即是蒋中正，蒋中正也不即是党。故反蒋而反党，于逻辑为不合。"二

1933年蒋介石检阅即将讨伐"福建事变"的部队

是胡汉民虽然被奉为西南的精神领袖,但并没有掌握军队的实权,西南尤其是陈济棠以保存实力、守住地盘为目的,对反对蒋介石不感兴趣。胡汉民虽几欲与之联合,但终因无实力做后盾而作罢。胡汉民不支持福建方面,就等于暗中帮了蒋介石的忙。

纵观闽变事件过程中胡汉民的态度言论,虽自称"中立",各打五十大板,可终因与十九路军各将领有历史渊源,从感情上说,还是倾向他们的。所以当蒋介石穷追十九路军时,胡汉民指责蒋介石"未能尽爱护之责,致令铤而走险,处置失当,咎已难辞,……务望停止追击,妥予保全"。

## 借助西南反蒋,两广借胡暂偏安

蒋汪合组政府后,胡汉民坚决不赴南京,国民党四届一中全会决定设立国民党中央党部西南执行部和国民政府西南政务委员会,由胡汉民主持一切,胡汉民便以西南为依托,继续进行反蒋活动,而西南地方实力派也乐意奉胡汉民为精神领袖。名义上,西南归属于南京国民政府,而实际上却与南京国民政府相对峙,形成了偏安一隅的政治格局。

早在蒋汪合作的密谋过程中,广东方面的萧佛成、林翼中等人赴香港悄悄问计于胡汉民:今后两广怎么办?胡汉民答曰:"西南自保政策不变。"当南京国民政府引诱陈济棠许以中央政府职务时,胡汉民劝阻陈济棠不要就任南京国民政府的新职务,"要联络滇黔,出师闽赣,籍'剿共'为名,徐图发展。"胡汉民还谆谆告诫西南军政各要人,要加强西南内部的团结,只有这样才能与蒋介石对抗,才能保持住西南的既得利益,才能为日后"推进大局"打下基础。

为了与南京蒋介石政府相抗衡,胡汉民重新提出了"均权"理论。"均权"理论源于孙中山的《建国大纲》中,孙中山认为:"中央与省之权限,采均权制度,凡事物有全国统一性质者,划归中央,有因地制宜性质者,划归地方,不偏于中央集权和地方分权。"从中我们可以看出,孙中山的"均权"理论的主旨是规定中央政府与地方政府的权限,以区别于中央集权和地方分权，建立一个比较民主的、中央与地方权责分明的资产阶级共和国。胡汉民为了西南自保不变，不使南京政府染指，便打出了孙中山的"均权"理论旗号，但胡汉民的"均权"理论又不同于孙中山的"均权"理论，他更侧重于地方与中央政府相抗争的权利。如果套用孙中山的"均权"理论，违背了其理论的原意，似乎有些不伦不类。

胡汉民为了宣传他的"均权"理论，写了许多文章。认为，"实行均权制度，是中国今日唯一的需要。"他提出此时实行"均权"制度，有两大理由：其一，可挽救南京军阀的集权错误，其二，可完成国内地方的训政建设。胡汉民还用均权来反对军权，指出南京政府的统治是军权的统治，在军权的统治下，不能实行均权制度。进而他还论述了均权与军权的关系，认为军权和均权是绝不能并存的，我们要以均权来扫除军权，否则，军权一定会摧残均权，"行均权制度的先决问题，是怎样扫除军权统治。"胡汉民指出实行均权制度有三大意义：（一）实行均权制度，是为真实推行三民主义之治；（二）实行均权制度，是为彻底消灭过去乃至目前的军阀集权统治；（三）实行均权制度，是为分期完成训政建设，具备中国为现代国家基础条件。所以他认为，均权制度"是中国所应建立的一个有效的政治制度"。胡汉民还曾公开透露过，他已拟定实行均权制度的纲领，内有扩大政务委员会权力的内容。

胡汉民只从理论上宣扬"均权"主张，由于他并没有握着西南地方的实权，他的"均权"主张也无从实践，只成了与蒋介石独裁统治相斗争的理论武器罢了。不过，胡汉民对西南大联合却着实做了一番努力。

胡汉民在国民党西南执行部和西南政务委员会的权力极其有限，他名义上是主持一切事务的最高领袖，但其政令所及，尚不及两广，更不用说西南其他地方了。胡汉民打算利用西南各省均与蒋介石有矛盾这一实际情况，把西南各省真正组织联合起来。经过一番努力，西南联合一度有些进展。原先，胡汉民只打算组织粤桂闽滇黔五省的联合，后来看到事情进展顺利，又派人运动川湘两省，以搞成"西南七省大联合"。

1932年底，广西派张任民、王逊志为代表，贵州派张彭年为代表，云南派但懋辛、张冲为代表，四川派胡畏三为代表，福建派李间达为代表，湖南派姚褪昌为代表，先后赴粤，讨论联合事宜。胡汉民在香港还约见了部分代表。1933年1月，各省代表已抵达广州，会议正式开始。胡汉民虽没有回广州，但派他的女儿胡木兰携带自己的意见书去广州，提交会议讨论。胡汉民在意见书中提议，设粤桂闽滇黔五省国防委员会及改组政务会，增选五省军政领袖为政务委员会委员。各省代表还讨论了外交、国防、建设等各种问题。会议结果，由代表们"电本省请示"。

可是，由于陈济棠怕"西南大联合"成功后，对自己的广东利益有损，便暗中极力阻止西南大联合，还设法阻止胡汉民与西南各省代表的联系。另外，不久福建事变又爆发，西南大联合没有实质性的进展。直到1934年5月，西南大联合的活动仍在推进中，但终因各省都有自己的小算盘，西南七省的大联合最后也只好无疾而终了。

在西南联合过程中，邹鲁还提出了将西南党、政两机关变成类似影子政府一样机构的计划，推举胡汉民为政治领袖，李济深为军事领袖。胡汉民没有同意，并加以阻止。在闽变过程中，胡汉民也想趁此机会，另有所图，但终未成功。

西南大联合没有组织起来，可是西南却奉胡汉民为精神领袖，每有什么重大事情需要决策时，总是派人去当面请教胡汉民。在胡汉民这面大旗之下，蒋介石才不敢对西南，尤其是不敢对两广轻举妄动。如此，才出现了两广偏安于西南一隅达五年之久的政治局面。

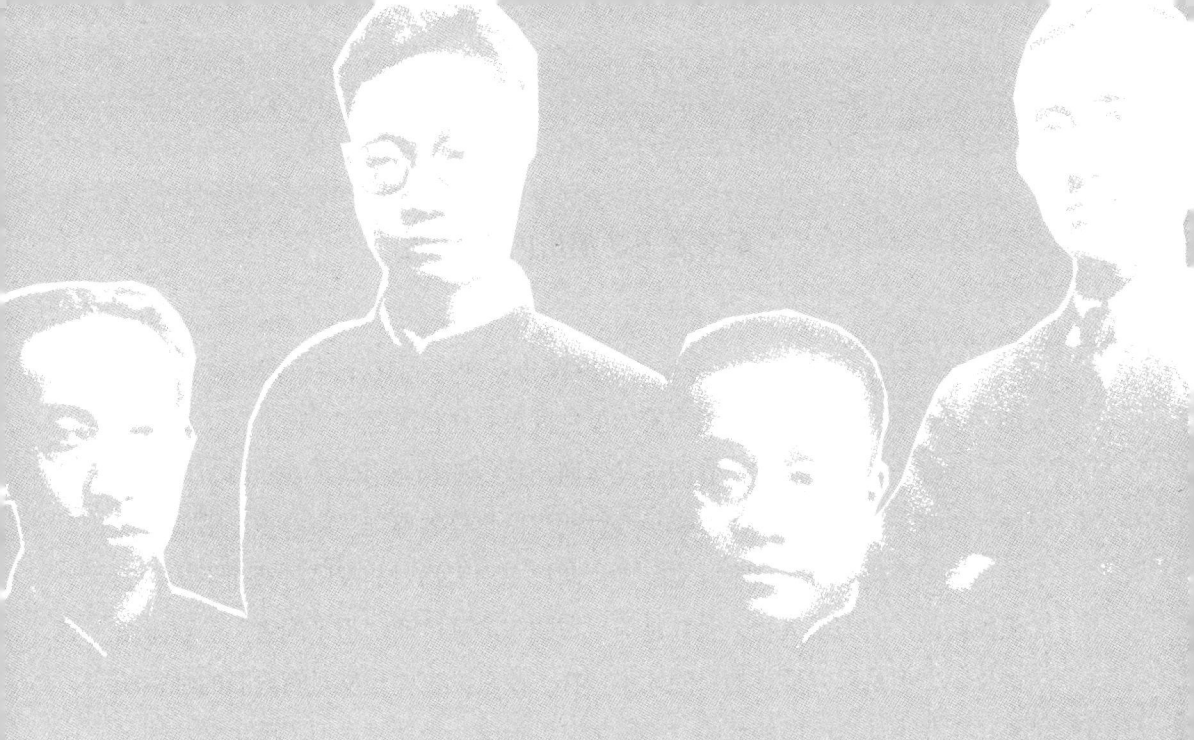

十一　皮里阳秋的终曲

## 无奈之下，胡出国"养病"

两广以胡汉民为精神领袖，胡汉民也以两广为其开展反蒋活动的根据地。但并不是说胡汉民与两广实力派之间没有任何芥蒂和矛盾。

表面上看，在两广设立的国民党西南执行部和西南政务委员会，是胡汉民"主持一切"，西南政务委员会对胡汉民也倍加尊崇，所有重要事项，均托由委员李晓生报告请示。实际上，两广实力人物对胡汉民是尊而不从。胡汉民与两广实力派人物，尤其是与广东的陈济棠可谓"道不同者"。双方虽都反蒋，但是双方反蒋的目的大不一样。胡汉民主要是反对蒋介石的独裁统治，主张用他自己所解释的"三民主义"治国，也就是用旧三民主义救国，如实行训政、以法治国、以党治国等。胡汉民反对蒋介石的个人独裁统治，这是蒋胡二人矛盾斗争的实质。两广实力派反蒋纯属于受利益的驱使，出于保住地盘，做地方王，不让蒋介石染指的目的，这就决定了两广实力派在反蒋问题上，过多地考虑了自己的利益，那么在利益向自己倾斜的时候，就要不顾反蒋的大局，对胡汉民的意见也就不那么听从了。

在福建事变之前，两广实力派与胡汉民的小摩擦时有发生。蒋汪刚刚合组政府不久，蒋汪二人发生了矛盾，汪精卫要出国"疗养"，陈济棠便想接汪精卫入粤，壮大反蒋声势，胡汉民不同意。国民党召开四届三中全会时，在西南出席大会的人选及数额问题上，胡汉民与陈济棠再生龃龉，胡汉民不满陈济棠的专断，陈济棠则以征求李宗仁、白崇禧的意见为由，对胡汉民的主张暗中拖延阻搁。胡汉民在香港的活动，其费用由广东的陈济棠供给。陈济棠对胡汉民稍有不满，就在经济上卡脖子。如1933年2月14日，吴铁城在给宋子文的密电中就透露了这样的情况："伯南（陈济棠）对胡活动费前已由二万减半，现复由二月起减为五千，……胡以不得志于粤，遂拉拢川滇黔桂以控制伯南，但川局纠纷未解，黔无实力，滇不听命，桂只口头敷衍，胡感头头不是道，愤极，终日骂人，虽亲近如李文范亦避澳（门）不敢见。"

对蒋光鼐、蔡廷锴发动的福建事变，究竟采取什么样的态度，胡汉民与两广实力派间的分歧更为明显。在福建事变的酝酿中，蒋、蔡二人曾征求胡的意见，胡并没有明确反对，后来陈济棠惧怕与闽方联合后，事变之成败都对他的地盘是个严重的威胁，遂极力反对与之联合。胡汉民没有办法，转而对事变的酝酿持冷漠不语的态度，但对闽方派来联系的人是来者不拒。事变爆发后，胡汉民既反对宁方，也反对闽方，曰二者皆可杀，各打五十大板。在事变将失败时，胡汉民站出来替十九路军说话，意为保存其实力，为抗日效力，陈济棠在福建事变中，却独得利益。他在事变爆发后派杨德昭去庐山与蒋介石密议，以对闽变作壁上观为条件，换取蒋介石一千五百万元的回报。

福建事变过后，蒋介石欲解决各地方实力派的存在对自己独裁统治的威胁这一问题，便想尽办法，把各地方都收归于南京中央的真正统治之下。但在外敌入侵、抗日呼声日高的情况下，用武力来保证中央的权威已不可能了，于是，蒋介石在全国开展和平的"团结统一运动"。

1934年2月21日，蒋介石、汪精卫联名发表"真电"，宣称国家须有整个的机构，"必须脉络贯通"，"以成为不可分之机体"。为此中央与各地方应"亲密合作"，"中央常派得力人员视察各地方，务求周知各地方之状况，各地方当局亦当以时述职，籍知中央用人行政之大要"。从而开始了"团结统一运动"。

蒋介石把取消两广半独立状态作为"团结统一运动"的主要目标。因为当时两广文有胡汉民充当政治领袖，武有粤桂的军队做支柱，最具有另立国民党中央、成立政府的条件，两广对蒋介石的中央统治威胁最大。因此，蒋介石对两广采取双管齐下而又双管各自不同的方针，拉拢陈济棠、李宗仁，敦请胡汉民入京。

两广内部对蒋、汪"真"电，态度不一。胡汉民坚决反驳蒋汪论调，大肆宣扬"均权"理论，并提出，如果中央撤销西南政委会和西南执行部，就在广州恢复政治分会。两广的实力派反对这样做。桂系因多次受过陈济棠的愚弄，所以不肯轻易与他结成固定形式的联盟，李宗仁、白崇禧主张维持现状。陈济棠则八面玲珑，一面发表响应蒋汪的通电，消除南京对他的猜疑；一面又舍不得放弃胡汉民等元老派，对之虚与委蛇。继而，蒋介石又以共同"剿共"为号召，请两广实力派协助。1934年6月19日，何键奉蒋介石之命到广州参加赣粤桂三省联席会议，共商"剿共"大计。会上，南京答应给两广一笔军费，两广也同意了协同"剿共"。

蒋介石在共同"剿共"问题上打破与两广僵局之后，便又加紧拉胡的步伐。南京立法院公布了《中华民国宪法草案初稿》后，即派人赴香港，请教胡汉民对"宪法草案初稿"的意见，并询问胡汉民对即将召开的国民党五全大会的意见。9月8日，胡汉民与陈济棠、萧佛成、李宗仁等二十一位两广中央委员致电国民党中央，对南京方面公布的五全大会的议题进行了批评，提出四项补充议题：（一）整饬政治风纪、惩戒丧权辱国之军政当局案；（二）严惩一切淆乱社会危害党国祸首案；（三）确立外交方针并国防计划以维护国家之生存案；（四）确定最低限度生产建设计划，取消破坏本国工商业及国民生计之媚外关税税则，并整理财政救济农村案。蒋介石见到胡汉民等人的提案，是要改变五全大会讨论的议题，全面否定南京国民党中央的内外政策，如此势必改组南京国民政府。因此，对胡汉民等人联名电文压制不予公开讨论，不给胡汉民等人明确的答复。

胡汉民见南京国民党中央不予答复，便发电严厉质询，"中央竟置而不议，受而不答，其在各地，并严禁报纸登载，即有少数维护正义之报纸，一为披露，竟横遭严酷之处分。"胡汉民同时又提出为保障五全大会充分行使职权，会前应采取如下两项措施，第一，人民应真有言论之自由，以保证对政治外交之建议及批评；第二，履行本党民主集中制度，予中央委员及海外各级党部党员对于党务、政治、军事、外交，应有充分建议讨论及批评之完全自由。10月15日，胡汉民发表《为五全大会告同志》的宣言，再次声明了中国国民党和南京军权统治不是一回事，号召广大党员反对军权统治。

面对胡汉民的政治攻势，蒋介石感到此时召开五全大会对己不利，只好宣布五全大会延期，先召开国民党四届五中全会。

为了防止胡汉民再发表对召开国民党四届五中全会不利的言论，蒋介石派王宠惠去香港与胡汉民会晤。胡汉民向王宠惠表示，几年来与南京的主张虽有不同之处，但如当局果能厉行改革，励精图治，他将"无间言"。王、胡会晤后，胡汉民对北平的法文《政闻报》记者谈了有关宁粤间合作的问题。声言自己绝不以个人间的情感而失却信仰，如果当局能力改现在一切错误之政策，以救国救党为己任，"我之谅解与否，又有何疑。"胡汉民说："余之最大希望，在蒋介石将军能改革一切内政外交上之错误政策。能改革者，即为余之友，不能改革者，即为余之敌，友敌之分，皆以主义政策为标准，合作非空言所能达到，故今后我人是否能合作，亦须视南京能否变更其政策为断。"

由反蒋之论到谈"谅解""合作"，胡汉民的言论比以前缓和了许多，已发出了可以与蒋介石合作的信号。看到胡汉民的转变，蒋介石也积极回应，遂连续派孙科、王宠惠去香港，进一步商谈宁粤合作的问题。此时，胡汉民等元老派与两广实力派再次发生原则性的分歧。陈济棠、李宗仁认为，蒋、汪二人提出的中央与地方确立的共信互信、和平统一的五项原则可行。胡汉民、萧佛成认为蒋介石五项原则的核心问题仍然是支持军权统一、财权统一、军权高于一切，提出要合作必须蒋汪中央先彻底改正错误，并提出三项要求："须开放人民言论集会出版之自由"；"须确定入川'剿共'，对西南各省，不作大兵压境之威胁"；"对此间之朋友、同志，不得敌视、暗杀，而猖獗之杀人之组织，须即解散"。而且，要求南京政府"拿出行动来，不要徒事声张宣传"。

胡汉民虽然提出了有条件合作，看似苛刻，但表明他的态度已经有所改变。这时，汪精卫又在上海发表了如下言论："中央同人对胡态度，三年来始终未变，即（1）盼望胡先生能来南京，共同负责；（2）胡先生在港批评可以接受，如有误会则予解释，若激于意气，远于事实，亦不计较；（3）如胡先生有意出洋，中央同人必乐于赞助，但此属于胡先生之自动。"汪精卫讲话的核心在于暗示，如胡不入京即出洋。

胡汉民这时已经改变了以在野之身辅佐政府的主张，同意与蒋介石有条件地合作。与胡汉民见面商谈之后，孙科北上时，胡汉民给南京国民党中央常委及蒋介石各写了一封信，让孙科带去。孙科回南京后，在国民政府总理纪念周上公开说：会谈"所得结果非常圆满，胡已同意北上"。胡汉民未必真同意立即北上，即使同意北上也是有条件的。可是宁粤双方关系已改善却是事实。国民党四届五中全会召开时，两广派邓青阳、李任仁、关素人为代表赴会，胡汉民还派刘芦隐到上海，以与南京国民党中央保持联系。然而，距宁粤间实现真正的合作还是有相当大距离的，胡汉民合作的条件对蒋介石来说是苛刻的。尽管如此，这对蒋介石也是一件值得高兴之事，比以前猛烈的抨击要强得多。另外，在宁粤间合作问题上，西南的地方实力派与元老派间也有原则性分歧，外间传闻已很多。有的说："胡以屡有主张均为伯南所阻，认为西南已无可为，有自动出洋意，但不愿接受中央或西南委派及旅费，拟向私人筹得款项即成行，日间将以个人名义发表对时局宣言。"这些分歧裂痕的出现对蒋介石拉胡合作瓦解西南半独立状态十分有利。

1935年上半年，胡汉民与陈济棠的意见分歧仍时有发生，而此时国内政治形势发生了较大的变化。在蒋介石的和平"团结统一运动"中，四川于1935年2月，重新组成省政府，刘湘任主席；贵州于4月组成新省府，吴忠信任主席。另外，借"剿共"为名，蒋介石中央军进驻了云南、四川、贵州。两广逐渐陷入蒋介石中央军的包围之中。日本在华北不断制造事端，南京国民政府对日政策也发生了些变化，做了些抗日的实际准备。邹鲁在广州因主张与陈济棠不同，屡碰钉子后，转而开始与南京接触。邹鲁与南京方面接触之后，力劝胡汉民，在蒋介石对日问题上有所转变后，应趁此机会与蒋介石改善关系，并说这不失为摆脱目前受两广实力派人物之挟的一个好出路。邹鲁还给胡汉民出主意，让他出国，与南京方面的联系由他负责，待联系妥当后，再请胡汉民回国。胡汉民勉强答应了邹鲁的意见。

胡汉民与妻女合影

1935年6月9日，胡汉民同随行的医生陈翼平、李崧，秘书程天固、刘平，女儿胡木兰及义女钟慧中等一行九人，乘意大利轮船"康特华第"号，离开香港去欧洲。预定在意大利稍居，即赴德国、法国。出国前，胡汉民发表谈话，"余自三月间偶感风寒，卧病经月，静摄后又渐趋平缓，今血压约为一百七十余度，而思虑稍繁，每感不适，据医者检验，仍有易地疗养必要，故决赴海外小游，外间传闻种种，殊非事实，至有谓此行系受某方面之接济者，尤不值一笑。至于余之主张政策，亦不以时地之转移，而有所变易也。"

胡汉民的谈话，掩盖了他出国的真正目的，只以养病为名，但他在临行写的一首七律诗中，却隐含了他在政治上仍要继续奋斗之志，诗云：

> 芦溪有句说奇男，
> 不怅临分此老谙；
> 国蹙可堪为晋宋，
> 诗愚未便到柴参。
> 从吾游者道之合，
> 尚有人焉计以南；
> 又试携儿行万里，
> 十年旧事抵深谈。

实际上，胡汉民此次出国，是国内外政治形势变化促成的，是宁粤之间矛盾以及蒋胡矛盾、胡陈（济棠）矛盾变化的结果。胡汉民对此次"携儿行万里"后政治前途究竟如何，自己心里也是没底，他不由得想起了十年之前的那次出国。

## 归国居粤，胡对蒋缓和

胡汉民在国外待了半年，先后到过意大利、瑞士、德国和法国。胡汉民在国外的半年时间，国内政治局势的发展变化很大，出现了许多对胡汉民重返南京中央与蒋介石合作有利的事件。

1935年11月1日，南京召开了国民党四届六中全会，此为国民党五全大会的预备会议。出席四届六中全会的代表共有一百多人，反蒋派除了广西的李宗仁、白崇禧没有参加外，都出席了会议。这次会议显示出国内趋于团结。另外，这次会议中发生的一件事也影响着蒋介石与胡汉民的合作。这件事就是汪精卫被刺。此事件的起因虽然与胡汉民没有直接关系，但汪精卫是历次蒋胡合作的第三者，汪精卫没有被刺死，但因之辞去了行政院长职务，不久转赴欧洲治疗。蒋汪合作的这一插曲，为胡汉民重返南京提供了契机。因为自孙中山逝世后，"廖案"发生以来，国民党中央的政治舞台上，基本上是蒋、胡合作排汪，蒋、汪合作排胡，胡、汪二人没有共同与蒋介石合作过，胡在汪即走，汪在胡即去，在政治上似乎汪胡不共戴天。

国民党四届六中全会后，国民党召开了第五次全国代表大会。在五全大会召开前，大会第二次预备会议决定电促胡汉民及旅外各中委，返国参加会议，"共荷艰巨"。五全大会上，蒋介石宣布对日外交政策与以前相比有了明显的变化，声明在一定条件下对日本采取强硬的措施。蒋介石说"和平有和平之限度，牺牲有牺牲之决心"，若过了限度，则将"抱定最后牺牲之决心，而为和平最大之努力，期达奠定国家复兴民族之目的"。蒋介石的外交政策的转变，缩小了蒋胡二人在对日问题上的差距。国民党五届一中全会选举新的领导机构时，胡汉民当选为国民党中央常务委员会主席，蒋介石任副主席，邹鲁当上了中央九常委之一。两广方面的白崇禧、陈济棠、刘芦隐、刘纪文、李文范、林翼中、黄旭初当选为中执委员，李宗仁、萧佛成、黄绍竑、林云陔当选为中监委员。五届一中全会刚结束，国民党中央即将会议的选举结果电告了在法国的胡汉民。

此外，蒋介石还让财政部长孔祥熙给胡汉民寄去"补旅费"四万元，给胡汉民的妻子陈淑子寄去一万元。孔祥熙还附上电文："中央常会，兄任主席，党国之幸，盼即回国主持。兹补旅费四万元，购佛郎汇由巴黎中国使馆转奉，祈察收。另寄嫂夫人一万元。并望释念。"胡汉民对此款婉然谢却："盛意感谢，该款已由原行汇返。"孔祥熙见胡不收，只好说出实情，"此系介石（蒋介石）特汇旅费，已嘱原行再送，万祈勿却。"胡汉民仍然不收，电孔祥熙："弟不便携金返国，此款幸谢介公或存兄处备不时之需耳。"

汇款虽未收，但对五届一中全会当选为主席一职却感兴趣，胡汉民接到消息后，致电国民党中央，告知即候轮回国。1935年12月27日，胡汉民从法国启程回国。

胡汉民回国，引起南京方面和两广方面迎接胡汉民的竞争。蒋介石想把胡汉民直接迎入南京，两广问题便可迎刃而解。两广方面想利用这杆大旗继续遮挡蒋介石的进攻。为此，南京方面和两广方面都派出了庞大的迎接胡汉民的阵容。

南京方面先派监察院副院长许崇智及国民政府主席的代表徐世帧到香港，后又正式加派司法院长居正及叶楚伧和陈策专程从南京赶到香港，恭候胡汉民的到来。蒋介石还特派他的私人代表魏德明持他写给胡汉民的亲笔信赴新加坡迎候胡汉民，南京政府还指使南京的数十个民众团体成立了迎胡入京的组织。两广方面把迎接胡汉民一事搞得更为隆重，广东各界专门组织了"欢迎胡先生回国主持救国大计大会"，负责迎胡事宜，并派了与胡汉民关系密切的刘芦隐、林翼中、李晓生在新加坡恭候。

胡汉民于1936年1月15日抵达新加坡，只停留了一天，即乘船北上。1月19日抵达香港，受到了云集在此的国民党中央及西南要人的隆重欢迎。欢迎活动盛况空前，还拍成了纪录影片。胡汉民抵港后，发表了书面讲话，表明了他对国内政治的立场：

> 余睽离祖国瞬逾六月。此次去国之目的，厥维养病。六月以来，身体健康仍未能完全恢复。惟以国难方殷，久滞海外，心有未安，故又匆匆东归。余之党政主张，一如往昔，其详未易尽言。简言之，党应恢复有主义有精神之党，力除过去灭裂涣散之错误，期赓续本党未竟之伟业。政府应改造为有责任之能力之政府，力矫过去畏葸苟安之错误，以负荷解国难建设国家之重任。余对国内现实之态度，即以上述两者为衡断。

胡汉民归国后的政治主张比离国前缓和了许多，他不再提"军阀专制独

1936年的胡汉民

裁"的字句，也不提"推翻独裁政府"，用词改为"力矫""改造""错误"等，则减去了不少火药味，这大概是为他将要去南京与蒋介石合作留有余地，抑或是蒋介石已经多少改变了原来的内外政策。

在香港，胡汉民出席了各界的欢迎会，而其所言的政治主张仍与他公开发表的书面讲话相同。1月24日，国民党中央迎胡的代表居正、叶楚伧面见胡汉民，敦请胡汉民北上。胡汉民这次没有与以往那样态度坚决地回绝，而是答曰：不久即将入京，请其先返京。

1月25日，胡汉民回到广州，受到了两广党政军要人、各机关职员、各界团体代表及胡家属共五千余人的欢迎。胡汉民在欢迎大会上做了题为《对于党与政府之希望》的演讲，重申了他抵港时发表的主张。欢迎大会后，广州市举行了数百辆汽车参加的环市游行，一路上燃放鞭炮，场面热烈。

随后，连续几天，胡汉民与西南党政军要人会商，讨论时局问题，主要涉及整理党务及今后实施方针等。西南党政军要人对胡汉民的主张表示赞同。胡汉民去广州后，蒋介石也没有放弃拉胡汉民来南京的计划。除南京国民政府主席林森电促胡汉民早日入京外，2月17日，蒋介石命戴季陶写信给胡汉民劝驾："介兄之望先生来，乃如望岁。弟愚以为百事平平，但到京后自然云开日出。"胡汉民回电称："须稍休养。"

两广为了留住胡汉民，下了很大功夫，除了举办规模盛大的隆重而热烈的欢迎仪式外，白崇禧特向陈济棠提出留住胡汉民的三个办法：（1）政治上尊重；（2）经济上支持；（3）生活上照顾。因此，就连以前对胡汉民尊而不听的陈济棠，也装出极其恭敬、谦逊的样子，对胡汉民言听计从，胡汉民所提出的建议主张，不仅极表赞成，并商讨实施的步骤。

两广方面的功夫没有白下，胡汉民决定暂居广州。2月22日，他对广州、香港记者发表谈话，主要内容有三方面：

（一）指出日寇侵略日深根源在蒋介石、汪精卫的错误政策。"盖'九·一八'事发，日人初无一贯计划，不料其有如此之顺适，假使南京政府当时能以武力抵抗，或严重交涉，自不至于今日。乃南京政府既不抵抗，又不直接交涉，一味依赖国联，……结果此数年间便铸成中国今日危机及蒋、汪两先生之错误。"

（二）指出南京政府坚持错误，不愿改正，"以余观察所得多方报告，南京当局此种错误未曾改正。第五次全国代表大会改组中央政府后，依然僵局一个。在最近复有调整中日问题之进行，其调整原则据日方负责人称，且谓已经南京当局认可者有三：第一，中国承认伪满；第二，日本派兵来中国协助'剿共'；第三，中、日、伪同盟，中国不得与他国合作。此种原则如果成为事实，则不特割弃东北四省，简直中国以侪期鲜而为日本之保护国矣。"

（三）表示南京政府不改正以上错误之前，先不北上，"余现在正想如何促进南京当局之觉悟，与如何团结抵抗力量，以从事于救国。在此问题未解决以前，即使余到南京或上海，于国事无补；如其此问题得到解决，则余之北上或不北上，俱于国事可为也。"

这是胡汉民此次回国后第一次对外界明确表示不北上。此次谈话，一改回国初期的对南京方面的不即不离之态度，说明两广地方实力派留住胡汉民的做法已经奏效。胡汉民没有去南京，蒋胡再次合作亦成泡影。然而，胡汉民回国到广州后的言论与以前相比，有了明显的变化，对蒋介石攻击的词句减少了，对南京政府的军权统治的批判揭露也不那么积极了，而在广州只是更多地做一些民族主义理论的研究和宣传，表明他的抗日主张仍没有改变。

## 胡猝然离世，临终前仍不忘反蒋，蒋为其举行国葬

两广并不是真想实行胡汉民的政治主张，而是要作为旗号，哄骗胡汉民

留在广州，以为号召。胡汉民决定暂住广州后，陈济棠的目的已经达到。为了防止胡汉民北上，长期留住胡汉民，陈济棠还采取了一些措施，暗中派了许多兵"保护"胡宅，但此事并没有表面化，胡汉民与陈济棠两人谁也没有公开挑明。

在这种情况下，胡汉民没有办法，日以读书、为文、下棋打发时光。表面上看，胡汉民住在广州一切平安无事，其内心却极度地抑郁烦闷。

1936年5月9日下午，胡汉民应妻兄陈融之邀赴宴。宴后与陈家的家庭教师潘景夷对弈，当下至第二局时，胡汉民苦思对付方略。他本患有高血压之病，不宜过度用脑。一急之下，血涌入脑，致右脑血管爆裂昏厥，从椅子上翻落在地。后立即请来广州中外名医诊治，经两个小时的抢救，神志略清。

胡汉民从昏迷中醒来，自知病情严重，势将不起，乃召萧佛成、陈济棠、邹鲁、林云陔、杨熙绩、陈耀垣、张任民、王孝文、陈融、林翼中、刘纪文、黄季陆、陈嘉祐等西南军政要人及夫人陈淑子、女儿胡木兰、堂弟胡毅生至床前，口授遗嘱，由萧佛成记录。口述遗嘱后，胡汉民神志烦躁，又昏迷过去，经医生注射药物，虽安静下来，但神志完全不清，病情加重，至12日下午7时40分，终因心力衰竭而停止呼吸，终年五十八岁。

胡汉民的遗嘱概括体现了他晚年的政治主张，遗嘱全文如下：

> 余以久病之躯，养疴海外，迭承五全大会敦促，力疾言还，方期努力奋斗，共纾国难，讵料归国以来，外力日见伸张，抵抗仍无实际，事与愿违，忧愤之余，病益增剧，势将不起。自维追随总理，从事革命三十余年，确信三民主义为唯一救国主义，而熟察目前情势，非抗日不能实现民族主义，非推翻独裁政治不能实现民权主义，非"肃清"共产党不能实现民生主义，尤盼吾党忠实同志切实奉行总理遗教，以完成本党救国之使命。切嘱。

在临终的遗嘱中，胡汉民仍不放弃抗日、反蒋、"剿共"三大主张，仍然抱着旧三民主义不放，这正是他一生成于斯又毁于斯的悲剧之所在。

胡汉民逝世的当天晚上，即5月12日晚，西南政务委员会和西南执行部致电南京国民党中央，并通电全国，宣布了胡汉民逝世的消息。13日，西南政务委员会、西南执行委员会召开联席会议，由邹鲁在会上报告了胡汉民逝世的经过，还宣读了胡汉民的遗嘱。联席会议决定，由邹鲁、陈融、林翼中等人组成治丧委员会，筹备丧事，并决定广州市下半旗三天，停止一切娱乐活动。

5月13日，南京国民党中央接到丧电后，立即由蒋介石主持召开临时常会，宣布了胡汉民逝世的消息，然后全体起立，默哀三分钟。会议上讨论了胡汉民治丧问题，决议自5月13日起，全国一律下半旗三日，并停止娱乐宴会；全体党员一律左臂缠戴黑纱三日；由中央执监委员会电唁胡汉民家属；下星期一各机关总理纪念周时，应举行默哀三分钟仪式；国内外各地党部，应召集当地机关团体，筹备举行胡汉民追悼会。后来，国民党中常会又开会决定，为胡汉民举行国葬，5月25、26、27日三天为全国公祭日，派居正、许崇智、孙科、叶楚伧、李文范、傅秉常、褚民谊、朱家骅八委员代表中央，前往广州致祭，并慰唁胡汉民的家属。

蒋介石还有一唁电致胡汉民家属，电文为："广州胡夫人暨木兰女士礼鉴：惊闻展堂先生逝世，悲恸之至，党国多艰，数月以来，靡日不盼其来京，俾诸事均有指导。今遽溘逝，岂唯卅年故交之私痛，实为本党与国家莫大之损失，道余遥隔，未能躬临视殓，万乞夫人等勿过悲毁，谨电致唁，唯祈垂鉴。"

国民政府主席林森也有唁电，云："顷得噩耗，惊悉展堂先生于十二日猝患脑溢血逝世，骇惋莫名。先生党国之勋，革命领袖。前闻欧游归国，宿疾渐瘳，方冀即日命驾入都，主持大计，以慰群情，讵料山颓栋折，遽失导师，国家损失。""惟是先生道德勋望，永著千秋。凡生平未竟之功，皆后死同人之责，况以衰迟，早共患难，缅维气类，感痛所穷！除饰终典礼应俟中央议决，另行饰遵外，尚望稍抑哀思，勿过悲痛，是所至盼。"

6月17日，国民政府发表"胡汉民褒扬令"：

国民政府委员、前常务委员、立法院院长胡汉民，翊赞总理，倡导革命,丰功伟烈,中外同钦。乃因罹疾逝世,国丧元勋,民失师保,追怀往绩,允宜特予国葬,以昭尊崇。兹派居正、萧佛成、孙科、许崇智、孔祥熙、叶楚伧、林云陔、刘纪文、林芳浦、陈协之、胡毅生为国葬典礼筹备委员,著即依国葬法组织办事处,在广州择定葬地,敬谨举行。所有一切饰终典礼,务极优隆。其国葬费用及纪念建筑物,即由该委员会等拟议呈核施行,以示国家崇德报功之至意,此令。

胡汉民的葬礼隆重而浩大,极尽哀荣。除了广州进行大规模的追悼活动外,南京、香港、杭州、济南、南昌、重庆、昆明等地都举行隆重的追悼大会。7月13日,胡汉民安葬于广州东郊的龙眼洞狮岭斗塱。

## 两广偏安局面的瓦解

胡汉民病逝,蒋介石与胡汉民间的关系虽然画上了句号,但由于胡汉民病逝所引起的政局变化,并没有完结。

两广自1931年汤山事件起,以胡汉民为精神领袖,行半独立状态达五年之久。并不是蒋介石不想把两广收于中央统治之下,而是慑于胡汉民的声望,迟迟不敢下手。1934年推行的团结统一运动,施之于川贵收到了效果,而对两广则收效甚微,原因就是有胡汉民这面大旗,两广拒不施行。胡汉民猝逝后,两广的精神大旗倒下了,蒋介石抓住这个时机,结束了两广偏安的局面。

蒋介石借以悼念胡汉民为名,令各大报纸大肆宣扬全国统一,同时派中央大员赴粤,对两广施加压力。

上海的《大公报》载文,为南京建立统一之政府鼓噪,"且以中国现状言之,国际环境困难至此,有统一之政府,巩固之中央,欲保持残喘,且不可得。"又用死人压活人,"吾人以为凡爱胡先生者,当知因胡先生之死而促团结,则益增死者之光荣。如因哲人殂谢,转添国家不安因素,则后死者将何以对此忠贞笃实之领袖?此吾人所愿唤起关系各方之注意者也。"《时事新报》还抓住胡汉民生前所说的"党员唯一要义即为牺牲与义务"这句话大做文章,要求两广以先生人格为法式,推牺牲与义务之精神,服从中央。两家报纸的言论,准确地表达了蒋介石的主张。

南京国民党中央派八位委员赴广州,身担双重使命。其一悼唁胡汉民,此为掩人耳目;其二向两广提出条件,使之归属中央,此为真正用意。因此,在致祭期间,居正、孙科、叶楚伧等分别与邹鲁、萧佛成、陈济棠、李宗仁、白崇禧等商议政局,并代表中央向陈济棠提出了五个条件:(一)

国民党元老派人物之一居正

取消西南执行部和西南政务委员会;(二)改组广东省政府,广东省主席林云陔调京任职;(三)在西南执行部和西南政务委员会工作的负责人,愿意到京工作者,中央将妥为安排,愿意出国者,将提供旅费;(四)陈济棠的第一集团总司令改为第四路总指挥,各军师长由军委会重新任命;(五)取消广东地方货币,使用中央银行的法币。这五项条件等于剥夺陈济棠在广东的统治权,他当然不甘放弃,因而无法接受,促使他反蒋。

此外,还有一件事,坚定了陈济棠反蒋的决心。胡汉民逝世后的第二天,蒋介石向陈济棠发电,邀陈兄陈维周赴京一谈。陈派兄前往。陈维周抵京后,蒋介石对他优礼有加,与之促膝长谈。蒋介石向陈维周透露出中央解决两广问题的三项原则:第一,彻底解决广西李宗仁、白崇禧,由中央协助广东出兵;第二,驱逐萧佛成等元老离粤;第三,广东仍维持原来的局面。解决两广三原则,这是蒋介石惯用的以甲制乙,再消灭甲计谋的翻版。陈维周回粤后,告知陈济棠蒋介石说出的解决两广三原则,陈济棠听后大吃一惊,一则两广唇齿相依,桂系若垮,唇亡则齿寒;二则蒋介石既然可以唆使他去攻打广西,又何尝不会授意广西攻打广东?

陈济棠兄弟二人极信星相术数。陈济棠尽管从政多年,但凡大小决策皆问卜鬼神。就连官佐的提拔,他也要事先派术士相看,被术士看出有反骨者一律不用，因此有人称他是"不问苍生问鬼神"。其兄陈维周精通术数之学，对阴阳五行、堪舆之学很有研究。他此次见蒋，还暗观了蒋氏的气色，看到蒋介石满脸晦气，断难过去1936年之关。陈济棠听为兄之语，又大为高兴，认为取蒋而代之的时机到了。但他还不放心，又请翁半玄等术士为其卜卦，结果卦中云："大运已至，机不可失。"陈济棠对卦中之语诚信不疑，终于下决心反蒋。

反蒋要联合广西一起行动。陈济棠派人去广西，告知自己反蒋的决心已下，请广西联合行动。桂系见陈济棠这么急急忙忙就揭起反蒋大旗，并没有太多的思想准备，主张慎重行事。经过多次磋商，广西同意以抗日为帜共同起事，并由广东援助广西军费。5月27日，以西南执行部的名义发表一通电，反对日本增兵华北。6月1日，西南政委会和西南执行部举行联席会议，决定武装抗日，出兵北上。6月2日，通电南京中央政府、全国各界及海外华侨，指出，日本侵华日甚一日，中国已经到了生死关头，而南京政府一贯纵容日寇，采取妥协的外交方针，给国家造成了无穷危害，助长了日寇的侵略气焰。通电呼吁抗日救国，请中央准予两广将士"北上抗日，收复失地"。而后，粤军和桂军众将士联名通电响应。两广还组织民众团体一面电请中央，请求顺应民意，出师抗日；一面组织规模浩大的游行示威，大造反蒋抗日的声势。

解决两广是蒋介石的既定方针，但此时蒋介石的主要机动兵力集中在西北"剿共"，遂决定采取政治分化，以和平的方式平息两广。

6月7日，蒋介石致电陈济棠，称赞两广的抗日主张与中央无二致，劝勉他不要与中央政府对立，如有救国大计可派人入京协商。6月8日，他还在国民党中央党部总理纪念周上作报告，一面赞扬胡汉民生前的救国苦心，表示可容纳西南政见；一面声言否认南京政府曾利用祭悼胡汉民的机会向西南提出过政治条件，表示只要可以团结救国，任何事情都可以开诚布公地讨论。蒋介石还宣布要提前召开国民党五届二中全会，商讨救国大计。

蒋介石的态度曾赢得了一些人的支持，冯玉祥、李烈钧致电李宗仁、白崇禧，邀请他们早日入宁参加国民党五届二中全会。

蒋介石取得一部分舆论支持后，遂开始瓦解两广阵营。他用两千万元的大价钱买通了广东省空军将领黄志刚等四十余人，于7月6日驾驶粤省的全部空军飞机投降蒋介石。黄志刚等人还发表通电，宣布他们是为国家统一而服从中央政府，指责陈济棠、李宗仁形同割据，乃夜郎自大。随后，蒋介石又拉走了陈济棠的第二军副军长李汉魂、第一军军长余汉谋、广东第一兵器制造工厂厂长黄涛、虎门要塞总司令李洁芝、广东军医学校校长张建，他们相继通电，弃陈投蒋。

经过蒋介石的"釜底抽薪"，广东陈济棠差不多成了光杆司令，广东省只成了一副空架子，已不堪一击了。在国民党五届二中全会上，经蒋介石提议，会议决定：明令撤销西南执行部、西南政务委员会，决议成立国防会议，蒋介石任议长，李宗仁、白崇禧、陈济棠、刘峙、张学良等十八人为委员，改任李宗仁为广西绥靖主任，林云陔为广东省政府主席，黄旭初为广西省政府主席。会上蒋介石发表讲话，表示要抗日，"中央对外交所抱的最低限度，就是保持领土主权的完整，任何国家要来侵害我们的领土主权，我们绝对不能容忍，我们绝对不订立任何侵害我们领土主权的协定。"蒋介石举起了"统一抗日"的旗帜，这样便使两广方面提出的北上抗日的口号显得黯然失色了，解决两广问题变得容易了。

7月3日，南京政府发布命令，免去陈济棠本兼各职。军委会同时宣布，任命余汉谋为广东绥靖主任、第四路军总司令兼第四路军第一军军长，张达为第二军军长，李扬敬为第三军军长兼第四路军副总司令，黄光锐为空军驻粤指挥官，张之英为广东省江防司令，同时还任命了各军副军长及各师师长。

国民党五届二中全会后，陈济棠、李宗仁、白崇禧举行会议商讨对策，决定反对五届二中全会决议，除继续保留西南执行部、西南政委会两机关外，于短期内召开非常会议，另组政府，以打开反蒋的新局面。但元老派萧佛成、陈融却反对。此时，广东形势大变，军队已不听从陈济棠指挥了，金融界也一片混乱。7月18日，陈济棠不得不接受蒋介石的命令，下野离开广东。广东问题解决了，广东成为蒋介石的天下。

广东问题解决之后，蒋介开始对广西下手。广西是桂系的老巢，桂系曾多次反蒋，桂蒋之间宿怨很深。但广西非广东可比，蒋介石曾先用调李宗仁、白崇禧出广西任新职，李、白二人并不理会，准备与蒋介石周旋，在广西大肆开展抗日宣传活动，邀请各抗日派人士赴南宁共商抗日大计。同时还

李桦木刻画《怒吼吧中国》（创作于1935年）

采取巩固省防的措施，并与蒋介石展开电报战。蒋介石再采用软硬并行之计，调集大兵压境，派邓世增赴桂游说。此二计没有奏效，蒋介石又派刘斐赴桂正式与李、白谈判。在双方都妥协让步情况下，9月6日，南京政府发布命令，重新任命李宗仁为广西绥靖主任，白崇禧为全国军事委员会常委，黄旭初为广西省主席。9月16日，李、白、黄三人宣誓就职。

广西的结局要比广东好一些，李宗仁仍掌桂军之帅印，起码保住了桂系军队的实力。

两广事变平息后，蒋介石在广州设立行营，由何应钦负责指挥华南军事，至此，打着胡汉民的旗号，偏安五年之久的两广开始了新阶段。不久，中国进入了全面抗战新时期。

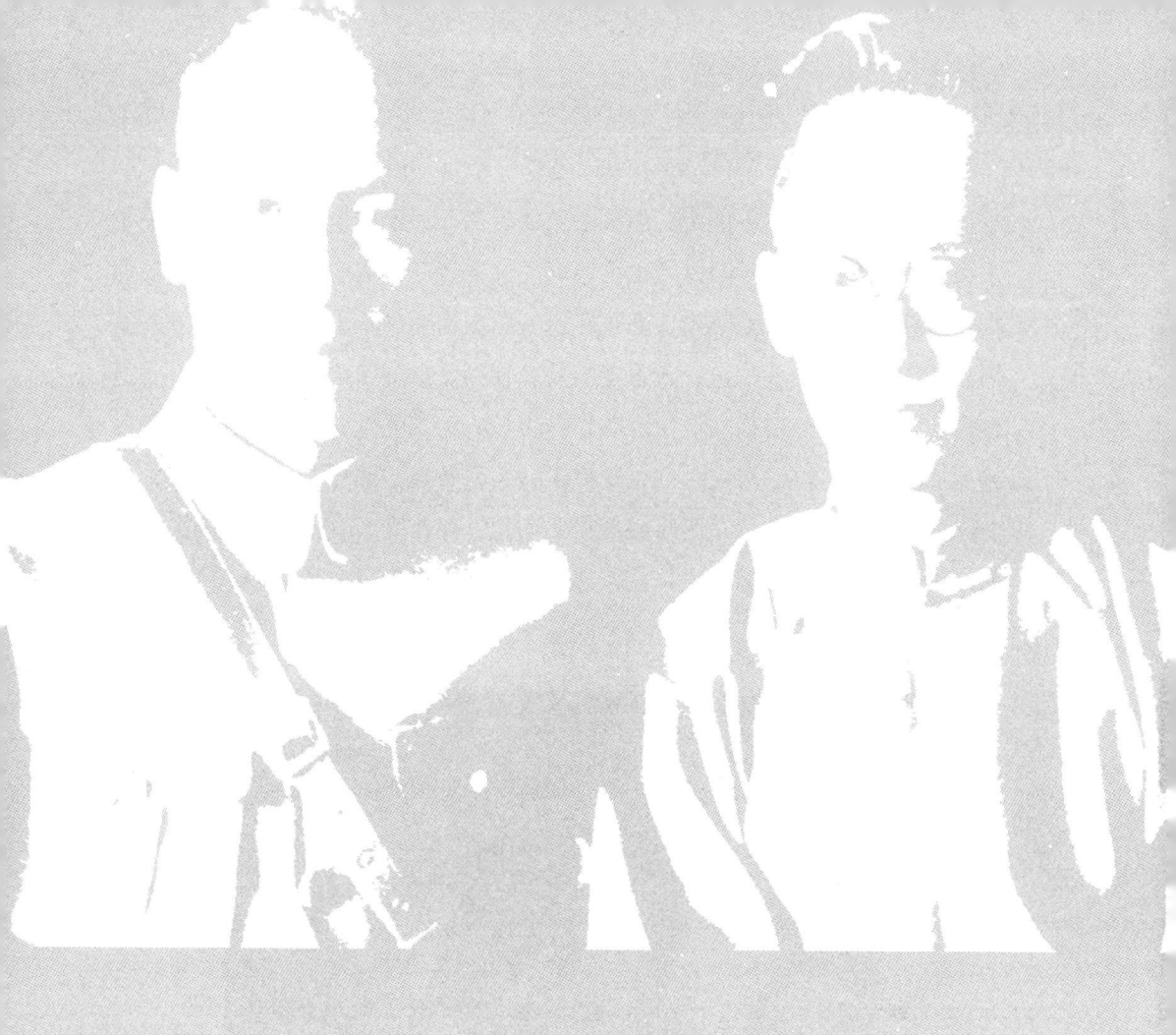

人 结语　蒋胡关系大透视

二十世纪二三十年代，是中国政局变幻莫测、政局更迭较为频繁的时期。当历史的车轮驶进二十世纪，中国的革命就进入了新民主主义革命与旧民主主义革命交替的时代。旧民主主义革命的领导者——资产阶级政党，不仅面临着民主革命领导权的转换，而且在这一历史剧变之际，资产阶级政党——国民党内部的矛盾斗争也让人眼花缭乱。特别是资产阶级政党领袖孙中山逝世后，一时间擎柱折损，群伦众肱，顿失核心，国民党内部争权夺利的斗争也更加激烈。在这一历史时期，既有国共关系破裂"清党"事件的发生，也有国民党内派系争斗、角逐政权变更的演化，而作为当时政坛上或国民党内的风云人物蒋介石和胡汉民，二人之间的关系也更为复杂和微妙。蒋胡关系的分合离疏对当时政局产生了极大的影响。

*蒋介石与胡汉民*

蒋介石、胡汉民从1927年南京国民政府建立之日起，到1936年5月12日胡汉民病逝于广州止，共九年时间里，二人曾两度联袂合作，又曾一度分裂，成为当时政治斗争及国民党内派系斗争的一个重要篇章。蒋、胡二人合作，使国民党进行了清党"反共"的"大业"，而南京国民政府的建立又引发了宁汉争斗，政潮迭起。这期间有裁兵编遣的风波，也有中原大战的纷飞战火；既有党统约法之争，也有汤山事件的波澜。蒋、胡二人合作，打击削弱了新军阀异己及地方势力，使国民点奠定了训政的基业，实现了"统一"。蒋、胡二人的分裂，则引起了全国政局的动荡，尤其是对西南一带影响尤巨，几至出现兵戎相见的局面，迫使蒋介石第二次下野。胡汉民与蒋介石关系破裂，胡汉民退出南京国民政府之后，他也未曾对政治有过片刻的休暇，办报组党，抨击时政，成为偏安一隅的西南方面的精神领袖。

纵观二三十年代中国的每一重大政治事件，无不与蒋胡二人关系的分合亲疏相关。因此透视蒋胡关系，不仅有助于了解二三十年代中国政局变化及国民党内派系斗争的历史概况，有助于寻觅国民党内派系斗争的线索，而且也多少能够窥见国民党在中国大陆失败的原因。具体说来，我们通过对蒋胡关系的考察，至少可以得出以下几点启示。

第一，蒋胡关系是当时国民党派系斗争的一个缩影。孙中山逝世之后，国民党内的派系斗争纷繁复杂，可以说派系斗争一直贯穿于国民党历史的始终，但是1927年到1936年是最为明显、最为激烈的一个时期。如果说，国民党内的派系争斗，就是权力利益之争的话，那么在这一时期也不例外。蒋胡的第一次合作的目的就是清除共产党在国民党中的影响和作用，建立起蒋胡统治的政权。蒋胡的第二次合作就是排斥政敌，掌握政权。我们不能否认像胡汉民这样的人有顽固的"党性"，但是透过这层所谓的"党性"的面纱，就会看到追求权力的欲望的真面目。无论是蒋派、胡派，还是汪派、西山会议派，他们都是把追求权力作为出发点。然而，他们却都高高举起孙中山所创建的国民党的大旗，打出"忠实的信徒""正统"等迷人的旗号，高唱"革命"之歌。但却把当时中国的社会及政局搅得乌烟瘴气，一片混乱。为了个人的权位，为了一己之私利，使中华大地屡遭兵燹，人民受到涂炭。这正是当时社会动荡不安的真正原因。

台湾的学者面对历史上的事实也不得不承认，"自1927年以后的'国民党'政治的最大特征，便是派系斗争。"国民党内的派系斗争谈不上谁利用谁，而是互相利用的关系，是在权力欲这种内驱力的作用下，达成的一种临时的妥协或默契。蒋胡的第二次合作及其破裂则证明了这个结论，当一个要做袁世凯和恺撒，一个要当叔孙通和伊斯墨时，权力的争夺冲突再也无法避免。国民党内派系斗争实质就是权力之争，而蒋胡关系只不过是国民党内派系斗争的一个缩影而已。

第二，蒋胡关系可以充分反映出国民党内派系斗争的复杂性。国民党在建立的初期及改组的初期，不失为一个革命的政党，有较强的战斗力和革命性。孙中山逝世后，随着革命形势的进一步发展，国民党内部的分化就日趋明显了。在革命阵营内部形形色色的投机分子、反动分子纷纷暴露出庐山真面目，在国民党内部分成许多派别小团体。胡汉民也曾经慨叹过："自民国十三年来本党改组以还，党内派别，如雨后春笋。"从孙中山逝世开始，国民党就开始分化，逐渐丧失其团结一致的革命性。到1927年"四·一二""七·一五"事变之后，国民党的性质完全蜕变了，已经不再是一个革命的政治力量，变成了大资本家、大地主、封建买办、军阀、政客等组成的混合团体。所以在国民党内部形成了丁（惟芬）派、CC派、再造派、改组派、西山会议派等。可是这些形形色色的小派别团体，都要争戴国民党正统之冠，故斗争十分激烈。国民党内派系斗争的复杂性不仅表现在其成分复杂、人员各异，而且也表现在各自在争斗中都打着革命的旗号，遮人耳目，掩其实质。一时间使人们眼花缭乱，鱼目混珠地曾欺骗了当时不少人。这就更增加了其派系斗争的复杂性。因而是在现代史上演出了"孙中山忠实信徒"互相指责攻击的滑稽戏，同时召开三个国民党四全大会的闹剧。

孙中山逝世之后的国民党，正如宋庆龄所说的，已不再是一个政治力量。促成国民党灭亡的，也不是党外的反对者，而是"党内自己的领袖"。国民党已经背弃了革命政策，"过去北洋军阀政客所不敢做的事，都在'党治'的名义下毫无顾忌地做出了。"所有这些，都是由已经变了质的国民党的性质所决定的，从中也可以窥见国民党在祖国大陆失败的原因。

第三，通过蒋胡关系最后结局可以看出，蒋介石是如何利用对手而又如何消灭对手的。蒋介石在政坛上，可谓工于策略，老于城府，他能够在众多的派系力量之间斡旋，能够在形势不利的情况下伸屈自如。在蒋胡关系分合离疏这一时期里，蒋介石的权术表演得淋漓尽致，可称为上乘的权术家。他对待合作者，也是打拉结合；对待地方实力派，远交近攻，"铁弹""银弹""肉弹"并用；对待政敌，文电交加，把之搞倒搞臭，最后排挤出去。从东征到北伐，蒋介石利用权术窃取了军事上的大权，借"廖案"和"中山舰"

事件之机，赶走了胡汉民和汪精卫。在蒋介石篡夺政权党权之时，他拉拢胡汉民撑门面。蒋介石第一次下野到上台之间，把打拉的权术发挥到了顶点，也最为精彩和成功。他利用胡汪宿怨，先拉胡汉民，排斥汪精卫，后又用汪精卫排斥胡汉民，最后达到一箭双雕、独揽朝政的目的。蒋介石还能够"审时度势"，利用以退为进的辩证法，深得"欲取之，必先予之"之道，因此他的几次下野辞职反倒成了进一步揽权消灭异己的阶梯。蒋介石为了达到自己的目的，可以不惜一切手段，既可化敌为友，又可化友为敌。蒋介石对权术的精通，国民党内部无人能与之相匹敌。他之所以战胜了众对手，实得力于斯。

第四，由于国民党内派系斗争，使政局动荡不安，各实力派都想保存自己的力量，这种矛盾斗争，客观上削弱了国民党的力量，为中国共产党分化敌人内部、建立统一战线、发展壮大革命力量提供了客观条件。在1927年到1930年，国民党派系斗争正烈，中国共产党利用统治者内部争斗之机，率先发动南昌起义、秋收起义、广州起义，揭开了武装反抗国民党统治的序幕。随后全国各地影随而起，在不长的时间内，红色武装起义的地区已经遍布全国三百余个县，建立了大小十五块革命根据地，成为中国革命的摇篮。在这种形势之下，新中国的缔造者毛泽东通过对国内外矛盾的通彻分析，认为"有了白色政权间的长期的分裂和战争，便给了一种条件，使一小块或若干小块的共产党领导的红色区域，能够在四周白色政权包围的中间发生和坚持下来"。因此，毛泽东提出了以农村包围城市、星星之火可以燎原的理论。在这个理论的指导下，中国共产党不断发展壮大，最后建立了中华人民共和国。